Joni Eareckson Tada

In Seiner Hand geborgen

Gottes Kraft
im Alltag
unseres Lebens

Schulte & Gerth

Die amerikanische Originalausgabe erschien
unter dem Titel „Secret Strength“
im Verlag Multnomah Press, Portland, Oregon 97266

Aus dem Amerikanischen übersetzt von Erika Atzbach

Die Bibelstellen wurden, falls nicht anders angegeben, nach der
revidierten Lutherbibel (1984), Stuttgart 1985, zitiert.

Best.-Nr. 15 166
ISBN 3-89437-166-8
1. Auflage 1991
Umschlaggestaltung: Ursula Stephan
Umschlag- und Textillustration: Joni Eareckson Tada
Satz: Jung Satzcentrum GmbH, Lahnau
Druck und Verarbeitung: Ebner Ulm
Printed in Germany

Für die Eltern Tada

Danksagungen

Ich wünsche mir oft, ich könnte mich genau daran erinnern, in welchen Augenblicken und an welchen Orten ich viele unvergeßliche Dinge zum ersten Mal gehört habe. Da hat sich beispielsweise ein Satz aus einer schon lange zurückliegenden Predigt in mir festgesetzt oder ein Gedicht, ein treffendes Wort, ein auswendig gelernter Abschnitt, der sich nicht mehr abschütteln läßt.

Ich mache es wie Sie, ich lese hier ein bißchen, sammle dort ein paar Ideen, greife an anderer Stelle etwas auf, und irgendwie webt der Herr all diese Gedankensplitter in meine eigenen Erkenntnisse und Erfahrungen aus dem Leben mit ihm und seinem Wort hinein. Ich würde mich gerne an jeden einzelnen Autor oder Redner, an jeden Pfarrer oder Freund erinnern, von dem ich so manches gelernt und übernommen habe, denn ich möchte ihnen meine Hochachtung und meinen besonderen Dank aussprechen.

Ein paar Namen kommen mir sofort in den Sinn: Steve Estes, Elisabeth Elliott, C. S. Lewis, Dr. Martin Lloyd-Jones, Phil Yancey, John MacArthur, Kay Arthur, Bill Gothard – um nur einige wenige zu nennen. Und die anderen, die ich leider unmöglich aufzählen kann, bitte ich um Nachsicht. Ich hoffe, daß sie sich freuen, wenn sie den flüchtigen und doch bleibenden Eindruck ihrer eigenen Gedanken in meinem Buch wiederfinden, und daß sie froh darüber sind, wenn diese Gedanken auch hier den Herrn Jesus Christus verkündigen und eine Wirkung auf weitere Leser haben.

Besonders möchte ich aber noch Bev Singleton danken, der Medienspezialistin in unserer Organisation „Joni and Friends“. Sie hat mir jahrelang unermüdlich bei den verschiedensten Erforschungen und beim Schreiben, Zusammenstellen und Überarbeiten meiner Radiosendungen geholfen. Ein weiteres Wort des Dankes an unsere Freunde bei der „Ambassador Advertising

Agency", die mir immer wieder neue Abgabetermine einräumten, so daß ich noch mehr forschen und schreiben konnte. Für dieses Buch habe ich von meinen Radiosendungen die ausgesucht, die mich selbst am meisten berührt haben. Außerdem habe ich gelegentlich Gedanken aus meinen Lieblingskapiteln in „Der nächste Schritt", einem früheren Buch von mir, eingefügt.

Mein bleibender Dank gilt Larry Libby, meinem Freund und Herausgeber beim Multnomah-Verlag. Von ihm lerne ich, langsamer und bedächtiger zu werden, mich an Worten zu freuen und von ganzem Herzen zu schreiben.

Inhalt

Das Geheimnis seiner Kraft

Das Geheimnis seines Wesens

Das Geheimnis seiner Gnade

Das Geheimnis des Lobes

Gedanken zu Beginn

Was nur ist so geheimnisvoll an Gott? Eigentlich nichts, und doch wieder alles.

Es liegt in Gottes Art, Dinge vor uns zu verbergen. Das habe ich schon früh in meinem Leben mit Jesus Christus entdeckt. Irgendwie wußte ich, daß ich auf eine Suche geschickt würde, wenn ich ein tieferes, umfassenderes Wissen vom Herrn haben wollte. Es gab Schätze auszugraben und wertvolle Edelsteine unter der Erde aufzuspüren.

Ich war überrascht und sogar ein bißchen ärgerlich, als ich über eine Bibelstelle stolperte, die mir sagte: „Was verborgen ist, ist des Herrn, unseres Gottes" (5. Mose 29,28). Gott hatte also Geheimnisse? Offensichtlich – manche wollte er uns mitteilen und andere für sich behalten. Es war so, als ob der Vater mir die Hände über die Ohren gelegt und dann etwas geflüstert hätte, das ich nicht richtig verstehen konnte.

„Wie war das, Herr? Was hast du gesagt?!"

In dem Augenblick war es mir gar nicht klar, aber ich reagierte damit auf ein uraltes Verlangen des menschlichen Geistes – auf das unheilbare Drängen, Rätsel zu lösen, Geheimnisvolles auszuloten, steilere, verborgene Pfade zu erkunden.

Es ist unser Gott selbst, unser wunderbar geheimnisvoller Gott, der sich in herrliche Rätsel hüllt und uns diese Sehnsucht ins Herz gepflanzt hat. Salomo schrieb dazu: „Es ist Gottes Ehre, eine Sache zu verbergen ... Er hat alles schön gemacht zu seiner Zeit, auch hat er die Ewigkeit in ihr [der Menschen] Herz gelegt; nur daß der Mensch nicht ergründen kann das Werk, das Gott tut, weder Anfang noch Ende" (Sprüche 25,2; Prediger 3,11).

Er ist der Schatz, nach dem wir suchen, der Edelstein, den wir aufspüren wollen. Haben Sie Gottes Flüstern schon gehört? Seine Stimme, die Sie lockt, ihn tiefer kennenzulernen und auf die geheimnisvolle Kraft zu stoßen, die er für unser Leben bereithält?

Wenn Sie ein gläubiger Christ sind, besitzen Sie schon alles, was Sie als Ausrüstung für Ihre Entdeckungsreise brauchen. Dann sind Sie ja schon in die Gemeinschaft des Himmels eingeführt. Sie haben Gottes Wort, den Schlüssel zu den Hieroglyphen der Ewigkeit. Sie haben den Sinn Jesu Christi. Doch jetzt geht es darum, noch näher an sein Herz zu finden! Er wartet auf Sie, sanft, geduldig und voller Mitgefühl, um sich Ihnen zu offenbaren.

Hätten Sie gerne Begleitung bei Ihrer Entdeckungsreise? Dann lade ich Sie ein, mit mir zusammen auf die Suche zu gehen und dieses Buch auf Ihre Abenteuerfahrt mitzunehmen.

„Ihr werdet mich suchen und finden; denn wenn ihr mich von ganzem Herzen suchen werdet, so will ich mich von euch finden lassen" (Jeremia 29,13 + 14).

Mögen Sie die geheimnisvolle Kraft entdecken, die Gott geben will und die Sie nur zu empfangen brauchen – und Sie werden staunend erkennen, daß Sie in seiner Hand geborgen sind!

... wir reden von der Weisheit Gottes, die im Geheimnis verborgen ist, die Gott vorherbestimmt hat vor aller Zeit zu unserer Herrlichkeit, die keiner von den Herrschern dieser Welt erkannt hat; denn wenn sie die erkannt hätten, so hätten sie den Herrn der Herrlichkeit nicht gekreuzigt. Sondern es ist gekommen, wie geschrieben steht (Jesaja 64,3): „Was kein Auge gesehen hat und kein Ohr gehört hat und in keines Menschen Herz gekommen ist, was Gott bereitet hat denen, die ihn lieben.“ Uns aber hat es Gott offenbart durch seinen Geist.

1. Korinther 2,7–10

Das Geheimnis seiner Kraft

Stark gemacht trotz aller Schwachheit

Was für Menschen setzt Gott besonders gern ein, um seine Pläne auszuführen?

Betrachten wir zum Beispiel Gideon. Zu seiner Zeit hatte Israel sieben lange, schwere Jahre unter der Belagerung der Midianiter gelitten. Eines Tages war er damit beschäftigt, Weizen zu dreschen, und zwar geduckt in einer Weinkelter, damit er nicht von den Feinden entdeckt werden konnte. Und da erschien ihm plötzlich der Engel des Herrn mit einer Botschaft.

„Der HERR mit dir, du streitbarer Held!“ (Richter 6,12).

Man kann es sich geradezu bildlich vorstellen, wie Gideons Kopf aus der Kelter hochschnellte. „Wie bitte?! Hast du eben mit mir geredet?“ Er war von seinen Freunden und Verwandten sicher schon mit vielen Namen gerufen worden, aber das hatte noch nie einer zu ihm gesagt!

In der Heiligen Schrift lesen wir weiter: „Der HERR aber wandte sich zu ihm und sprach: Geh hin in dieser deiner Kraft; du sollst Israel erretten aus den Händen der Midianiter. Siehe, ich habe dich gesandt!“ (Richter 6,14).

Gideon war sich offensichtlich nicht bewußt, daß er überhaupt irgendeine Kraft besaß. Er geriet ins Staunen und Stottern und erinnerte den fremden Besucher daran, daß er, Gideon, doch eindeutig das schwächste Glied im geringsten Geschlecht des unbedeutendsten Stammes im schwachen Volk Israel war. Er kam nun einmal nicht mit einem ausgezeichneten Zeugnis frisch von einer militärischen Eliteschule. Wenn Gott auf der Suche nach einem tapferen Krieger war, dann mußte er sich geirrt haben! Bestimmt hatte er in die falsche Weinkelter geschaut.

Aber es hatte schon alles seine Richtigkeit: Gott wollte Gideon haben und niemanden sonst. Als der „General wider Willen“ diese Erkenntnis schließlich begriffen hatte, fing er an, eine große Armee zusammenzustellen. Doch zu seinem Schrecken mußte er bald hören, daß Gott diesen wichtigen Auftrag von einer mickrigen Truppe von nur 300 Mann ausführen lassen wollte.

Das schien geradezu lächerlich angesichts der riesigen Aufgabe. Nach dem biblischen Bericht füllten die Soldaten der Feinde ein großes Tal „wie eine Menge Heuschrecken, und ihre Kamele waren nicht zu zählen wegen ihrer großen Menge wie der Sand am Ufer des Meeres" (Richter 7,12).

Doch führte Gott mit Gideons kleiner Truppe alle seine Pläne aus. Und er sagte, sonst könnte sich Israel „rühmen wider mich und sagen: Meine Hand hat mich errettet" (Richter 7,2).

Nur ein paar Seiten vor dem Bericht über Gideon können wir die Geschichte von der Richterin Debora lesen. Zu jener Zeit hatten die Männer Israels allen Kampfesmut verloren, weil sie eingeschüchtert waren durch einen kanaanitischen Kommandanten mit Namen Sisera. Er verfügte über neunhundert eiserne Wagen! In der Bibel heißt es von ihm: „Er unterdrückte die Israeliten mit Gewalt zwanzig Jahre", und deshalb „schrien sie zum HERRN" (Richter 4,3).

Debora, die das Volk damals richtete, forderte den Heerführer Barak auf, an der Spitze von Israels Armee in den Kampf gegen Sisera zu ziehen. Die Reaktion Baraks war alles andere als die eines tapferen Mannes. Er sagte zu ihr: „Wenn du mit mir ziehst, so will auch ich ziehen; ziehst du aber nicht mit mir, so will auch ich nicht ziehen" (Richter 4,8).

Debora erwiderte darauf: „Ich will mit dir ziehen; aber der Ruhm wird nicht dein sein auf diesem Feldzug, den du unternimmst, sondern der HERR wird Sisera in eines Weibes Hand geben" (Richter 4,9).

Israels Truppen gewannen den Kampf, aber Barak hätte es nie gewagt, diesen Sieg sich selbst zuzurechnen. Debora, eine „Mutter in Israel", hatte die Truppen an der Front um sich geschart, und eine Frau mit Namen Jael tötete Sisera letzten Endes mit einem Hammer und einem Zeltpflock.

In der Bibel heißt es abschließend dazu: „So demütigte Gott zu der Zeit Jabin, den König von Kanaan, vor Israel. Und die Hand der Israeliten legte sich immer härter auf Jabin, den König von Kanaan, bis sie ihn vernichteten" (Richter 4,23+24).

Gott gebrauchte also eine Frau in all ihrer Schwachheit dazu, einen Diktator und sein starkes Heer zu überwältigen. Debora konnte wahrscheinlich nicht einmal eine passende Rüstung in ihrer Größe finden, und doch stellte sie der Herr als ein Vorbild dar für alle folgenden Generationen. Gott wird sich immer gerade durch schwache Männer und Frauen erweisen, die sich ganz und gar auf seine Kraft und Gnade verlassen.

Vielleicht fühlen Sie sich heute ein bißchen so wie Debora oder Gideon. Sie haben nicht besonders viele Gaben, Ihre Talente sind keineswegs zahlreich. Sie werden sicherlich niemals auf der Titelseite einer bekannten Zeitschrift erscheinen. Sie sind sich auch nicht sicher, ob Sie die Tischtennisgruppe in Ihrer Gemeinde leiten können, Sie haben immer wieder Schwierigkeiten, den Überblick über Ihr Konto zu behalten, und Sie fragen sich oft, woher eigentlich andere Leute die Energie nehmen, um all das zu schaffen, was sie leisten. Genau wie Gideon müssen Sie zugeben, daß Sie weder das intelligenteste noch das stärkste Glied in Ihrer Familie sind.

Dann werfen Sie doch einmal mit mir einen Blick auf 1. Korinther 1,26–29:

„Seht doch, liebe Brüder, auf eure Berufung. Nicht viele Weise nach dem Fleisch, nicht viele Mächtige, nicht viele Angesehene sind berufen. Sondern was töricht ist vor der Welt, das hat Gott erwählt, damit er die Weisen zuschanden mache, und was schwach ist vor der Welt, das hat Gott erwählt, damit er zuschanden mache, was stark ist; und das Geringe vor der Welt und das Verachtete hat Gott erwählt, das, was nichts ist, damit er zunichte mache, was etwas ist, damit sich kein Mensch vor Gott rühme."

Fangen Sie nur einmal an, dieses Thema durch Ihre Bibel hindurch zu verfolgen! Sie werden auf Monate hinaus zu tun haben! Gott hat beispielsweise David ausgesucht, einen Hirtenjungen, um den größten und stärksten Kämpfer zu erschlagen, den die Welt bis dahin gesehen hatte. Oder wie war es mit Sara? Gott schreckte sie aus ihrem beschaulichen Rentnerinnendasein auf und sagte, daß sie ein Kind gebären und damit ein neues Volk begründen würde. Saras Frauenarzt hätte nur trocken gelacht, und das taten auch alle, die davon hörten. Aber nach neun Monaten lachten sie vor Freude über einen pausbäckigen, neugeborenen, gesunden kleinen Jungen.

Wenn ich mich schwach und hilflos fühle, dann denke ich oft an diese Beispiele. Es hat Gott eben immer wieder gefallen, gerade die Menschen auszuwählen, bei denen große Leistungen unwahrscheinlich sind, die keinerlei Reize haben, vor denen niemand herzieht und ihre Vorzüge preist. Gerade sie sollen seine Arbeit tun. Er hat mich ausgesucht, auch wenn ich kraftlos und keineswegs mehr als durchschnittlich bin. Und er hat genauso auch Sie ausgesucht, mit all Ihren Schwächen und Ihrer Unvollkommenheit, trotz Ihrer Fehler und Ihrer verpaßten Gelegenheiten, ohne Rücksicht auf Ihre schwache Leistungsbilanz, Ihren schlechten Gesundheitszustand oder Ihren glanzlosen Lebenslauf.

Und dann, wenn die Aufgabe eines Tages erledigt ist und Gottes Werk sich in Ihrem Leben vollendet hat, wer wird dann wohl die Ehre und den Dank dafür bekommen?

Einmal, jenseits unserer Zeit, werden wir zusammen vor dem Thron Gottes stehen. Wir werden anerkennen müssen, daß *er* alles getan hat – durch seine Kraft, in Übereinstimmung mit seiner göttlichen Art, durch seine unglaubliche Gnade und zum Ruhm seiner Herrlichkeit.

Und wenn man dann bedenkt, daß er bei diesem Werk auch Sie und mich als Mitarbeiter haben wollte!

Ein Wort zum Festhalten

Lesen Sie einmal 1. Korinther 2,1–5. Können Sie sich das überhaupt vorstellen? Der Apostel Paulus als ein schwacher, ängstlicher Mensch, der sogar vor Furcht zittert? Was meinen Sie, warum hatte er eine solche Meinung von sich selbst? Wie wirkt dieses Beispiel auf Sie? Schöpfen Sie neuen Mut! Denn jetzt wissen Sie, daß Gott, der so große Dinge durch einen Mann tat, der oft vor Schwäche und Angst zitterte, ganz bestimmt auch Sie gebrauchen kann!

Sturmwarnung

Als der Orkan „Diana" vor ein paar Jahren auf die Küste von Carolina zu raste, standen die Filmteams der Fernsehanstalten schon mit laufenden Kameras bereit. Und von unseren behaglichen Wohnzimmern aus konnten wir mit schreckgeweiteten Augen verfolgen, wie Sturmböen mit einer Geschwindigkeit von 150 Stundenkilometern Autos umwarfen, Fenster zerschmetterten und ganze Segelboote in die Schlafzimmer von Strandhäusern hineindrückten. Es war ein so heftiger Sturm, daß sich sogar Straßenlampen wie dünne Drähte bogen und zerbrachen.

Aber von all diesen Fernsehbildern ist mir eine Szene ganz besonders im Gedächtnis geblieben: Da konnte man in einer dunklen Seitenstraße einen einsamen Mann im gelben Regenmantel sehen, der sich krampfhaft an einem Telefonmast festhielt, während wahre Sturzbäche von Regen und ein brüllender Wind versuchten, ihn in die Finsternis zu schleudern.

Mir ist dieses Bild im Laufe der letzten Jahre ab und zu wieder eingefallen. Ich denke manchmal daran, wenn ich Bibelverse lese, die davon reden, wie vollkommen schwach und hilflos wir Menschen doch eigentlich sind – geistig, körperlich und geistlich gesehen. Gott macht uns eins immer wieder eindringlich klar: Wir dürfen es überhaupt nicht wagen, uns selbst zuzutrauen, daß wir den richtigen Weg aus eigener Kraft gehen oder auch nur entdecken könnten.

Und genau aus diesem Grund verwendet Gott in seinem Wort viel Zeit darauf, uns daran zu erinnern, wie stark, sicher und verläßlich er ist. Wer hat das besser ausdrücken können als David?

„Vom Ende der Erde rufe ich zu dir; denn mein Herz ist in Angst; du wollest mich führen auf einen hohen Felsen. Denn du bist meine Zuversicht, ein starker Turm vor meinen Feinden. Laß mich wohnen in deinem Zelte ewiglich und Zuflucht haben unter deinen Fittichen" (Psalm 61,3–5).

Manche haben vermutet, daß dieser Psalm zu der Zeit geschrieben wurde, als David durch den Aufstand seines Sohnes Absalom gewaltsam von seinem Thron und aus der Stadt Jerusalem vertrieben wurde. Das war vielleicht der dunkelste Tag in seinem recht bewegten Leben. Er fühlte sich gedemütigt durch eine Rebellion, die seine Führung zunichte machte, und außerdem getroffen durch die Treulosigkeit einiger seiner Freunde und Gehilfen, denen er am meisten vertraut hatte. Aber es war nicht nur das. Er mußte auch die bittere Erkenntnis ertragen, daß dieser Aufstand und diese Ablehnung von seinem eigenen, geliebten Sohn angefacht worden waren. In der Bibel lesen wir: „David aber ging den Ölberg hinan und weinte, und sein Haupt war verhüllt, und er ging barfuß" (2. Samuel 15,30).

Wie war David da wohl zumute? Es heißt ja im Psalm, daß sein Herz „in Angst" war. Er fühlte sich schwach und elend und ohnmächtig, er konnte kaum aufrecht stehen. Die finsteren Stürme von Feindschaft und Sorgen hatten ihm noch nie so hart ins Gesicht geblasen.

Und was betete er in dieser Lage? „Du wollest mich führen auf einen hohen Felsen." Das heißt: Herr, die Wellen schlagen über mir zusammen! Ich ertrinke darin! Ich brauche jetzt unbedingt einen starken Felsen, an den ich mich klammern kann, damit ich nicht untergehe, einen Turm, eine Zuflucht, in der ich mich verstecken und endlich Ruhe finden kann.

Dabei muß ich wieder an den Mann im gelben Regenmantel denken. Er war der rohen Gewalt der Natur und all ihrer zerstörerischen Kraft schutzlos ausgeliefert, und er klammerte sich fest an den einzigen Gegenstand, der in diesem Augenblick in seiner Nähe war und nicht mitgerissen wurde, an einen Telefonmast. In ähnlicher Weise setzt uns Gott manchmal der rohen Gewalt unserer Mitwelt, unseres Eigensinnes oder der Angriffe Satans aus. Wenn wir von Kummer und Nöten überrollt werden, überwältigt uns das Gefühl unserer gänzlichen Unvollkommenheit – unserer moralischen und seelischen Schwäche.

Wenn uns so zumute ist, werden wir auf Gott zugetrieben, um uns nur noch fester an ihn zu halten, nicht wahr? Wir lernen genau dasselbe wie der Mann, der mitten im Orkan stand und sich an den Mast klammerte. Denn dann kommt es darauf an, die beste Zuflucht, den stärksten Felsen, die festeste und unerschütterlichste Verteidigungsstellung zu finden und sich daran mit allen Fasern des Herzens festzuklammern – so, als ob das ganze Leben davon abhinge.

Der Orkan „Diana“ ist heute nur noch eine schwache Erinnerung. Seit damals hat eine ganze Reihe von weiteren tropischen Stürmen den Golf von Mexiko und die Ostküste der USA heimgesucht, und ihre Namen verblassen im Laufe der Zeit. Wenn das Wetter wieder schön und sonnig ist, fällt es eben schwer, sich an die Schrecken eines Orkans zu erinnern.

Vielleicht gibt es heute in Ihrem persönlichen Leben keine großen Stürme. Die Sonne scheint, kleine, schneeweiße Schönwetterwolken ziehen im sanften Windhauch vorüber. Aber das Leben ist eben unberechenbar. Plötzlich springt der Wind um und zieht uns in seinen Wirbel. Eine Versuchung kann uns aus heiterem Himmel überfallen. Und auch, wenn die Fernsehkameras nicht mitlaufen und die Ereignisse festhalten, so sieht die Welt doch sehr genau hin, wenn Gottes Kinder in einen gefährlichen Sturm geraten.

In einer Welt wie unserer hat es immer Sinn und Zweck, so nahe wie möglich bei Gott, unserer mächtigen und starken Zuflucht, zu bleiben.

Ein Wort zum Festhalten

„Er ____________________ sich mitten im Sturm mit aller Kraft an den Mast.“ Wenn Sie ein Reporter wären und den Mann im gelben Regenmantel beschreiben müßten, was für Worte würden Ihnen da einfallen? Halten, festkrallen, klammern?

Und welche Worte würden Sie gebrauchen, wenn Sie beschreiben sollten, wie Sie sich an Gott festgehalten haben, als die Stürme des Lebens an Ihnen zerrten?

Wenn Sie das nächste Mal erleben müssen, daß sich in Ihrem Leben ein Orkan zusammenbraut, dann schlagen Sie 5. Mose 4,29–31 auf. Klammern Sie sich an diesem „Telefonmast“ fest!

Flexibel bleiben

Eine gute Freundin von mir, die erst vor kurzem schwer verunglückte und jetzt nicht mehr laufen kann, hat im Augenblick noch mit all den schmerzlichen Umstellungserfahrungen zu tun, die man notgedrungen macht, wenn man sich an ein Leben im Rollstuhl gewöhnen muß. Sie ist ein sehr hübsches Mädchen und war eine ausgezeichnete Studentin, als sie ihre Beine noch gebrauchen konnte. Und natürlich bekommt sie auch heute noch hervorragende Noten in ihrem Abschlußexamen, das sie gerade hinter sich bringt.

Aber obwohl sie mit Schönheit und Verstand wirklich gesegnet ist, werden die Probleme mit ihrer Behinderung dadurch nicht leichter.

Neulich hat sie im Gespräch mit mir ihrem Herzen ein bißchen Luft gemacht und mir von ihren vielen Enttäuschungen erzählt. Und ich konnte sie sehr gut verstehen.

Ich muß zugeben, was sie sagt, stimmt: Es ist ganz schön schwierig, eine Hose zu finden, die genau richtig paßt, wenn man immer sitzen muß. Es ist schwer, Kleider zu finden, die auch dann noch gut aussehen und bequem sind, wenn man sich im Rollstuhl dauernd recken und drehen und wenden muß. Und es ist auch recht schwierig, wenn einen immer wieder andere Leute schminken und frisieren, was man doch eigentlich viel lieber selbst täte.

Ich weiß ganz genau, wie meiner Freundin zumute ist. Bei mir gibt es beispielsweise fünf verschiedene Frauen, die mir an den einzelnen Wochentagen beim Aufstehen helfen und all die morgendlichen Routinearbeiten mit mir machen. Es ist ganz natürlich, daß manche von ihnen die Dinge auf die eine Art tun und andere wieder ein bißchen anders. Montags meinetwegen ist meine Frisur eine Schöpfung von Irene, dienstags sieht man den Stil von Judy darin, mittwochs gibt Beverly ihr wieder einen etwas anderen Schwung, donnerstags haben meine Haare die besondere Note von Francie, und freitags schließlich komme ich im Lynda-Stil zur Arbeit.

Man muß dazu sagen, daß ich im Grunde jeden Tag die gleiche Frisur habe und nicht immer wieder völlig anders aussehe. Aber man kann einfach nicht erwarten, daß fünf verschiedene Frauen Bürste und Kamm auf genau die gleiche Weise kunstvoll benutzen, wie man es selbst gern tun würde. Manche Kleinigkeiten werden immer wieder ein bißchen anders gemacht.

Dasselbe gilt für das Schminken. Ich habe zwar jeden Morgen dieselbe Lippenstiftfarbe und dasselbe Rouge, aber jede Frau geht eben mit Make-up auf ihre besondere Art um. So kann etwa meine Wimperntusche an einem Tag ein bißchen auffällig sein und an einem anderen wieder kaum zu sehen.

Aber etwas Tröstliches konnte ich meiner Freundin bei ihren Umstellungsschwierigkeiten dann doch sagen: Die Behinderung kann einem Menschen beibringen, flexibel zu werden! Denken wir einmal an Paulus, der manches zu erleiden hatte: er war ein Mann, der nicht immer unbedingt darauf bestand, daß man alles genauso machte, wie er es sich vorstellte. Nein, er war wirklich nicht kleinlich.

In einem Brief an seine Freunde in Philippi schrieb der Apostel die bemerkenswerten Sätze:

„Ich habe gelernt, mir genügen zu lassen, wie's mir auch geht. Ich kann niedrig sein und kann hoch sein, mir ist alles und jedes vertraut; beides, satt sein und hungern, beides, Überfluß haben und Mangel leiden“ (Philipper 4,11 + 12).

Und woran lag es, daß Paulus dies konnte? Das verrät er uns gleich danach:

„Ich vermag alles durch den, der mich mächtig macht“ (Philipper 4,13).

Einen solchen Zugang zum Leben kann man nur wärmstens weiterempfehlen! Es gibt einfach immer ein paar Dinge, bei denen wir gelassen und flexibel bleiben müssen – ganz gleich, wie unsere Lebenssituation, die vielleicht eine Behinderung einschließt, auch aussieht.

Paulus verließ sich auf die Kraft seines Herrn, und so lernte er, zufrieden zu sein – ob sein Magen nun leer oder gut gefüllt war;

ob er stark und gesund oder auf andere angewiesen war; in bequemen, gut ausgestatteten Häusern lieber Mitchristen genauso wie in den finsteren Abgründen der römischen Gefängnisse. Durch Jesus Christus konnte er flexibel sein. Und deswegen segnete Gott ihn mit einer tiefen Zufriedenheit.

Ich weiß wohl: meine junge Freundin, die sich erst an ihren Rollstuhl gewöhnen muß, hat noch viel zu lernen. Aber Gott wird eine schöne Frau aus ihr machen, da bin ich ganz sicher. Ihre Frisur sieht vielleicht nicht immer vollkommen aus, ihre Kleider fallen sicher nicht immer genau so, wie sie es eigentlich gerne hätte, und an manchen Tagen wird ihr Make-up möglicherweise auch ein bißchen unregelmäßig aussehen.

Aber sie wird trotzdem schön sein – weil sie flexibel und gelassen sein wird. Und dann wird sie auch zufrieden sein.

Ein Wort zum Festhalten

Klagen, Murren, Schimpfen. So hat man die Kinder Israel in Erinnerung – nie konnten sie zufrieden sein. Wenn Sie sich das näher ansehen wollen, fangen Sie mit 2. Mose 16,3–5 an. Manna, das Brot, das vom Himmel fiel, war ihnen offenbar noch nicht genug.

Nun blättern Sie weiter zu 4. Mose 11,4–10. Wollen Sie wissen, wie der Herr schließlich die Wünsche des Volkes erfüllte? Dann lesen Sie auch die Verse 18–20.

Ein Vorschlag: Schreiben Sie einmal alle Ihre Wünsche auf und dann die Wünsche Gottes. Wie viele stimmen überein?

Ein Gebet: „Hilf mir, Vater, von meinen Wünschen abzusehen, nicht so kleinlich zu sein, nicht immer darauf zu bestehen, daß alles genau so getan wird, wie ich es gerne hätte. Vergib mir, wenn sich meine Wünsche ständig steigern – du weißt am besten, was ich brauche. Und deshalb bin ich zufrieden."

Ein ganz besonderer Fall?

Der Schreiber des Hebräerbriefes sagt, das Wort Gottes sei schärfer als jedes zweischneidige Schwert (Hebräer 4,12). Nach meiner Erfahrung spürt man es oft auch spitz wie eine Nadel.

Ein Bibelvers, der mich schon jahrelang piekt, ist beispielsweise 1. Korinther 10,13:

„Bisher hat euch nur menschliche Versuchung getroffen. Aber Gott ist treu, der euch nicht versuchen läßt über eure Kraft, sondern macht, daß die Versuchung so ein Ende nimmt, daß ihr's ertragen könnt."

Und warum sticht mich dieser Vers so? Weil ich gelegentlich versucht bin zu meinen, daß Gott von mir nicht dasselbe erwarten kann wie von anderen Menschen. Offenbar ist doch in meinem Fall alles ganz anders, oder?

Ich weiß noch gut, wie ich vor Jahren in meinem Bett im Krankenhaus lag und dachte, daß Gott mir mehr aufbürdete, als ich jemals tragen könnte. Gelähmt – mein Leben lang gelähmt sollte ich also sein! Aber dann erinnerte mich der wohlbekannte Bibelvers aus 1. Korinther 10,13 wieder daran, daß Gott treu ist, daß er mir immer nur so viel aufbürdet, wie ich ertragen kann.

Dieses Bibelwort zwickte mich wieder, als ich auf die Dreißig zuging – immer noch unverheiratet und mit der ziemlich sicheren Aussicht, es zu bleiben. Manchmal erschienen mir dann begehrliche Gedanken oder ein paar Phantasievorstellungen so einladend und auch so leicht zu rechtfertigen. Hatte ich nicht schließlich schon mehr aufgegeben, als die meisten Christen jemals aufgeben müssen, einfach dadurch, daß ich so schwer behindert war? Gab mir mein Leben im Rollstuhl nicht das Recht dazu, mich gelegentlich ein bißchen gehenzulassen? Doch die Worte sahen mich aus meiner Bibel eindringlich an: „Gott ist treu, der euch nicht versuchen läßt über eure Kraft, sondern macht, daß die Versuchung so ein Ende nimmt, daß ihr's ertragen könnt." Wenn Gott es zuläßt, daß Sie leiden müssen, sind Sie dann leicht geneigt, Ihre Not als Entschuldigungsgrund für Sünden zu benutzen? Oder haben Sie hin und wieder das Gefühl, daß Gott Ihnen einen „freien Tag“ schuldet, weil Sie ihm in letzter Zeit vielleicht besonders viel geschenkt haben, indem Sie sich so sehr für ihn eingesetzt und sich gar nicht geschont haben?

Ich habe den Verdacht, daß wir alle solche inneren Kämpfe kennen. Aber wenn wir unsere lahmen Proteste im Licht eines Bibelverses wie 1. Korinther 10,13 betrachten, lösen sich unsere Entschuldigungen eine nach der anderen in nichts auf.

Die Wahrheit an der Sache ist: Wenn wir während einer Zeit, in der wir leiden müssen, Sünde tun, dann tun wir das nicht etwa, weil für uns jetzt andere Maßstäbe gelten und wir geradezu gezwungen wären, Gott ungehorsam zu sein. Nein, wir sündigen nicht, weil wir es müssen, sondern, weil wir es wollen.

Gott schenkt mir die Gnade, in einem Rollstuhl leben zu können – was er Ihnen nicht aufgetragen hat, wenn Sie auf Ihren Beinen laufen können. Aber er gibt Ihnen vielleicht die Gnade, eine ungewollte Scheidung zu ertragen oder den Tod Ihres Ehepartners oder die Entlassung aus Ihrer Arbeitsstelle oder die Auflehnung Ihres Kindes, und das wieder hat er mir nicht aufgetragen. Gott sorgt immer für einen Ausweg, für Möglichkeiten, wie wir in unseren jeweiligen Versuchungen standhalten können.

Die Frage heißt nie: „*Kannst* du gehorsam sein?“ Sondern sie lautet: „*Willst* du gehorsam sein?“

Ein Wort zum Festhalten

„Willst du gehorsam sein?“ Das ist eine gute Frage. Und gute Worte sind – wie wir eben sahen – in 1. Korinther 10,13 zu finden. Aber gehen Sie doch noch einen Schritt weiter und lesen Sie das 10. Kapitel von Anfang an! Inwiefern ist das Beispiel der Israeliten eine Warnung auch für Sie? Wenn Sie in Ihrem Leben schon einmal gesagt haben: „Also, so hätte ich mich aber bestimmt nie benommen!“, dann schreiben Sie sich Vers 12 auf ein Blatt Papier, befestigen Sie es am Badezimmerspiegel und lernen Sie den Vers auswendig. Es wird zu Ihrem eigenen Besten sein!

Verbindungsleitungen

Wenn ich jemandem meine Wirbelsäulenverletzung erklären soll, ist das immer schwierig, aber am schwersten ist es, wenn ich einem Kind meine Behinderung klarmachen soll.

Da stand ein kleiner Junge neben meinem Rollstuhl, tippte auf mein Knie und sagte eindringlich: „Ganz bestimmt kannst du dein Bein bewegen, versuch's nur mal!"

„Aber das versuche ich doch, so gut ich kann!" erwiderte ich und mußte lachen.

„Nein, du mußt noch viel fester daran denken!" meinte er unbeirrt.

Es war einfach unmöglich, diesen Jungen zu überzeugen. Ich versuchte ihm immer wieder zu erklären, daß ich zwar großartige Gedanken im Kopf hätte, aber daß das alles nichts nützte. Ich kann Befehle an meinen Körper aussenden, soviel ich will – weil die Verbindungswege nun einmal unterbrochen sind, können meine Arme und Beine darauf nicht mehr reagieren.

Der menschliche Körper ist wahrhaft staunenswert. Und die meisten von uns sorgen gut für ihren Leib. Wir versuchen, vernünftig zu essen, und verschaffen uns körperliche Bewegung. Glücklicherweise tritt unser Körper nur ganz selten in Streik. Normalerweise macht er genau das, was ihm vom Gehirn befohlen wird.

Paulus hat das Bild vom Kopf und vom Körper gebraucht, um unsere Beziehung zu Jesus Christus zu beschreiben. So ist unser Herr „das Haupt, von dem her der ganze Leib durch Gelenke und Bänder gestützt und zusammengehalten wird und wächst durch Gottes Wirken" (Kolosser 2,19).

Ein gesunder geistlicher Leib, das heißt eine Gemeinschaft von glaubenden Menschen, nimmt seine Anweisungen von Christus, dem Haupt, entgegen. Jesus sagt uns durch sein Wort, was er von uns will. Und wir, sein Leib, vertrauen und gehorchen ihm und antworten ihm im Gebet.

Aber was geschieht, wenn diese Verbindungsleitungen zusammenbrechen?

Der Mensch, der sich weigert, Gott zu vertrauen und zu gehorchen, beschädigt die Verbindungswege zwischen sich und dem Herrn. Die Bibel spricht zum Beispiel davon, daß ein Mensch „ohne Grund aufgeblasen in seinem fleischlichen Sinn" sein kann und „sich nicht an das Haupt" hält (Kolosser 2,18+19).

Ich glaube, mein eigener Körper ist das beste Bild dafür. Mein Kopf hat eine unbegrenzte Menge an Plänen und Ideen für meine Hände und Beine bereit. Aber leider weigert sich mein Körper, darauf zu hören. Die Verletzung meiner Wirbelsäule hat die Kommunikationswege zwischen meinem Kopf und meinen Gliedmaßen zerstört. Daher bleiben all die herrlichen Pläne und Träume einfach in meinem Kopf und verwirklichen sich nicht. Persönlich habe ich das Gefühl, daß mein Körper überhaupt nicht mehr da ist. Aber es liegt eben daran, daß die Verbindungsleitungen nicht mehr funktionieren und meine Arme und Beine deshalb für mich unbrauchbar geworden sind.

Das ist eigentlich gar nicht so anders als die Glaubenssituation vieler Christen heutzutage, oder? Unser Haupt, Jesus Christus, hat sich einige hervorragende Dinge für uns ausgedacht, gute Ideen, die er liebend gern durch uns verwirklichen würde – zu denen er Sie und mich gebrauchen möchte, da wir nun einmal seine Hände und Füße hier auf der Erde sind. Aber, so traurig es auch ist, unsere Kommunikationsleitungen sind oft beschädigt, und Gottes Wort kommt nicht zu uns durch. Wir vertrauen Gott nicht, oder wir gehorchen ihm nicht. Und wir antworten ihm auch nicht im Gebet.

Und was ist dann das Ergebnis? Ein Körper, der so ist wie meiner, gefühllos und nicht einsetzbar. Oder, im besten Fall, schwach und gebrechlich.

Aber nun hören Sie gut zu: Niemand von uns hat eine unheilbare geistliche Verletzung erlitten. Und es gibt auch nicht so etwas wie eine geistliche Querschnittslähmung, die den Leib Christi heute betroffen hätte. Die Kommunikationswege stehen offen, wir müssen sie nur benutzen! Wir müssen es geschehen lassen, daß Gott durch sein Wort mit uns ins Gespräch kommt, und dann müssen wir wie jeder gesunde Körper auf die Befehle des Kopfes reagieren: mit Beten, Loben und Danken antworten und Gott vertrauen und ihm gehorchen, indem wir die Pläne und Anordnungen ausführen, die uns unser Haupt, Jesus Christus, gegeben hat.

Stehen bei Ihnen die Verbindungswege heute offen? Hören Sie auf Gottes Wort, beten Sie als Antwort darauf, bleiben Sie gesund im Glauben! Um mit dem kleinen Jungen zu sprechen: Sie können ganz bestimmt die richtigen Bewegungen machen, Sie müssen es nur richtig versuchen!

Ein Wort zum Festhalten

Lassen wir heute die Kommunikationswege frei sein zwischen uns – dem Leib Christi – und Jesus, unserem Haupt! Wenn Sie diese Verbindungen überprüfen wollen, dann beginnen Sie doch einmal mit Matthäus 6,6–13. Was spricht Sie am meisten in diesem Abschnitt an, was überführt Sie am deutlichsten? Haben Sie wirklich eine gute Verbindung zu Gott? Die Leitungen sind frei, also sorgen Sie dafür, daß sie benutzt werden!

Ton und Wachs

In einem Sprichwort heißt es: „Dieselbe Sonne, die Ton härtet, läßt Wachs schmelzen."

Da ich selbst Malerin bin, schaue ich natürlich sehr gerne anderen Künstlern bei der Arbeit zu; nicht nur Malern, sondern jedem Menschen, der etwas Künstlerisches gestaltet.

Ich weiß noch gut, wie ich einmal das Atelier einer Bildhauerin besucht habe. Sie arbeitete gleichzeitig an mehreren Modellen aus Ton; manche waren schon fast fertig, mit anderen hatte sie gerade erst angefangen. Jedes Stück stand auf einem Drehsockel an einer schattigen Stelle des Raumes und war mit feuchtem Käseleinen bedeckt. Die Künstlerin formte mal an dem einen, dann an dem anderen Modell. Aber bevor sie weiterging, vergewisserte sie sich stets, daß alles getan war, damit jedes Stück weich, biegsam und geschmeidig blieb, bis sie wieder zu ihm zurückkehrte.

Der Ton konnte sehr leicht hart werden, wenn sich die Luftfeuchtigkeit oder die Temperatur im Atelier auch nur ein wenig änderte. Aber mit dem Wachs, das die Bildhauerin als Form für Gegenstände verwendete, die mehrmals hergestellt werden sollten, war es ganz anders. Das blieb weich und formbar und leicht zu bearbeiten. Wenn sie auf diese Weise ein Kunstwerk herstellen wollte, wärmte sie das Wachs einfach mit einem Fön an, und schon war es fertig zum Gebrauch.

Eingetrockneter Ton ist brüchig und kann leicht beschädigt werden. Wenn man ein solches Stück hinfallen läßt, zerspringt es möglicherweise in tausend Stücke. Wenn man dagegen geschmeidiges Wachs auf die Erde wirft, wird es von dem Aufprall lediglich verformt. Und weil es leicht zu bearbeiten ist, kann es schnell wieder in die richtige Form gebracht werden.

Auch Menschen können so oder so sein. Es gibt Leute, die entschlossenen Widerstand gegen Gott leisten, die darin verhärtet und brüchig geworden sind und deren Gefühle man sehr leicht verletzen kann. Aber diejenigen, die sich dem Willen Gottes leicht fügen, gelangen zu einer vollkommenen Gestalt – wie auch immer Gott sie herausbildet.

Über diese Dinge habe ich vor einiger Zeit lange nachgedacht, als ich wegen einer Druckwunde im Bett liegen mußte und niedergeschlagen war. Drei Monate lang kämpfte ich darum, für Gottes Willen offen und formbar zu bleiben, und ich war sehr traurig darüber, daß ich zwölf lange Wochen nicht zur Arbeit fahren konnte und mein Schreibtisch und meine Malstaffelei leer und nutzlos herumstanden.

Gott, so schien es, war gar nicht so sehr an meiner Arbeit interessiert, aber meine Reaktionen auf meine jetzige Lebenssituation interessierten ihn um so mehr.

Wie hieß das Sprichwort? „Dieselbe Sonne, die Ton härtet, läßt Wachs schmelzen." Das ist wirklich wahr. Die Sonne selbst wirkt nicht auf unterschiedliche Weise. Doch der Ton und das Wachs reagieren auf die Wärme verschieden. Nöte und Leiden werden manche Menschen wie zu brüchigem Ton verhärten und Verbitterung und Groll in ihnen fest werden lassen. Doch dieselben Lebensumstände können wieder andere Menschen innerlich schmelzen lassen und sie Geduld und Ausdauer lehren. Not und Leid haben keinen Wert in sich selbst, kein eigenes, inneres Ziel. Es kommt darauf an, wie wir auf die Probleme reagieren – das macht den Unterschied aus.

Ich kenne eine ganze Reihe von Leuten, die wie ich auf den Rollstuhl angewiesen sind. Manche hat ihr Gelähmtsein nur noch tiefer in eine vorwurfsvolle Haltung und sogar in bittere Verzweiflung hineingetrieben. Sie sehen ihre Behinderung sogar als Beweis dafür an, daß es einen liebenden Gott überhaupt nicht geben kann. Doch viele andere Behinderte erblicken in ihrem Rollstuhl gerade das Kennzeichen eines liebevollen Gottes, der seine Kinder gerne reinigen und vollkommen machen will.

In einer der quälenden Nachtstunden während der endlos langen Zeit meines Krankenhausaufenthaltes nach dem Unfall lag ich da und schwankte bedenklich. Würde ich so reagieren wie der verhärtete Ton oder wie das leicht schmelzende Wachs? Da hatte ich plötzlich die Idee zu einem Gedicht. Und weil ich nun nicht schnell aus dem Bett springen und mir Papier und Stift holen konnte, dachte ich sorgfältig über jeden Satz nach und lernte ihn dann auswendig. Als das ganze Gedicht in meinem Kopf fertig dastand, fühlte ich mich schon längst nicht mehr so brüchig, hart und verzweifelt, wenn ich an Gottes Willen für mein Leben dachte.

„Ich habe eine schöne Vase aus Porzellan,
mit Blumen sieht sie herrlich aus und fällt gleich jedem auf.
Doch ach, man weiß, zerbrechlich ist ein solches
schönes Stück,
leicht rutscht es aus der Hand, zerschellt in tausend
kleine Scherben.
Als nun mein Leben plötzlich ganz in sich zusammenstürzte,
da war ich traurig, unglücklich und brach in Tränen aus.

Doch weinen wir nicht alle dann, wenn Schönes muß
verderben?
Sind wir nicht alle unglücklich bei schrecklichem Verlust?
Der Herr wird einst die Tränen trocknen, so hat er gesagt,
da er doch selbst am Kreuz zerbrochen und gestorben ist.

Mein Leben war wie Porzellan, so herrlich schön für mich,
voll Hoffnungen für das, was kommen sollte.
Doch ach, man weiß, zerbrechlich ist ein solches
schönes Stück,
leicht rutscht es aus der Hand, zerschellt in tausend
kleine Scherben.
Als nun mein Leben plötzlich ganz in sich zusammenstürzte,
da war ich traurig, unglücklich und brach in Tränen aus.

Doch Jesus ist nicht ein zerbrechlicher Traum, kein Ding
aus Porzellan.
Was er verheißt, zerbricht niemals, sein Wort ist ganz gewiß.
Und seine Liebe hält uns fest, niemand kann sie erschüttern.

Wenn unser Leben nun zerspringt durch Sorgen, Schmerz
und Sünde,
so neigt er sich uns zu gewiß mit seiner großen Liebe.
Er macht uns wieder ganz und heil, wie es sonst
niemand kann."

Ein Wort zum Festhalten

Worin liegt der Unterschied zwischen Wachs und Ton? Wenn der Heilige Geist Ihr Herz auch nur ein bißchen vorbereitet hat, können auch Sie Wachs sein, das bereitwillig schmilzt. Ich hoffe, daß Sie sich heute als solches Wachs sehen, daß Sie bereit sind, von Gott in das Bild gestaltet zu werden, das Jesus uns vorgelebt hat. Plagen Sie sich nicht mehr damit, daß Sie bisher auf die kleinen Ärgerlichkeiten des Lebens wie ein alter, eingetrockneter, gehärteter Tonklumpen reagiert haben. Wenn Sie nun an den Rest des heutigen Tages gehen und sich mit den Belastungen des Alltags auseinandersetzen, dann lassen Sie den Sohn Gottes seine Arbeit an Ihnen tun. Dann wird das Wachs schmelzen, und es wird Ihnen besser dabei gehen. Lesen Sie dazu einmal 1. Petrus 4,12–19 und 5,5b–11.

Schmutzige Wäsche

Niemand von uns würde gerne seine schmutzige Wäsche draußen aufhängen, so daß alle Leute sie sehen könnten. Da gibt es häßliche Flecke, peinliche Dreckstellen und verschmierte Soßenkleckse, und die sollten nur wir sehen, bevor die Stücke in die Wäsche kommen.

Manchmal verhalten wir uns als Christen genauso. Wir bemühen uns dann, eine „frisch gewaschene" Form unseres Glaubenslebens im Schaufenster auszuhängen, um nichtgläubige Menschen in unsere Gemeinschaft hereinzulocken. Wir spielen alle Schwierigkeiten herunter, überpinseln die Härten und Nöte des Christenlebens mit glänzendem Lack, werfen eine hübsche Decke über die schweren Versuchungen und Unglücke, die wir erlebt haben, verbergen unsere Schwächen und schieben all unsere kümmerlichen und innerlich verletzten Brüder und Schwestern weit in den Hintergrund, damit sie nicht gleich gesehen werden.

Auf jeden Fall muß die schmutzige Wäsche im Korb bleiben! Sie darf nicht auf die Leine, wo sie jedermann beäugen kann! Wir wollen doch nicht, daß irgend jemand denkt: „Nun sieh einer an, wie schlecht dieser sogenannte liebende Gott doch seine treuen Nachfolger behandelt!" Wir wollen nicht, daß die Schattenseiten, der Kummer, die Ehescheidungen und Meinungsverschiedenheiten in unserer Gemeinde wie häßliche Flecken auf dem guten Namen Gottes wirken.

Da ist es schon eigenartig, wenn man sich klarmacht, daß unser Herr Jesus ganz und gar nicht versuchte, sich von den peinlichen Flecken in der Gesellschaft seiner Zeit fernzuhalten. Nein, er suchte sogar die Prostituierten, die Ausgestoßenen und Armen und hatte offenbar keine Angst, daß der gute Ruf Gottes dadurch geschädigt werden könnte. Er kümmerte sich um die Blinden, nahm die Leprakranken in den Arm und gab den Schwachen und schwer Beladenen besondere Ehre. Selten war er in der Gesellschaft der blütenreinen, makellosen Pharisäer anzutreffen. Es schien ihm auch gar nicht peinlich zu sein, mit den Schmutzigen seiner Zeit zusammenzusein, sozusagen die dreckige Wäsche vor aller Augen aufzuhängen.

Aber etwas war anders: die auffälligste Möglichkeit, in der Gott sich damals verherrlichte, lag darin, daß er das Leid auf wunderbare Weise wegnahm. Jesus gab Blinden das Augenlicht wieder, heilte Leprakranke, ja, weckte sogar Tote auf. Er tat alle möglichen ehrfurchtgebietenden Dinge, um das menschliche Elend zu mildern.

Und wahrhaftig, wenn die Leute solche Wunder sahen, dann staunten sogar die Ungläubigen und Spötter und lobten Gott.

Aber wie ist das heute mit der schmutzigen Wäsche? Jesus lebt nicht mehr als Mensch unter uns, er wandert nicht mehr durch das Hügelland von Judäa. Heute benutzt Gott meistens einen anderen Weg, wenn er das Leid dazu gebraucht, um sich selbst zu verherrlichen. Dieser Weg ist weniger sichtbar, aber bestimmt genauso wirkungsvoll und mächtig.

So seltsam es uns erscheinen mag: Gott läßt es oft nicht nur zu, daß wir lange Zeiten voller Schwierigkeiten, Schmerzen und innerer Kämpfe erleben und durchleiden müssen, sondern sorgt bewußt dafür. Und all das läßt er geschehen, während die Ungläubigen ungehindert und interessiert zuschauen!

Aber sehen Sie einmal genauer hin, was geschieht, wenn sich diese Christen, denen Gott eine Not nach der anderen schickt, dennoch standhaft weigern zu klagen! Wenn sie, statt zu fluchen, sich zu beschweren und zornig die Faust gegen den Himmel zu recken, ihrem Schöpfer mit Lob und Preis antworten.

Das nämlich fällt den Ungläubigen auf! Sie erleben etwas, das nach allen logischen Methoden der menschlichen Wahrscheinlichkeitsrechnung einfach nicht aufgeht. Dann werden sie von diesem Gott angezogen, zu dem sich ganz normale Menschen mit echten Problemen in liebevoller Treue halten.

Wenn wir Christen, Sie und ich, in unserem Leben nur eitel Freude und Sonnenschein erleben würden, dann könnte die Welt um uns her nie etwas Beeindruckendes über Gott erfahren. Dann könnten die Leute nie sehen, daß es sich lohnt, Gott zu dienen – selbst dann, wenn der Weg steinig und mühsam wird.

Also lassen Sie die Nichtchristen ruhig sehen, was Gott in Ihrem Leben tut. Die anderen sollen sich wiedererkennen können, wenn sie auf ihre schmutzige Wäsche schauen. Verstecken Sie nicht Ihren Kummer und die Lebensgebiete, auf denen Sie zu kämpfen haben, und tun Sie nicht heuchlerisch so, als ob es das alles bei Ihnen nicht gäbe. Konzentrieren Sie sich statt dessen darauf, in all diesen Schwierigkeiten treu zu Ihrem Gott zu stehen.

Dies kann der überzeugendste Hinweis sein, den einer Ihrer Mitmenschen je über den Gott, den wir lieben, sieht oder hört.

Ein Wort zum Festhalten

Manchmal fühlen wir uns erheblich sicherer, wenn wir ein sauberes, frisch gestärktes Bild von unserem christlichen Lebenswandel vorzeigen können. Aber sehen Sie sich einmal an, was Paulus in 1. Korinther 1,26–29 sagt. Zur Gemeinschaft Jesu Christi gehören selbst die Leute, die manche für „peinliche Flekken" der Gesellschaft halten. Wie können Sie sich selbst in diesen Abschnitt der Heiligen Schrift einordnen? Denken Sie einmal darüber nach, wie Sie den Gläubigen weiterhelfen könnten, von denen Sie wissen, daß sie Kummer haben oder durch eigenes Versagen verunsichert sind. Suchen Sie nach ein paar ganz praktischen Möglichkeiten, ihnen neuen Mut zu geben. Und helfen Sie ihnen zu der Erkenntnis, daß gerade ihr Beispiel ein überzeugendes und überführendes Zeugnis für Nichtchristen sein könnte.

Herrlichkeit erwartet uns

„An einem bestimmten Punkt in seinem dramatischen Aufstieg zur Berühmtheit schlug er an einer Gabelung einen anderen Weg ein. Und von da an blickte er nie mehr zurück.

Bis zu diesem Zeitpunkt hatten sich seine Nachfolger um ihn versammelt. Er war mutig gegen die Stadträte und gegen die Bürokraten aufgestanden. Er hatte die eigennützige Heuchelei der Vertreter der hohen Geistlichkeit entlarvt. Und doch konnte er mit jedem Menschen reden, von dem einfachsten Arbeiter bis hin zu den Mächtigen der politischen Führungselite, mit den billigen Mädchen in den Vergnügungsvierteln genauso wie mit den Fischern am Steg. Er hielt aufwühlende Reden von den besseren Zeiten, die kommen würden. Und wie jeder gute Politiker bekräftigte er seine Versprechen mit konkreten Leistungen. Er war von der Menge umringt, schüttelte viele Hände und küßte kleine Kinder.

Doch dann, plötzlich und unerklärlich, änderte sich seine Art. Er verbrachte jetzt mehr Zeit allein, zog sich mit nur wenigen Leuten aus seinem engsten Umkreis in die Stille zurück. Er erzählte seltsame, manchmal ganz unverständliche Geschichten. Er mied von jetzt an die Menschenmengen, die sich doch geradezu danach sehnten, ihn ganz oben an die Spitze zu bringen.

Und obwohl er ein junger Mann war, kaum erst in der Blüte seines Lebens, fing er an, mehr und mehr über den Tod zu sprechen, auch über seinen Tod.“

Die Jünger müssen verblüfft gewesen sein, wie vor den Kopf gestoßen. Sogar Petrus, einer aus dem bevorzugten inneren Kreis, versuchte, all das unlogische Gerede über Verrat, Erniedrigung und Tod zu unterbinden. Doch er war wie vom Donner gerührt, als der Meister sich umdrehte und ihn hart anfuhr:

„Geh weg von mir, Satan! Du bist mir ein Ärgernis; denn du meinst nicht, was göttlich, sondern was menschlich ist“ (Matthäus 16,23).

Jetzt wollte Jesus keine politischen Termine mehr in seinem Kalender haben. Ihm war natürlich klar, daß seine Leute über diese Wendung der Ereignisse erschüttert und betroffen waren. Sie brauchten jetzt Ermutigung. Und so ließ der Herr sie etwas Erstaunliches sehen – allerdings nach sechs weiteren Tagen voller Reden von der „Selbstverleugnung", vom „Kreuz, das man auf sich nehmen muß" und vom „Leben, das man verlieren muß, um es zu finden".

„Und nach sechs Tagen nahm Jesus mit sich Petrus und Jakobus und Johannes, dessen Bruder, und führte sie allein auf einen hohen Berg. Und er wurde verklärt vor ihnen, und sein Angesicht leuchtete wie die Sonne, und seine Kleider wurden weiß wie das Licht. Und siehe, da erschienen ihnen Mose und Elia; die redeten mit ihm... Da überschattete sie eine lichte Wolke. Und siehe, eine Stimme aus der Wolke sprach: Dies ist mein lieber Sohn, an dem ich Wohlgefallen habe; den sollt ihr hören! Als das die Jünger hörten, fielen sie auf ihr Angesicht und erschraken sehr. Jesus aber trat zu ihnen, rührte sie an und sprach: Steht auf und fürchtet euch nicht! Als sie aber ihre Augen aufhoben, sahen sie niemand als Jesus allein" (Matthäus 17,1–3; 5–8).

Wie muß das diesen Männern Auftrieb gegeben haben! Wie gut tat ihnen das nach all dem Reden über den Tod! Dort oben auf dem Berg half ihnen Jesus, über das Kreuz hinaus zu sehen, mitten in die Herrlichkeit der Auferstehung hinein.

Außerdem war diese Begegnung sicher auch für Jesus selbst eine Ermutigung, als er die Stimme seines himmlischen Vaters hörte: „Dies ist mein lieber Sohn, an dem ich Wohlgefallen habe." Vielleicht erschien ihm der lange Schatten des Kreuzes nicht mehr ganz so unheildrohend, nachdem er diese tröstenden Worte gehört hatte. Gott der Vater drückte seinem sündlosen Sohn das Siegel seiner Anerkennung auf – diesem Sohn, der schon so bald ans Kreuz genagelt werden sollte, um unsere Sünden zu tragen.

Ja, es würde Leid für ihn geben, sogar unaussprechliche Qualen. Aber danach wartete die Herrlichkeit auf ihn.

Ob Sie und ich uns an diesem Gedanken festhalten können, auch mitten in unserem tiefsten Kummer, wenn wir verwirrt und verunsichert sind, wenn das Leben uns unendlich schwer, fast unerträglich scheint? Können wir uns dann daran erinnern, daß die Herrlichkeit auf uns zukommt, daß auch wir eines Tages verwandelt werden?

Es gibt Momente, da möchte der Herr, daß wir von all den Problemen unserer Lebensumstände aufsehen und einen winzigen Blick von dem Glanz und der Herrlichkeit erhaschen, die uns später erwarten. Die Ewigkeit liegt vor uns, nur ein paar Schritte weiter auf unserem Weg. Und, was noch viel mehr wert ist: die verändernde Macht des auferstandenen Jesus Christus ist in Ihrem Leben schon heute am Werk; schon jetzt, in diesem Augenblick arbeitet sie an Ihnen und macht aus Ihnen einen gereiften Menschen nach Gottes Vorstellungen. Jesus verändert Sie, damit Sie ihm ähnlicher werden.

Etwas Herrliches, ganz Großartiges kommt auf uns zu. Es erscheint schon am Horizont – und auch auf Ihrem Gesicht kann ich es bereits erkennen.

Ein Wort zum Festhalten

Wenn Sie gerade jetzt viel leiden müssen, dann halten Sie sich an die Gedanken, die in 2. Korinther 4,11–18 ausgedrückt sind. Welche Argumente liefert uns Paulus hier, daß wir im alltäglichen Kampf nicht den Mut verlieren sollen? Sehen Sie sich die Verse 16–18 besonders an. Worin besteht der Rat des Paulus? Und wenn Sie dieses Buch zuschlagen, dann nehmen Sie sich Zeit, um Ihre Augen auf den Herrn Jesus zu richten!

Anteil an Jesus Christus

Ich weiß noch ihren Namen und auch, wie ihr Gesicht aussah und wo ihr Klassenraum lag – aber viel mehr weiß ich nicht.

Sie hieß Donna Rutley und war im letzten der drei High-School-Jahre, als ich gerade neu in diese Schule gekommen war, aber sie nahm sich die Zeit, mich zu einer missionarischen Veranstaltung einzuladen. Donna war Christin, und jeder wußte das und hatte Hochachtung vor ihr. Sie gehörte verschiedenen Schülervereinigungen und Sportclubs an und arbeitete in der Schülermitverwaltung. Mir schien es, als ob sie durch die Flure mehr schwebte als ging. Sie war eine klassische blonde, blauäugige Schönheit, doch sie schien auf ihr gutes Aussehen gar nicht zu achten, denn in der Pause stand sie nicht wie die anderen in der Mädchentoilette vor dem Spiegel und machte sich zurecht, sondern bemühte sich statt dessen, neue Schüler wie mich in der Pausenhalle kennenzulernen und mit ihnen zu reden.

Ich beobachtete sie genau und bewunderte sie aus tiefstem Herzen. Bald schon imitierte ich ihre Eigenarten und machte, so gut es ging, ihre ganze Art nach. Ich versuchte mit aller Kraft, eine Miniatur-Donna zu werden. Ich wollte mein Bestes geben, um so zu werden wie sie. Ich wollte so lächeln wie sie, dieselbe Frisur tragen und diesen gewinnenden Ausdruck im Gesicht haben, Pullover und Anstecknadeln tragen, wie sie für Donna typisch waren – einfach von A bis Z so sein wie sie.

Erst lange, nachdem sie von der Schule abgegangen war, als ich mittlerweile schon selbst in die oberste Klasse ging, fiel mir etwas Wichtiges auf: ich hatte Donna Rutley nie wirklich kennengelernt. Ich wußte zwar einiges über sie, aber ich kannte sie selbst nicht. Wir hatten nur ganz selten miteinander gesprochen; ich wußte nichts von ihrem Zuhause und von ihrer Familie, von ihren Lebenszielen und Träumen. Und ich habe keine Ahnung, wo sie heute ist. Sie ist vielleicht eine gute Hausfrau geworden oder Schönheitskönigin oder Fernsehansagerin. Vielleicht ist sie auch schon längst bei Gott in der Ewigkeit. Obwohl ich sie aus der Entfernung verehrte, ist sie aus meinem Leben hinausgegangen. Doch wenn ich an sie zurückdenke, muß ich feststellen, daß Donna mir eine Glaubenslektion beigebracht hat, die ich nie vergessen werde: Es ist eben nicht genug, wenn wir von uns aus unser Bestes tun, um so zu sein wie Jesus Christus.

So wie Jesus zu sein bedeutet nicht, daß wir seine Lebensweise oder seine Mimik oder seine Eigenarten genau kopieren und so gut wie möglich versuchen, geduldig und tolerant, liebevoll und freundlich zu sein. So wie Jesus zu sein bedeutet vielmehr, an seinem Wesen, an seiner Art Anteil zu haben. Im Hebräerbrief heißt es: „Denn wir haben an Christus Anteil bekommen, wenn wir die Zuversicht vom Anfang bis zum Ende festhalten" (Hebräer 3,14). Und an anderer Stelle: „... damit wir an seiner Heiligkeit Anteil erlangen" (Hebräer 12,10). Und Petrus schreibt: „Durch sie [die Erkenntnis Gottes] sind uns die teuren und allergrößten Verheißungen geschenkt, damit ihr dadurch Anteil bekommt an der göttlichen Natur ..." (2. Petrus 1,4).

Solche Stellen machten mich neugierig, und ich sah in einem Wörterbuch nach, was „Anteil haben" eigentlich heißt. Da stand als Erklärung: „teilnehmen an, einen Teil oder ein Stück von etwas besitzen."

Es steht also in der Bibel, daß wir Christen, Sie und ich, einen Anteil, ein Stück vom Leben Jesu Christi besitzen.

Die Leiden, die uns im Leben begegnen, selbst die vielfachen Abstufungen von Versuchungen, sind dazu da, uns zu helfen, am Leben Jesu besser teilhaben zu können. Denn wenn wir in die Gemeinschaft seiner Leiden eintreten, heilt Gott uns gründlich von der Ansicht, daß wir uns irgendwie schon selbst helfen könnten. Nein, da werden wir in die Knie gezwungen und dazu getrieben, uns gar nicht mehr auf uns selbst, sondern allein auf Gottes Gnade zu verlassen. Dann – und scheinbar nur dann – kann Gott uns den Charakter seines Sohnes verleihen. Und dadurch werden wir ihm ähnlicher.

Wenn ich zum Beispiel darunter leide, daß ich immer im Rollstuhl sitzen muß, kann ich Christus ähnlicher werden – allerdings nur, wenn ich richtig auf mein Leiden reagiere. Ich werde es nicht dadurch schaffen, daß ich mich ein bißchen im positiven Denken übe und vielleicht einer Selbsthilfegruppe anschließe. Ich werde nicht dadurch sensibler oder geduldiger, daß ich den Nöten und Härten des Lebens mit den Worten begegne „Kopf hoch, halt nur durch!“, „Bleib standhaft!“ oder „Zieh dich am eigenen Schopf aus dem Sumpf!“

Nein, wir selbst können die Art Jesu Christi nicht in unserem Leben verwirklichen. Er selbst übernimmt vielmehr die Verantwortung dafür, wenn wir Anteil an ihm bekommen. Alle meine eigenmächtigen Anstrengungen und meine Entschlossenheit, die Zähne zusammenzubeißen, bringen mich nicht dazu, Jesus ähnlicher zu werden. Nur wenn ich Anteil an ihm habe, wenn ich ein Stück von seinem Leben besitze, sein Wort lese, in seiner Gegenwart lebe, mit ihm im Gebet rede, seinen Rat suche und mich an seiner Gemeinschaft herzlich freue, werde ich Christus ähnlicher, auch mitten in meinem Leiden.

Nun haben wir uns bestimmt alle schon einmal dabei erwischt, daß wir angestrengt unser Bestes tun, um in einer bestimmten Anfechtung geduldiger oder sanfter zu werden. Aber vielleicht sollten wir uns besser darauf konzentrieren, daß wir Anteil an Jesus haben. Dann können wir nämlich den ganzen Prozeß ihm überlassen. Denn wenn wir Anteil an ihm haben und seine Art übernehmen, dann ist es geradezu unvermeidlich, daß wir ihm immer ähnlicher werden.

Noch ein Wort an dich, Donna Rutley: Wo immer du dich auch auf dieser Erde aufhalten magst, danke für diese Lektion!

Ein Wort zum Festhalten

Fragen Sie sich einmal selbst: Sehnen Sie sich danach, Jesus besser kennenzulernen? Oder wissen Sie nur einiges *über* ihn, wie ich über Donna? Sehen Sie sich dazu Philipper 3,7–11 an. Paulus sagt hier, daß er gerne Christus erkennen will, doch was schließt dieser Wunsch mit ein? Wie sieht es aus: Würden auch Sie gerne weiter Gemeinschaft mit Jesus haben, wenn es ins Leiden geht? Wie können Sie „seinem Tode gleichgestaltet“ werden?

Gegen die Wellen schwimmen

Guten Morgen! Ein herrlicher kalifornischer Sommermorgen winkt mir vom Fenster aus zu.

Heute ist ein Tag, an dem man ans Meer muß oder wenigstens an einen See oder ins Schwimmbad. Ja, auch ich! Selbst wenn ich jetzt im Rollstuhl sitze, kann ich dem lockenden Ruf des Sommers nicht widerstehen. Mein Mann und ich werden in ein paar Stunden ans Meer fahren und dort zelten; das tue ich ganz besonders gern.

Den Ozean habe ich immer schon geliebt. Noch heute habe ich wunderschöne Erinnerungen an meine Ferien am Strand von Delaware; damals war ich noch ein kleines Mädchen. Die Wellen der Brandung liefen gegen eine lange Sandbank und brachen sich mit Macht daran, so daß die Gischt oft über zwei Meter hoch spritzte und ihr Schaum den weiten Sandstrand bedeckte.

Wenn man das als Kind erlebt – ich war damals höchstens sechs oder sieben Jahre alt –, können solche Wellen sehr, sehr hoch aussehen. Wenn ich sie anrollen sah, war mein erster Gedanke immer, schnell in die andere Richtung zu schwimmen. Aber das war ein Fehler, denn die sich überschlagende, schäumende Welle erreichte mich ja doch, warf mich hoch und hielt mich danach manchmal so lange unter Wasser, daß es mir wie eine Ewigkeit schien.

Deshalb lernte ich schon früh, daß es am besten war, in dem Moment, wo die Welle sich erhob, schnell auf sie zuzuschwimmen und unter ihr wegzutauchen, bevor sie sich überschlagen konnte. Sicher, man mußte schon ordentlich den Atem anhalten, wenn man durch die Welle hindurchtauchte. Aber welche Erleichterung war es dann, wenn ich wieder an die Oberfläche kam und hörte, wie sich die riesengroße Welle hinter mir überschlug. Dann hatte ich sie besiegt, und das machte mir ungeheuren Spaß.

Es ist schon seltsam, wie einem die Dinge, die man als kleines Kind gelernt hat, alle späteren Jahre hindurch bewußt bleiben.

Denn wenn ich auch heute nicht mehr schwimmen oder tauchen kann, fühle ich mich doch noch so, als könnte ich die Wellen jederzeit besiegen.

Da kommen große Wellen der Krisen und Schwierigkeiten vom Horizont her auf mich zugerollt und drohen über meinem Leben zusammenzuschlagen. Wenn ich zu ihnen aufblicke, scheinen sie mir unheimlich hoch, geradezu unüberwindlich. Mein erster Impuls ist, schnell in die andere Richtung zu laufen, vor diesen Problemen davonzurennen, die mir solche Angst machen. Aber ich habe inzwischen gelernt, daß es einfach keinen schnellen Fluchtweg gibt. Wenn ich vor meinen Schwierigkeiten davonlaufe, dann werde ich später nur in einen wilden, tosenden Sturm von Unübersichtlichkeiten, Enttäuschungen und widerstreitenden Gefühlen hineingerissen.

Jona lernte dies in einer harten Schule des Gehorsams. Als er versuchte, vor der klaren Aufgabe davonzulaufen, die Gott ihm vorgelegt hatte, wurde das Leben immer komplizierter für ihn. Und in der engen und ungastlichen Behausung eines Fischbauches dachte der widerwillige Prophet schließlich über seine Fluchtversuche nach.

„Du warfest mich in die Tiefe, mitten ins Meer, daß die Fluten mich umgaben. Alle deine Wogen und Wellen gingen über mich ... Wasser umgaben mich und gingen mir ans Leben, die Tiefe umringte mich, Schilf bedeckte mein Haupt" (Jona 2,4+6).

Jona würde mir inzwischen recht geben: Die beste Art, diese Wellen der Versuchung und harten Herausforderungen zu besiegen, ist, sich ihnen zu stellen – mutig auf sie zuzuschwimmen. Man muß geradlinig weitermachen, ihnen schon fast zuvorkommen. Manchmal merke ich, wie ich tatsächlich mitten in ein Problem hineintauche, noch bevor es die Möglichkeit bekommt, über mir zusammenzuschlagen.

Und wenn ich mit Gottes Gnade alles heil überstehe? Das ist wirklich eine Erleichterung! Dann weiß ich, nun liegt die Schwierigkeit hinter mir. Mit Gottes Hilfe habe ich sie besiegt. Und das ist ein wahrhaft belebendes Gefühl!

Ja, wie gesagt, wir wollen heute noch ans Meer fahren, also muß ich jetzt Schluß machen. Heute abend sitze ich schon am

Strand und sehe den Wellen zu, wie sie aufs Land zurollen. Und ich höre den Donner der Brandung, das ruhelose Brüllen des großen Ozeans.

Wenn ich nur noch schwimmen könnte! Ich glaube, ich könnte immer noch die großen Wellen besiegen.

Ein Wort zum Festhalten

Wenn es so aussieht, als ob die Probleme alle gleichzeitig über Ihrem Kopf zusammenschlagen wollten, dann stecken Sie den Kopf nicht in den Sand! Stellen Sie sich vielmehr Ihren Schwierigkeiten mit Mut und Zuversicht! Und was hilft Ihnen dabei, nicht von der Stelle zu weichen? Sehen Sie sich einmal die ersten drei Sätze in Jakobus 4,7+8 an. Unterstreichen Sie dann die Tätigkeitswörter in jedem Satz und versprechen Sie sich selbst, daß Sie Ihre Probleme getreu diesem Ratschlag angehen wollen.

Eine neue Bedeutung

Ich wundere mich manchmal über die Kreuze, die die Leute in meiner Umgebung um den Hals tragen.

Meine Nichte beispielsweise hat ein zartes kleines Kreuz aus Gold mit Perlenbesatz. Eine Freundin von mir, die zur Episkopalkirche gehört, trägt ein dickes Messingkreuz. Und mein Schwager hat ein silbernes Kreuz mit kleinen Türkisen, das an einem Lederband befestigt ist.

Was mich dabei am meisten verblüfft, ist der Gedanke, daß man überhaupt ein Kreuz als Schmuckstück trägt. Schließlich ist es ein Folterinstrument, ein Mittel zur Hinrichtung. Manch einer könnte sagen, es wäre dasselbe, wenn man eine kleine silberne Guillotine um den Hals hängen würde oder eine vergoldete Galgenstrickschlinge oder einen elektrischen Stuhl aus winzigen Perlen.

Das klingt eigenartig, nicht wahr? Was ist denn nun der Unterschied zwischen einem Kreuz und anderen Folterwerkzeugen? Einfach dies: die Christen haben die Bedeutung völlig ausgetauscht; das Kreuz stellt nun etwas ganz Neues und Wunderbares dar. Für uns ist diese Vorrichtung, an der unser Herr Jesus gestorben ist, zum Merkmal unserer Hoffnung und Errettung geworden. Was früher einmal Symbol für einen grauenhaften Tod war, wird jetzt auf wunderbare Weise zum Wahrzeichen ewigen Lebens.

Vielleicht ist etwas Ähnliches auch mit meinem Rollstuhl passiert. Für viele Menschen ist er ein deutliches Zeichen für Behinderung, Entfremdung, Krankheit und Leiden. Aber wegen der Gnade Gottes, die sich in meinem Leben gezeigt hat, ist die Bedeutung dieses Rollstuhls radikal verändert worden – er steht jetzt für etwas Neues und sogar Wunderbares. Meine Lähmung hat mich Jesus Christus viel nähergebracht. Sie hat mir eine viel reichere, tiefere Erfahrung seiner Barmherzigkeit und seiner ermutigenden, stärkenden Kraft geschenkt.

Vielleicht haben Sie in Ihrem Leben mit Jesus auch so eine Erfahrung gemacht. Ihr entscheidendes Symbol ist vielleicht kein Rollstuhl, sondern ein Stützkorsett. Oder auch ein Stock, ein Hörgerät, eine starke Brille. Oder ein Muttermal oder irgend etwas Entstellendes, vielleicht auch ein bestimmtes Ereignis in Ihrem Leben oder eine ganze Reihe von Lebensumständen, möglicherweise auch ein behindertes Kind.

Das Leiden an sich ist natürlich eine schmerzliche, negative Erfahrung. Aber als Jesus die Bedeutung des Kreuzes veränderte und etwas Neues daraus machte, da konnte er für alle Menschen ganz neue Möglichkeiten in ihren Leiden eröffnen. Durch seinen Sieg am Kreuz befähigt er uns, mitten in unserem Leiden den Sieg davonzutragen – und zwar in dem Maße, daß wir sonst notvollen und schlimmen Lebensumständen eine strahlend neue Bedeutung geben können.

Ich muß nun nicht gleich so weit gehen, daß ich von jetzt an einen kleinen Rollstuhl aus Türkisen um den Hals trage. Aber im Prinzip ist es das gleiche: meine Behinderung, Ihr Kummer – alles kann durch Jesus Christus eine neue Bedeutung annehmen.

Ein Wort zum Festhalten

Graben Sie einmal tief in Ihrem Schmuckkasten, vielleicht finden Sie da ein Kreuz, das schon länger nicht mehr getragen worden ist. Dann hängen Sie es an einen Platz, wo Sie es oft sehen können. Lassen Sie sich dadurch eine Weile daran erinnern, daß Jesus Christus am Kreuz für Sie einen hohen Preis gezahlt hat. Die grausame Wirklichkeit der Kreuzigung verblaßt bei uns meist im Laufe der Zeit und wird allmählich vergessen. Vielleicht ist gerade jetzt ein geeigneter Moment, um Ihre Erinnerung an das Opfer aufzufrischen, das Ihr Herr auch Ihretwegen gebracht hat. Nehmen Sie sich heute bewußt ein wenig Zeit, so daß Sie ein paar ruhige Augenblicke ganz für sich sein können, und dann lesen Sie Matthäus 27,27–50.

Trösten können

Wenn Sie daran denken, jemanden zu trösten, was für Vorstellungen kommen Ihnen dann?

Liebevoll den Arm um einen Freund oder eine Freundin legen? Ein Kind an sich drücken, das sich gerade das Knie aufgeschlagen hat? Eine Postkarte mit ein paar ermutigenden Worten in den Briefkasten stecken? Oder stellen Sie sich vor, wie Sie am Küchentisch Ihrer Nachbarin sitzen, eine Tasse Kaffee vor sich, beide Ohren zum Zuhören bereit und außerdem noch ein paar Papiertaschentücher zur Hand, falls es Tränen geben sollte?

Das sind fast angenehme Bilder, die da vor unserem inneren Auge aufsteigen, nicht wahr? Wenn wir auf unserem Lebensweg kleine Pakete voller Trost weitergeben können, ist das gar nicht so bedrohlich für uns, besonders dann nicht, wenn es um solche Probleme geht, die wir schon selbst durchlebt haben. Aber können Sie sich auch vorstellen, daß Sie einen herausfordernden Alkoholiker trösten, der verzweifelt versucht, seine schlimmen Gewohnheiten loszuwerden? Eine Cousine, die sich innerlich aufbäumt, weil sie gerade erfahren hat, daß sie an multipler Sklerose erkrankt ist? Oder einen Jugendlichen, der ganz niedergeschlagen ist, weil er eine abgrundtief schlechte Meinung von sich selbst hat? Einen vierzigjährigen Geschäftsleiter, der gerade Bankrott gemacht hat? Eine junge Frau, die eben zu einer Gefängnisstrafe verurteilt worden ist? Oder die von Kummer geplagten Eltern eines Homosexuellen?

Für die meisten von uns liegen diese Probleme außerhalb dessen, was sie nachvollziehen können, außerhalb ihrer bisherigen Erfahrungen – und sicherlich außerhalb des Bereiches, in dem sie sonst Trost spenden.

Vielleicht würden wir gerne helfen, aber wir haben das Gefühl, daß jemand anders besser dafür geeignet wäre. Es muß andere Leute geben, sagen wir uns dann, die sich eher in eine solche Situation hineinversetzen können und wissen, was man hier sagen oder tun muß. Wir argumentieren, daß unsere Erfahrung uns eben nur auf solche Situationen vorbereitet hat, die denen ähnlich sind, die wir schon erlebt haben, und eben nicht auf innere Kämpfe, die wir kaum noch verstehen können.

Aber geben Sie acht, und lassen Sich sich nicht von solchen Gedanken überzeugen. Gottes Wort sagt uns nämlich etwas anderes. Im zweiten Brief an die Korinther schreibt Paulus:

„Gelobt sei Gott, der Vater unseres Herrn Jesus Christus, der Vater der Barmherzigkeit und Gott allen Trostes, der uns tröstet in aller unserer Trübsal, damit wir auch trösten können, die in allerlei Trübsal sind, mit dem Trost, mit dem wir selber getröstet werden von Gott“ (2. Korinther 1,3+4).

Da steht nichts davon, daß wir nur diejenigen trösten könnten, in die wir uns hineinversetzen können, die mit den üblichen Schwierigkeiten, alltäglichen Hindernissen, kleineren Schlägen und Schrammen zurechtkommen müssen. Nein, es heißt, daß wir den Trost weitergeben, „der uns tröstet in *aller* unserer Trübsal“, und der umfaßt jede Art von Kummer, Krankheit und Schmerz.

Nur allzuoft sind wir widerwillig, fühlen uns unsicher oder ängstlich, wenn wir aufgerufen sind, jemanden zu trösten, der in viel größeren Nöten steckt, als wir sie je erlebt haben. Aber Gott sagt uns, daß es möglich ist. Und die sprudelnde Quelle des Trostes, die uns dazu fähig macht, ist der Vater der Barmherzigkeit, der Gott allen Trostes. Er wird Ihnen die richtigen Worte geben, die in dieser Situation nötig sind. Oder auch die Weisheit, gar nichts zu sagen. Seine Liebe wird durch Sie hindurch sprechen, und seine Gnade wird durch Sie hindurch wirken.

Sie müssen dafür nicht erst Doktor der Soziologie werden. Sie brauchen auch kein Spezialist für die Rehabilitation von Drogensüchtigen sein, kein ausgebildeter Familienberater, Psychologe oder Absolvent eines Seminars. Sie müssen nicht erst eine Scheidung durchlebt haben, bis Sie jemanden trösten können, der mitten in einer Ehescheidung steckt. Und Sie müssen auch nicht selbst ein Kind verloren haben, um eine Mutter nach einer Fehlgeburt zu trösten.

Die Liebe braucht keine fachliche Ausbildung. Man kann sie

auch nicht mit einer akademischen Prüfung nachweisen und nicht in eine Arbeitsfeldbeschreibung fassen. Jeder Mensch kann jedem anderen seine Liebe erweisen. Gott tröstet uns in allen Nöten – ist es da zuviel verlangt, wenn wir andere auch in allen Nöten trösten sollen?

Fragen Sie sich doch einmal, ob Sie in der vergangenen Woche von einer Bekannten, einem Geschäftskollegen oder jemandem aus Ihrer Verwandtschaft gehört haben, der gerade von etwas Schmerzlichem betroffen ist und schwer darunter leidet. Sind Sie da höflich und zurückhaltend geblieben und haben sich die Probleme vom Leib gehalten? Haben Sie daran gedacht, eine mitfühlende Karte zu schreiben und den Gedanken dann doch wieder verworfen? Waren Sie schon drauf und dran, Ihre Hilfe anzubieten, aber haben dann einfach angenommen, daß wahrscheinlich schon andere Leute da wären, die helfen und trösten könnten? Oder haben Sie zu Unrecht gemeint, daß Ihre Worte nur unpassend sein könnten, weil das Problem so völlig außerhalb Ihres Verständnisses und Ihrer Erfahrung lag?

Es ist noch nicht zu spät, daran etwas zu ändern. Der Trost, mit dem wir gesegnet worden sind, ist dazu geeignet, auch jedem anderen wohlzutun, ganz gleich, wie die Not ist. Mit der Hilfe Jesu Christi sind auch wir zum Trösten befähigt.

Ein Wort zum Festhalten

Es lohnt sich, die Frage zu wiederholen: Hatten Sie sich im Laufe der vergangenen Woche schon vorgenommen, jemandem zu helfen, und sind dann doch lieber in höflicher Zurückhaltung im Hintergrund geblieben? Wie war das mit dieser ermutigenden Karte – haben Sie jemals so eine abgeschickt? Am besten hören Sie jetzt auf zu lesen und legen sich Ihr Briefpapier und Ihr Telefonbuch in Sichtweite, damit Sie ganz bestimmt heute noch etwas in dieser Richtung tun, bevor der Tag wieder vorbei ist. Und lernen Sie 2. Korinther 1,3+4 ruhig auswendig!

Im Dienst einer höheren Macht

Mein Mann ist von der starken, schweigsamen Sorte – das typische Bild eines kräftigen, sportlichen Mannes. Auf dem Tennisplatz oder auf dem Handballfeld kann er ein fast beängstigender Gegner sein.

Vielleicht sind deshalb manche von seinen Sportkameraden so erstaunt, wenn sie erfahren, daß Ken mit einer vollständig gelähmten Frau verheiratet ist.

„Das wundert mich aber", sagen sie dann, „daß du dein Leben aufgegeben hast, um für eine behinderte Frau dazusein!"

Solche Kommentare sind nicht ungewöhnlich. Man hört die Leute beispielsweise öfter darüber reden, daß es eine Last ist, für eine alte Mutter zu sorgen, daß es ein Opfer ist, ein krankes Kind zu pflegen, oder daß jemand Jahre für sein behindertes Kind geopfert hat. Manchmal heißt es auch, daß eine Frau „ihrem Mann die besten Jahre ihres Lebens geschenkt hat" oder daß ein Missionarsehepaar sich in unermüdlichem Dienst in einem fernen Land verausgabt hat.

Über solche Sätze habe ich schon öfter nachgedacht, und das brachte mich schließlich auf die Frage: Was meinen wir denn damit? Wem dienen diese Leute eigentlich? Paulus hat dazu etwas zu sagen:

„Alles, was ihr tut, das tut von Herzen als dem Herrn und nicht den Menschen, denn ihr wißt, daß ihr von dem Herrn als Lohn das Erbe empfangen werdet. Ihr dient dem Herrn Christus!" (Kolosser 3,23+24)

Ken hat nicht sein Leben geopfert, um fortan einer schwerbehinderten Frau zu dienen. Er hat sein Leben vielmehr Jesus Christus geschenkt, um ihm zu dienen. Und es hat sich dabei eben ergeben, daß er mit einer behinderten Frau verheiratet ist.

Und das ist das gleiche bei jedem, der anderen Menschen im Namen Gottes dient. Wie kann denn der Dienst für den Herrn Jesus eine mühsame, langweilige Sache sein oder sogar ein schweres Opfer? Ganz gewiß werden wir unseren Dienst für Menschen, für eine „gemeinsame Sache“, für Organisationen, Firmen oder Universitätseinrichtungen irgendwann einmal leid. Ohne Zweifel fällt es Ken manchmal sehr schwer, mir abends beim Zubettgehen bei allen meinen Routinearbeiten helfen zu müssen. Und ich bin das ab und zu auch sehr leid. Aber wie anstrengend unsere Arbeit auch immer sein mag, kann sie jemals lästig und langweilig werden? Wie kann es eigentlich etwas anderes als Freude sein, dem einen Herrn zu dienen, der uns alles für ein echtes, reiches Leben voller Freude geschenkt hat – Jesus, der so viel erduldet hat, um unsere Erlösung zu bewirken?

Haben Sie auch schon mal das Gefühl gehabt, daß Ihre Arbeit eigentlich gar keinen Sinn hat? Haben Sie ab und zu schwer darum gekämpft, überhaupt einen Lohn für all Ihre Mühen zu sehen? Wird gelegentlich alles reichlich mühsam und anstrengend für Sie? Hier nur ein paar Beispiele:

Warum soll ich mich denn für die Firma abstrampeln und noch länger arbeiten? Ich werde doch nicht dafür belohnt!

Warum soll ich das Hemd mit Weichspüler behandeln? Mein Mann merkt es sowieso nicht!

Mein Mann sagt nie ein Wort zu meinen neuen Kochrezepten. Warum probiere ich dann eigentlich noch etwas Neues aus?

Warum soll ich mir bei diesem Test im Deutsch-Seminar so besondere Mühe geben? Er wird doch nur von einem Assistenten benotet, und der Professor wird das Papier nie zu Gesicht bekommen!

Vielleicht – ich sage nur: vielleicht! – haben Sie bis jetzt Ihre Arbeit nur getan, damit sie von anderen Menschen beachtet und gelobt wird. Vielleicht haben Sie sich nur angestrengt, um persönliche Anerkennung zu ernten. Dann kann es ganz schön lästig und mühsam werden! Diese Art von Dienst wird nämlich sehr schnell zäh und schal.

Auf die Motive kommt es an. Wenn Sie Ihre Arbeit von ganzem Herzen tun, „als dem Herrn“, dann kann das tatsächlich von Grund auf jede Aufgabe verändern, die Sie erfüllen sollen – ob Sie nun in einer Fabrik Schrauben zählen, eine Abschlußarbeit in Wirtschaftswissenschaft schreiben, die Küche zum hunderttausendsten Mal putzen oder jemanden liebevoll umsorgen, der kaum darauf achtet und kein bißchen dankbar dafür ist.

Der Herr Jesus wird die Arbeit, die Sie in seinem Namen tun, weder übersehen noch vergessen. Und er wird Sie dafür belohnen.

„Darum, meine lieben Brüder, seid fest, unerschütterlich und nehmt immer zu in dem Werk des Herrn, weil ihr wißt, daß eure Arbeit nicht vergeblich ist in dem Herrn“ (1. Korinther 15,58).

Ein Wort zum Festhalten

Nehmen Sie sich diese Woche einmal Zeit, um im Alten Testament das Buch Rut zu lesen (keine Angst, es hat nur vier Kapitel!). Da bekommen Sie einen tiefen Einblick, wie Freunde und Verwandte füreinander sorgen sollen. Achten Sie darauf, wie Rut, Noomi und Boas sich gegenseitig unterstützt haben – ganz, wie es Gott gefällt. Gibt es in Ihrer Familie auch jemanden, für den Sie schon lange sorgen? Für wen haben Sie sich bisher abgemüht? Wer sollte es merken und Sie dafür loben? Wollen Sie damit diesen Menschen beeindrucken oder die anderen, die es sehen? Oder erfüllen Sie Ihre Aufgaben als einen Dienst, der Gott loben und preisen soll? Lassen Sie sich von Rut in die Grundsätze des „höheren Dienstes“ einführen!

Schatten

Meine liebste Tageszeit ist der späte Nachmittag, wenn die Schatten langsam über unseren Garten schleichen. Dann gießen Ken und ich uns gerne etwas Kühles zu trinken ein, setzen uns hinters Haus und beobachten schweigend, wie sie immer weiterwandern. Wir stellen unsere Stühle in den Schatten, der von der großen Tanne unseres Nachbarn auf uns fällt, um uns so vor der Hitze der kalifornischen Sonne zu schützen. Das Dumme ist nur, daß wir unsere Stühle nach einer Weile immer wieder ein Stückchen weiter nach links schieben müssen, wenn wir im Kühlen sitzen bleiben wollen.

Schatten sind eben immer in Bewegung, sie verändern sich mit den Jahreszeiten, wandern mit der Sonne, stehen nie still, bleiben nie gleich. Die Erleichterung, die wir bei ihnen suchen, ist bestenfalls vorübergehend. Wie Jona, der unter einer Staude hockte, die so schnell wieder verdorrte, stellen wir bald fest, daß Schatten trügerische Freunde sind.

Aber es gibt einen, der einen unveränderlichen, gütigen Schatten über uns wirft.

In Jakobus 1,17 steht: „Alle gute Gabe und alle vollkommene Gabe kommt von oben herab, von dem Vater des Lichts, bei dem keine Veränderung ist noch Wechsel des Lichts und der Finsternis."

Dieser Schatten wandert niemals weiter, weil unser Vater im Himmel sich nie verändert. Er entwickelt sich nicht immer weiter, wie manche Theologen uns glauben machen wollen. Er wandelt sich auch nicht ständig, wie manche Religionen behaupten. Nein, er bleibt sich selbst treu und ist ohne Veränderung, immer mitfühlend und barmherzig, immer gerecht und heilig, immer voller Liebe.

Die Erleichterung und Befreiung, die wir in seiner Gegenwart erleben, wandelt sich nicht im Laufe von Stunden, Tagen oder Jahren. Die Ermutigung, die wir in seinen Verheißungen finden, wird nicht verschwinden, auch dann nicht, wenn uns die Hitze feindlicher Lebensumstände überfällt. Die Sicherheit, die wir in seiner verläßlichen Art finden, bleibt immer gleich, auch wenn sich unser Leben völlig umkrempeln und sich die ganze Welt um uns her von Grund auf verändern mag.

Wie wunderbar ist es, wenn sein Schatten auf uns fällt! Psalm 91 fängt mit den Worten an: „Wer unter dem Schirm des Höchsten sitzt und unter dem Schatten des Allmächtigen bleibt, der spricht zu dem HERRN: Meine Zuversicht und meine Burg, mein Gott, auf den ich hoffe" (Psalm 91,1+2). Dann schildert er, auf wie vielfältige Weise Gott seine Leute beschützt und ihnen Sicherheit schenkt. Und in den Versen 11 und 12 heißt es: „Denn er hat seinen Engeln befohlen, daß sie dich behüten auf allen deinen Wegen, daß sie dich auf den Händen tragen und du deinen Fuß nicht an einen Stein stoßest." Psalm 121 versichert uns:

„Er wird deinen Fuß nicht gleiten lassen, und der dich behütet, schläft nicht. Siehe, der Hüter Israels schläft und schlummert nicht. Der HERR behütet dich; der HERR ist dein Schatten über deiner rechten Hand, daß dich des Tages die Sonne nicht steche noch der Mond des Nachts. Der HERR behüte dich vor allem Übel, er behüte deine Seele" (Psalm 121,3–7).

Wenn wir bereit sind, unser Leben in seine Hände zu legen und unser Vertrauen auf sein Wort zu setzen, dann wird er uns reichlich belohnen; er wird an jedem Tag die wandernden, erquickenden Schatten zu einem Zeichen für uns machen – zu einem Zeichen für seinen Segen, den er uns verspricht.

Sie werden Gott ab und zu gewiß enttäuschen, aber er wird Sie niemals enttäuschen. Stellen Sie Ihren Stuhl in den Schatten des Kreuzes, dann werden Sie ihn nie mehr weiterrücken müssen.

Ein Wort zum Festhalten

Lesen Sie Jesaja 25,4+5. Und dann denken Sie daran, wie Sie das letzte Mal nach einer anstrengenden Wanderung ein erfrischendes Picknick genossen haben. Stellen Sie sich noch einmal vor, wie erleichtert Sie waren, als Sie endlich im Schatten saßen. Und versuchen Sie, wenigstens drei Punkte zu nennen, die dieses Ausruhen im kühlen Schatten besonders schön machten. Haben Sie diese Art von Erfrischung auch schon empfunden, als Sie im Schatten von Gottes Gegenwart ausruhen durften?

Kraft, die aus dem Warten kommt

Vor vielen Jahren habe ich mit meiner Familie einmal einen Zelturlaub im herrlichen Jasper-Provincial-Park in Kanada gemacht. Ich weiß noch, wie wir in einen Sessellift stiegen, der uns auf die Spitze eines riesigen, von Gletschern eingeschnittenen Berges brachte. Von dort aus konnte man ein weites Gebiet voller Tannenwald überblicken, und vor unseren Augen lag das Schauspiel einer wilden, zerklüfteten Landschaft mit türkisfarbenen Seen, die in der Sonne glitzerten. Wir fröstelten, obwohl wir warme Daunenjacken trugen – teils wegen der eisigen Kälte, teils auch wegen des ehrfurchtgebietenden Anblicks. Und wir riefen uns gegenseitig zu, wie herrlich doch diese Aussicht sei; dabei mußten wir laut schreien, um das tosende Brüllen des Windes zu übertönen, der um diesen hohen Gipfel pfiff.

Ich staunte besonders über den Anblick eines aufsteigenden Adlers, der weit weg über dem bewaldeten Tal kreiste. Er war nur als winziger Punkt vor der entfernten Bergkette zu erkennen. Ich sah zu, wie er Kreise zog und wieder abtauchte, und bewunderte seine Eleganz und Leichtigkeit.

Adler scheinen zu einer großartigen Welt zu gehören, zu Bergen, Schluchten, tiefen Abgründen und unermeßlich hohen Gipfeln. Man findet sie immer dort, wo die Naturschauspiele am überwältigendsten und verlockendsten sind.

Auch Gott spricht über Adler. In einer der beliebtesten Stellen des Alten Testaments vergleicht er mit ihrem Flug das Erlebnis, das sich leidenden Christen offenbaren wird, wenn sie auf Gott warten.

„Männer werden müde und matt, und Jünglinge straucheln und fallen, aber die auf den Herrn harren, kriegen neue Kraft, daß sie auffahren mit Flügeln wie Adler, daß sie laufen und nicht matt werden, daß sie wandeln und nicht müde werden" (Jesaja 40,30+31).

Die meisten von uns stellen sich vor, „auf den Herrn harren" sei etwas Passives, etwas, was man tun muß, bevor die eigentliche Sache anfängt. Harren ist für uns ödes, langweiliges Warten und wird nur als lästiges Mittel zu einem besseren Zweck angesehen. Wir warten beispielsweise mehr oder weniger geduldig in einer Schlange an der Kasse im Supermarkt oder vor dem Bankschalter oder sehen im Wartezimmer des Zahnarztes oft und seufzend auf die Uhr.

Aber Warten auf Gott ist etwas ganz anderes. Es ist ganz und gar nicht passiv, sondern aktiv. Und es ist auch nicht so, daß wir erst warten müßten und erst dann die Möglichkeit bekämen, uns mit leichtem Flügelschlag zu erheben und zu laufen, ohne müde zu werden. Nein, dies geschieht schon, während wir noch warten! Auf Gott harren bedeutet, aktives, zuversichtliches Vertrauen auf ihn zu setzen und ihm sofort zu gehorchen.

Jesaja verspricht uns eine neue und aufregende Perspektive, wenn wir auf den Herrn harren. Das gibt uns die Art von Ausblick, den ein Adler haben muß, wenn er sich hoch über Bäume, Seen und Berge erhebt. Dann liegt unsere gesamte Umgebung deutlich in unserem Blickfeld, unser Horizont wird erweitert, und wir sehen unseren eigenen Platz im großen Zusammenhang der Dinge.

Wenn die Bibel davon spricht, daß ich in meinem Leiden auf den Herrn harren soll, dann meint sie damit, ich soll zuversichtlich darauf vertrauen, daß Gott weiß, wieviel ich brauche und wieviel ich tragen kann. Ich soll erwartungsvoll auf die Zeit blikken, in der er mich von meinen Lasten befreien wird.

Aber nicht müde werden, nicht schwach werden, niemals stolpern? Geht das denn überhaupt?

Wie kann das sein, wenn das doch geradezu die Markenzeichen derer sind, die leiden? Aber Gottes Zusage ist klar und deutlich. Die, die in ihrer Not auf den Herrn harren, werden Kraft und Ausdauer geschenkt bekommen, von der andere Menschen nichts ahnen.

Weil ich weiß, daß ich eines Tages einmal einen neuen Leib erhalten werde, kann ich schon jetzt „auffahren mit Flügeln wie Adler“. Meine Erwartung und Hoffnung geben mir Ausdauer und Kraft.

Jetzt und hier ist mein Körper an die Grenzen des Rollstuhls gebunden. Aber die erwartungsvolle Hoffnung, die ich in Gottes Zukunft setze, gibt mir die Freiheit, mich zur höchsten Freude aufzuschwingen und die tiefen Schluchten von Gottes zärtlicher Barmherzigkeit zu erkunden.

Und all das lohnt das Warten.

Ein Wort zum Festhalten

Wie würden Sie den Unterschied zwischen „passivem" und „aktivem" Warten beschreiben? Lesen Sie dazu Hosea 12,7. Was wird uns hier geraten? Was sollen wir tun, solange wir warten? Und wie lange müssen wir auf Gott warten? Üben Sie sich bewußt im aktiven Warten, und bevor es Ihnen richtig klar wird, werden Sie plötzlich spüren, wie Adlerschwingen Sie tragen.

Gott sucht die Schwachen aus

Haben Sie die Bibel schon mal als Abenteuergeschichte gesehen? Das würde sich etwa so anhören:

„Der engste Vertraute des Königs, sein oberster Beamter, wird abtrünnig, sammelt ein mächtiges Heer um sich und führt einen Aufstand an. Durch Verrat und massiven Betrug erobert der Rebellenführer einen großen Machtbereich des rechtmäßigen Königs, errichtet seine eigene Gegenregierung und nimmt die Bürger des Königreichs als Sklaven gefangen. Um die Bedrängten zu befreien und das Reich wiederzugewinnen, schickt der König seinen eigenen Sohn mitten in das feindliche Gebiet. Er hat einen Schlachtplan, der so schockierend ist, wie man es sich nicht vorstellen kann."

Das klingt wie ein Roman oder wie ein Drehbuch für einen spannenden Abenteuerfilm. Aber es ist keine Erfindung. Die Geschichte ist so real und aktuell wie die Schlagzeilen aus der heutigen Zeitung. Und die Schlacht tobt lichterloh um uns herum, während Sie gerade diese Worte lesen.

Ja, es sind echte Gewehrkugeln, die da an Ihrem Kopf vorbeizischen. Wenn überhaupt etwas auf diesem belagerten Planeten Wirklichkeit ist, dann ist es dieser nicht endenwollende Krieg, der um die Herzen und Gedanken von Männern und Frauen, Jungen und Mädchen geführt wird. Es geht um unendlich viel in dieser Schlacht, und die Folgen wirken sich in der Ewigkeit aus.

Wenn ich Gott wäre und mich bemühen müßte, eine siegreiche Mannschaft um Jesus Christus zu versammeln, wie würde ich dann wohl vorgehen?

Also, wollen wir doch mal überlegen: Ich bräuchte zunächst eine starke wirtschaftliche Basis. Also würde ich wohl die fähigsten und klügsten Köpfe auf diesem Gebiet zusammentrommeln, die ausgekochtesten Börsenspezialisten, die besten Wirtschaftswissenschaftler und die beschlagensten Bankexperten.

Als Strategieplaner würde ich Nobelpreisträger aussuchen,

hochspezialisierte Computerfachleute und die intelligentesten jungen Männer und Frauen aus allen Berufszweigen.

Ja, und für die Reklame sollte ich dann wohl eine große, erfahrene Werbeagentur anheuern. Ich müßte natürlich auch eine Symbolfigur als Aushängeschild haben, vielleicht einen verwegen aussehenden Schauspieler mit einer tiefen, samtenen Stimme und einem Gesicht, das man aus Tausenden wiedererkennt.

Und ich bräuchte natürlich einen entschlossenen Geschäftsführer, vielleicht einen erfahrenen leitenden Beamten aus den höchsten Gremien oder einen Mann mit einer glänzenden militärischen Karriere oder den Generalsekretär einer internationalen Organisation.

Mit so vielen hervorragend ausgebildeten, bewährten Leuten könnte man die Aufgabe sicherlich bewältigen.

Aber nicht ich lenke die Welt, sondern Gott. Und er hat schon längst das großartigste Drehbuch geschrieben, das man sich überhaupt vorstellen kann. Er wußte, wie er in das Territorium des Satans eindringen, diese Welt zurückerobern und unter die Siegesfahne seines Sohnes stellen konnte. Aber in diesem Drehbuch gibt es unbegreiflicherweise lauter schwache, arme und zweifelhafte Leuten. Er verteilt die Rollen an Kranke, Einsame, Unbegabte und solche, die ganz und gar nicht großartig scheinen.

Im 1. Korintherbrief hat Paulus das sehr schön beschrieben:

„Seht doch, liebe Brüder, auf eure Berufung. Nicht viele Weise nach dem Fleisch, nicht viele Mächtige, nicht viele Angesehene sind berufen. Sondern was töricht ist vor der Welt, das hat Gott erwählt, damit er die Weisen zuschanden mache; und was schwach ist vor der Welt, das hat Gott erwählt, damit er zuschanden mache, was stark ist; und das Geringe vor der Welt und das Verachtete hat Gott erwählt, das, was nichts ist, damit er zunichte mache, was etwas ist, damit sich kein Mensch vor Gott rühme" (1. Korinther 1,26–29).

Er hat aus einem ganz bestimmten Grund solche Leute für seine Mannschaft ausgesucht. Satan verspottet die Leute, für die Gott sich entscheidet. Er macht sich über die Unbedeutenden, die Durchschnittsmenschen, die Alltagsleute lustig, die der Herr zu seinen Mitarbeitern zählt. Aber gerade hier liegt der entscheidende Punkt. Wenn Gott trotz aller Widrigkeiten die Welt gewinnt und dabei aus reiner Gnade schwache und völlig unzulängliche Leute gebraucht, wer wird dann wohl am Ende die größte Ehre erringen?

Es ist schon genauso, wie es in 2. Korinther 12,9 heißt: „Meine Kraft ist in den Schwachen mächtig." Da zeigt sich die Macht des Herrn am deutlichsten. Und wenn sie in den Schwächsten von uns wohnt, wenn wir durch Leiden und Enttäuschungen für aktive Aufgaben in der Mannschaft Gottes geschult werden, warum sollten wir uns dann beklagen?

Sagen wir also statt dessen mit Paulus: „Darum will ich mich am allerliebsten rühmen meiner Schwachheit, damit die Kraft Christi bei mir wohne. Darum bin ich guten Mutes in Schwachheit, in Mißhandlungen, in Nöten, in Verfolgungen und Ängsten, um Christi willen, denn wenn ich schwach bin, so bin ich stark" (2. Korinther 12,9b+10).

Es lohnt sich wahrhaftig, so eine Geschichte vielen Menschen weiterzuerzählen!

Ein Wort zum Festhalten

Wenn Sie ein großes Heer gegen die Midianiter, Amalekiter und eine Menge anderer feindlicher Völker anführen sollten, wie viele Leute hätten Sie dann gerne in Ihrer Armee? Würden 32 000 gut ausgebildete Soldaten genügen? Gideon dachte es, aber der Herr hatte ganz andere Vorstellungen. Lesen Sie Richter 7, da finden Sie ein gutes Beispiel dafür, wie gerne Gott schwache Leute (und jämmerliche Armeen) gebraucht.

In die Ecke gedrängt

Da stehen Sie nun wieder einmal in der Ecke. Sie sind vor eine quälende Entscheidung gestellt. Friß, Vogel, oder stirb! Ja, so etwas haben Sie schon öfter erlebt. Und nun bittet Gott Sie schon wieder, ihm zuliebe so etwas Schweres durchzumachen.

Höre ich da nicht ein Murren in Ihrem innersten Herzen? So einen ganz schwachen Protest?

„Also wirklich, Herr, was erwartest du denn noch alles von mir? Daß ich mein Blut vergieße? Keiner von meinen Freunden muß anscheinend so anstrengende, herzzerreißende Prüfungen durchmachen wie ich. Wofür hältst du mich eigentlich? Für einen Märtyrer?"

Wieder in der Ecke! Wir alle haben schon irgendwann einmal da gestanden, wo Sie jetzt stehen. Und dann haben wir alle schon einmal mit dem Gedanken gespielt, daß Gott vielleicht doch zuviel von uns verlangt.

Wir wollen dazu einmal einiges geraderücken. Was sagt denn die Bibel dazu? Im 5. Buch Mose finden wir eine Antwort darauf – und was für eine!

„Nun, Israel, was fordert der Herr, dein Gott, noch von dir, als daß du den Herrn, deinen Gott, fürchtest, daß du in allen seinen Wegen wandelst und ihn liebst und dem Herrn, deinem Gott, dienst von ganzem Herzen und von ganzer Seele, daß du die Gebote des Herrn hältst und seine Rechte, die ich dir heute gebiete, auf daß dir's wohlgehe?" (5. Mose 10,12+13).

Das faßt doch alles schön klar und deutlich zusammen, oder? Was verlangt Gott von uns? Nicht mehr, als daß wir ihn fürchten, ihn lieben, ihm dienen, ihm gehorchen, und all das von ganzem Herzen und von ganzer Seele.

Das aber heißt, er verlangt alles von uns!

Als mein Unfall erst kurz hinter mir lag, gab es Zeiten, in denen ich das Gefühl hatte, Gott würde entschieden zuviel von mir verlangen: ich sollte trotz meiner schweren Lähmung und meiner lebenslänglichen Verurteilung zum Rollstuhl ihm vertrauen und gehorchen. Ich kam mir wie eine Märtyrerin vor. Doch dieser Märtyrerkomplex, so sah ich allmählich ein, kam daher, daß ich mich zu sehr auf das konzentrierte, was Gott von mir verlangte, und viel zuwenig auf das, was er mir geschenkt hatte.

Wenn Sie heute – wie ich damals – versucht sind zu meinen, daß einfach alles für Sie viel zuviel ist, dann halten Sie einen Moment inne und denken Sie über das nach, was Gott Ihnen schon alles geschenkt hat.

Wieviel hat er Ihnen eigentlich vorenthalten? Überhaupt irgend etwas? Nein, natürlich nicht, denn er hat alles für uns hergegeben. Er hat uns sein eigenes Leben, seinen eigenen Sohn geschenkt.

„Der auch seinen eigenen Sohn nicht verschont hat, sondern hat ihn für uns alle dahingegeben – wie sollte er uns mit ihm nicht alles schenken?" (Römer 8,32).

Das ist das Schöne, das hinter allem steht, nicht wahr? Denn wenn wir versucht sind, ein bißchen halbherzig zu werden – nicht nur darin, Gott zu fürchten, sondern auch darin, ihn von ganzem Herzen und von ganzer Seele zu lieben, ihm zu dienen und zu gehorchen, dann wollen wir uns daran erinnern, daß Gott uns mit seinem Sohn alles geschenkt hat. Er hat uns Kraft durch den Heiligen Geist zugesagt – Kraft, all das zu tun, worum Gott uns bittet, Kraft, die unsere schwachen Knie und unsere zaghaften Herzen immer wieder stärken wird.

Paulus hat es so ausgedrückt: „Ich vermag alles durch den, der mich mächtig macht" (Philipper 4,13).

Denken Sie immer daran: Der Herr verlangt alles von uns. Doch er bietet uns auch die Kraft an, das zu schaffen.

Ein Wort zum Festhalten

Wenn Sie auf all das sehen, was Sie heute tun und bewältigen müssen, haben Sie dann das Gefühl, daß Gott viel zuviel von Ihnen erwartet? Wenn das so ist, lesen Sie Epheser 3,16–19. Das wird Ihnen bestimmt Kraft und Mut geben.

Zuflucht

Kinder lieben Verstecke und Höhlen. Ganz gleich, ob auf dem Land oder in der Stadt – wenn man ein paar Kindern eine oder zwei Stunden Zeit zum Spielen läßt, dann werden sie sich unweigerlich irgendein geheimes Plätzchen suchen oder bauen.

Das kann so einfach sein wie ein Zelt aus einer Wolldecke, die man im Wohnzimmer über zwei Stühle spannt, oder so kunstvoll wie eine Höhle in der Brombeerhecke oder ein selbstgezimmertes Floß, das versteckt in den dichten Weiden am Dorfteich liegt. Ich habe heute noch eine herrliche Erinnerung daran, wie meine Schwester Kathy und ich uns auf der Farm, auf der wir damals lebten, ein ganz besonders schönes Baumhaus errichteten. Es war ein Stück vom Haus entfernt, also ein abgeschiedenes Reich ganz für uns allein, geschützt vor den neugierigen Augen der Erwachsenen. Wir schleppten Holz herbei, besorgten uns Nägel, borgten uns Hämmer aus und brachten so ein sehr schönes und gut gebautes Hüttchen zustande (jedenfalls kam es uns so vor!), das hoch oben in den einladenden Zweigen eines alten Baumes thronte.

Ein Unterschlupf? Ein Versteck? Sicher, aber es war für mich noch viel mehr. In meinen kindlichen Gedanken war dieses Baumhaus wie eine Festung, ein hoher Turm, der sich über wildes, unwegsames Gelände erhob! Die Stürme konnten um dieses kleine Haus herum brausen und toben, der Regen konnte aufs Blechdach trommeln, und der Wind mochte es in den Ästen hin und her schwanken lassen. Wir fühlten uns sicher darin; wir waren geschützt, hatten es trocken, warm und gemütlich.

Geht es Ihnen auch manchmal so, daß Sie sich wünschen, es könnte alles noch einmal so einfach sein? Denn die widrigen Stürme hören nicht auf, wenn wir älter werden. Die Gewitterwolken des Lebens können sogar dunkler und bedrohlicher werden, als wir es uns jemals vorgestellt haben, und der Wind kann mit einer solchen Wut um uns brausen, daß es uns geradezu unerträglich scheint. Manchmal sehnen wir uns dann sehr nach einem Versteck, nach einer Zuflucht.

Damit stehen wir nicht allein. Selbst ein paar berühmte und große Männer der Bibel haben diese Sehnsucht gehabt. Jeremia beispielsweise rief in Augenblicken, in denen ihn tiefer Schmerz und die Sorge wegen der vielen Sünden seines Volkes niederdrückten, zu Gott:

„Ach, daß ich eine Herberge hätte in der Wüste, so wollte ich mein Volk verlassen und von ihnen ziehen! Denn es sind lauter Ehebrecher und ein treuloser Haufe" (Jeremia 9,1).

Auch für David gab es Zeiten, in denen er sich von ganzem Herzen eine Zuflucht, einen Schutz vor den Stürmen seines Lebens wünschte:

„O hätte ich Flügel wie Tauben, daß ich wegflöge und Ruhe fände! Siehe, so wollte ich in die Ferne fliehen und in der Wüste bleiben. Ich wollte eilen, daß ich entrinne vor dem Sturmwind und Wetter" (Psalm 55,7–9).

Das Wunderbare an der Bibel ist, daß sie uns in unserer Verzweiflung nicht allein läßt. Die Heilige Schrift sagt uns, daß es tatsächlich ein Versteck, eine Zuflucht für uns gibt. Diese Schutzburg ist viel stärker als ein mehr oder weniger unsicheres Versteck, das wir uns selbst gebaut haben, viel mächtiger und uneinnehmbarer als die größte und trotzigste Festung dieser Erde. In den Psalmen ist oft davon die Rede:

„HERR, mein Fels, meine Burg, mein Erretter; mein Gott, mein Hort, auf den ich traue, mein Schild und Berg meines Heiles und mein Schutz!" (Psalm 18,3). „Meine Zuversicht und meine Burg, mein Gott, auf den ich hoffe... Er wird dich mit seinen Fittichen decken, und Zuflucht wirst du haben unter seinen Flügeln. Seine Wahrheit ist Schirm und Schild..." (Psalm 91,2+4). „Der HERR ist mit mir, darum fürchte ich mich nicht; was können mir Menschen tun?" (Psalm 118,6).

Könnte es ein besseres Versteck geben? Eine bessere Zuflucht für ängstliche Herzen und zaghafte Gedanken?

Mein kleines Baumhaus hat mich damals gelehrt, was eine „Zuflucht", was ein „hoher Turm" bedeuten kann. Aber wie die meisten Erwachsenen habe ich dann die kindlichen Dinge weit hinter mir gelassen. Wenn ich heute eine Zuflucht brauche, dann gehe ich nicht mehr zu dem alten Baum zurück, sondern ich gehe zu einer Person. In Jesus Christus finde ich einen ewigen Felsen, eine starke Burg, einen Turm der Zuflucht, Schild und Schutz – eben einen Retter.

Stürme gibt es in meinem Leben immer noch, manchmal fegen sie nur ein paar Zentimeter an mir vorbei. Auch Sie können vielleicht heute das Toben des Windes deutlich hören. Möglicherweise schwanken die Äste um Sie herum so stark, daß Sie das Gefühl haben, Sie könnten sich nicht mehr länger festklammern. Dann klettern Sie mit mir zu Gottes Liebe hinauf, unter die Flügel seiner schützenden Gnade!

Dort kann ein jeder von uns sagen: „Der HERR ist mit mir, darum fürchte ich mich nicht!"

Ein Wort zum Festhalten

Auch der Schreiber des Hebräerbriefes wußte, daß Gott seine Zuflucht ist. Sehen Sie sich Hebräer 13,4–6 an. Sie werden merken, daß hier sogar Psalm 118,6 zitiert wird, und dazu der wunderbare Satz aus Josua 1,5: „Ich will dich nicht verlassen und nicht von dir weichen." Damit wird genau das beschrieben, worüber wir auf den letzten Seiten nachgedacht haben: unser Herr ist eine Zuflucht für seine geliebten Söhne und Töchter. Aber hier steht diese Aussage in einem bestimmten thematischen Zusammenhang; es geht um Sexualität und Ehe und um das Geld (Vers 4 und 5a). Nehmen Sie sich ein bißchen Zeit, diese Verse zu bedenken, und überlegen Sie, wie sich das herrliche Angebot des Herrn, unsere Zuflucht, Hilfe und Sicherheit zu sein, auf diese entscheidenden Gebiete unseres Lebens anwenden läßt.

Gärtnerarbeit

Es ist immer wieder so: Jedes Frühjahr staune ich neu über die allerersten, schüchternen Anzeichen des neuen Lebens – winzige Sprößlinge, die aus der Erde hervorschauen, kleine grüne Knospen, die aus dem Weinstock kommen.

Ich bin vor allem deshalb immer wieder erstaunt, weil ich jedes Jahr im Herbst rücksichtslos die Heckenschere benutze. Ich beschneide meine Pflanzen und Büsche geradezu unbarmherzig. Blüten werden abgeknipst, sobald sie verwelken. Stämmige junge Zweige werden auf den Kompost geworfen. Nichts entgeht dem Biß dieser Schere. Und im Winter sieht unser Garten jedes Mal kahlgeschoren, schwer gezüchtigt, ja leblos aus.

Aber im Frühjahr ändert sich das sehr schnell. Jetzt, in den ersten Frühlingstagen, wo ich diese Zeilen schreibe, sprießt das Leben wieder überall in meinem Garten hervor.

So ist es von Anbeginn der Welt gewesen. Schon im antiken Land Uz dachte ein gottgefälliger Mann mit Namen Hiob über den Frühling nach – über einen Frühling, von dem er nicht mehr glauben konnte, daß er ihn noch einmal erleben würde.

„Denn ein Baum hat Hoffnung, auch wenn er abgehauen ist; er kann wieder ausschlagen, und seine Schößlinge bleiben nicht aus. Ob seine Wurzel in der Erde alt wird und sein Stumpf im Boden erstirbt, so grünt er doch wieder vom Geruch des Wassers und treibt Zweige wie eine junge Pflanze" (Hiob 14,7–9).

Hiob konnte sich nicht mehr vorstellen, daß sich sein eigenes Leben erneuern würde. Die scharfe Gartenschere Gottes hatte bei ihm dicht an der Wurzel so viele Triebe abgeschnitten! Nun konnte er nicht mehr glauben, daß je etwas nachwachsen würde. Alles, was ihm lieb gewesen war, war ihm mit unerbittlichen Hieben aus der Hand geschlagen worden. „Denn nur wenige Jahre noch, und ich gehe den Weg, den ich nicht wiederkommen werde. Mein Geist ist zerbrochen, meine Tage sind ausgelöscht; das Grab ist da", sagte er zu seinen Freunden (Hiob 16,22–17,1).

Manche von Ihnen, die jetzt diese Worte lesen, können Hiobs Not sicher gut verstehen. Da ist beispielsweise eine Familie, die durch eine Scheidung auseinandergerissen wird, oder ein junger Mensch, der unter der Ablehnung der anderen oder unter seiner Einsamkeit schwer leidet, eine alleinerziehende Mutter, die zu kämpfen hat, daß sie überhaupt jeden Tag etwas zu essen auf den Tisch bringen kann, oder ein Vater, der sich darauf einstellen muß, daß sein Sohn ein Leben lang behindert bleiben wird, daß er niemals einen Ball schießen oder eine Angelrute auswerfen kann.

Wie Hiob haben wir in solchen Situationen das Gefühl, daß es für einen abgehauenen Baum mehr Hoffnung gibt als für uns. Wie Hiob stellen wir dann Fragen und ringen mit unserem Schmerz.

Gottes Gärtnerschere scheint erbarmungslos. Nichts kann der scharfen Schneide seines Willens entkommen. Nicht die Blüte der Jugend, nicht die üppigen Zweige einer guten Gesundheit, nicht die Früchte des Wohlstands, nicht die Stabilität einer wachsenden Familie. Nein, nichts davon entgeht der beschneidenden Wirkung von Gottes Absichten.

Aber der Frühling kommt trotz allem wieder, nicht wahr? Auch für Hiob, der das gar nicht fassen konnte! Und es war ein Frühling von solchem Duft und solcher Schönheit, daß der lange, bittere Winter ihm plötzlich wie ein vergangener, böser Traum erscheinen mußte. Lesen Sie es nach in Hiob 42,10–16!

Die Hoffnung kehrt zurück. Dann wächst neues Leben aus dem toten Baumstumpf. Die Freude kommt wieder, ganz langsam zwar, fast scheu und durchaus nicht in einem einzigen Augenblick. Aber sie kommt. Neu erlebte Gnade macht uns fähig, unser Leiden auszuhalten. Strahlende, hoffnungsvolle Zusagen bieten uns ein starkes Spalier, an dem wir uns emporranken können. Und der süße, berauschende Duft des Heiligen Geistes zieht von neuem durch unser Leben, bewässert uns mit Gottes Wort und macht uns Mut, nach all den guten Dingen zu greifen, die Gott für uns bereithält.

Nach Gottes Befehl muß der Winter immer wieder vor dem Frühling vergehen. Der eisige Griff des Januars weicht dem Sonnenschein der Liebe Gottes. Und wenn auch vielleicht noch nicht jetzt, dann doch schon bald.

Der Frühling wird nicht auf sich warten lassen – das neue Leben ist schon unterwegs!

Ein Wort zum Festhalten

Wenn Sie in Ihrer Seele gerade einen tiefen Winter durchleben müssen, dann lesen Sie einmal das 6. Kapitel aus dem Römerbrief. Und um noch mehr Einsichten zu gewinnen, sollten Sie es zunächst in einer älteren und dann in einer modernen Übersetzung lesen. Lassen Sie sich durch die Zusage des „neuen Lebens" (Vers 4) daran erinnern, daß schon heute in Ihrem Herzen ein neuer Frühling anfangen kann.

Der ehrenvolle Dröffel

Vor kurzem habe ich bei einer Freundin zu Mittag gegessen – einer klugen christlichen Frau mit wachen Augen. Bevor wir anfangen konnten, mußte ich mir einen von ihren Löffeln ausleihen und sie bitten, ihn für mich in einem ganz bestimmten Winkel zu verbiegen und zu verdrehen.

Dann steckte sie den Löffel in die Schiene an meiner Hand, und so konnte ich allein essen. Doch während wir nun aßen und uns dabei unterhielten, bemerkte ich öfter ihren Blick: sie sah immer wieder auf den verbogenen Löffel. Als wir fertig waren, zog sie ihn aus der Schiene und legte ihn wieder neben meinen Teller. Es war mir ein bißchen unangenehm, daß ich ein Stück von ihrem besten Besteck so verbogen hatte. Mit diesem abscheulichen Knick sah es fast so aus, als ob ich ihr den schönen Löffel völlig ruiniert hätte.

Ich bot ihr an, daß mein Mann ihn wieder geradebiegen und ihm seine ursprüngliche Form zurückgeben könnte.

„Nein, nein", sagte sie da. „Ich möchte den Löffel gerne genauso behalten, wie er jetzt ist."

„Aber er sieht doch richtig häßlich aus", protestierte ich, „und außerdem kannst du ihn so ja gar nicht benutzen."

Doch da hatte sie den Löffel schon wieder in der Hand und strich vorsichtig über den Knick im Griff, richtig bewundernd, als ob es ein Stück von seltener Schönheit sei und nicht etwas Verdrehtes und Verformtes. Für sie hatte dieser Löffel jetzt offenbar eine besondere Bedeutung.

„Weißt du, Joni", erklärte sie mir, „du kannst eben nur dann einen Löffel benutzen, wenn er so gebogen ist, wie du ihn brauchst. Ein gerader würde dir überhaupt nichts nützen. Nur ein verdrehtes Werkzeug kann in deiner Hand seine Aufgabe richtig erfüllen."

Ich habe meinem zurechtgebogenen Spezialwerkzeug den Namen „Dröffel" gegeben. Und ich kann Ihnen gar nicht sagen, wie oft ein Kellner oder eine Serviererin beim Essen im Restaurant dieses seltsame Ding auf meinem Tisch kritisch gemustert und dann versucht hat, es schnell verschwinden zu lassen.

„Oh, wo kommt das denn her?!" sagen sie dann. „Das muß wohl in der Spülmaschine dazwischengeraten sein."

Oder ein Kellner nimmt – ohne ein Wort zu sagen – das verdrehte Stück in die Hand, biegt es wieder gerade und denkt, er tue mir damit einen großen Gefallen.

„Nein, nein", wende ich dann immer ein. „Der muß so aussehen! Er ist genau für mich gebogen, damit ich ihn überhaupt gebrauchen kann."

Arbeitet Gott nicht auf die gleiche Weise in unserem Leben? Er weiß, daß er seinen einzigartigen Plan besser ausführen kann, wenn er uns so biegt, daß wir seinem Willen folgen. Er kann uns am besten gebrauchen, wenn wir für seine ganz bestimmten Absichten geformt und bearbeitet sind. Nun, mein Dröffel ist bestimmt nicht sonderlich schön. Er sieht offensichtlich ganz anders aus als alle anderen Stücke in unserer Küchenschublade. Und so könnten wir zu dem Schluß kommen, daß wir mit unseren speziellen Schwächen ganz anders sind als alle anderen.

Aber in der Hand Gottes dienen wir einem ganz besonderen Zweck. Das Metall, aus dem unsere Seele gemacht ist, ist vielleicht hart und spröde und schwer zu verbiegen, aber wenn wir Gott das Recht zugestehen, unser Leben zu formen, entdecken wir ganz neue Tiefen des Sinns und der Bedeutung. Was ist das doch für eine Freude, wenn wir erkennen, daß jeder von uns ein von Gott ausgesuchtes Gefäß ist, ganz genau geeignet für seine bestimmten Zwecke.

Im zweiten Brief an Timotheus sagt uns Paulus, daß wir ein Gefäß sein können „zu ehrenvollem Gebrauch, geheiligt, für den Hausherrn brauchbar und zu allem guten Werk bereitet" (2. Timotheus 2,20–21).

Sogar ein Dröffel kann ehrenvoll sein, wenn er in der Hand des Meisters liegt.

Ein Wort zum Festhalten

In meinem Wörterbuch steht unter „ehrenvoll“: „großartig, glänzend, herrlich, edel; von charakterlicher Größe und mit ausgezeichneten Eigenschaften.“ Wären Sie da nicht auch gerne eins von Gottes ausgesuchten Gefäßen zu ehrenvollem Gebrauch? Und das ist durchaus möglich! Lesen Sie noch einmal 2. Timotheus 2,21. Welche Art von Arbeit könnte als ehrenvoll angesehen werden? Und wie können Sie sich darauf vorbereiten, zu solch herrlichen Zwecken gebraucht zu werden?

Ein Werkzeug in des Meisters Hand

James Sewell ist seit vielen Jahren mein Mal- und Zeichenlehrer, und er hat mir wunderbare Dinge beigebracht.

Er ist ein feiner Mensch, der lange und umfangreich studiert hat und in der ganzen Welt herumgekommen ist. Dabei ist er nicht nur Maler, sondern auch Konzertpianist, erfolgreicher Schriftsteller und Mathematiker – wahrhaftig ein Meister, so eine Art Renaissancemensch. Ich bin richtig stolz darauf, daß ich zu seinen Freunden gehöre.

Wenn wir es einmal schaffen, einen gemeinsamen Termin für eine Kunststunde zu finden, dann bringt er immer etwas Besonderes mit: große alte Bücher aus seiner Bibliothek, neue Arten von Farbe oder ganz ungewöhnliche Pinsel.

Einmal hat er mir ein paar von seinen eigenen Pinseln gezeigt. Als ich sie sah, war ich richtig erschrocken, in was für einem Zustand sie waren! Er erzählte mir, daß er diese Pinsel schon seit über dreißig Jahren benutzt. Und offen gestanden: so sahen sie auch aus! Die Farbe am Griff war abgeplatzt und abgegriffen. Und die Borsten waren von undefinierbarer Farbe und so struppig, als wären sie unglaublich oft gestoßen, gestrichen und gequält worden.

Wenn ich es nicht besser gewußt hätte, hätte ich bestimmt gesagt, daß man sie unmöglich noch gebrauchen könnte, daß sie völlig ungeeignet wären, um noch irgend etwas Schönes oder Wertvolles damit zu malen. Aber dann hatte ich das Glück, Jim bei der Arbeit zu beobachten – wie er mit eben diesen Pinseln vor seiner Staffelei stand und malte.

Auf einmal wurden die Pinsel in seiner Hand nicht nur brauchbar, sondern geradezu unbezahlbar. Ich sah zu, wie er die Farbe damit auf der Leinwand verwirbelte und verstrich. Und ich staunte darüber, wie jeder Pinsel seine ganz eigene Aufgabe hatte: einer war da, um auf bestimmte Art eine Linie zu ziehen, ein anderer für besonders kurze Pinselstriche.

Jim wußte eben genau, wie er seine Pinsel einsetzen mußte. Er wußte, was jeder von ihnen in seiner Hand leisten konnte und was nicht. Selbst der häßlichste von allen, ein uraltes Ding mit steifen und zerzausten Borsten, wurde für einen besonderen Zweck aufgehoben und ab und zu verwendet. Jim kannte seine Werkzeuge tatsächlich sehr gut.

Da wunderte es mich nicht mehr, daß er beim Malen nicht ein einziges Mal einen von meinen schönen, neuen, weichen Zobelpinseln in die Hand nahm. Nein, er arbeitete lieber mit seinen viel benutzten und altbewährten Handwerkszeugen.

Irgend jemand hat einmal gesagt, daß ein Werkzeug in sich nur wenig Bedeutung hat. Aber wenn es in der richtigen Hand liegt, kann es ein Meisterstück hervorbringen.

Als ich Jim bei der Arbeit mit seinen alten Pinseln zusah, malte er vor meinen Augen ein wunderschönes Bild. Ich war klug genug zu wissen, daß ich niemals so ein Meisterwerk hätte schaffen können, wenn ich genau dieselben Pinsel in den Mund genommen hätte. Ich bin eben keine Meisterin. Aber Jim hatte mir gezeigt, daß jedes Werkzeug in seiner Hand – auch wenn es noch so unansehnlich war und man ihm nichts Rechtes zutraute – sinnvoll eingesetzt werden konnte.

In ähnlicher Weise denken Sie vielleicht, daß Sie für den Dienst im Reich Gottes ganz und gar nicht geeignet sind. Ihre Fähigkeiten, so sagen Sie sich, sind nur gering, möglicherweise scheint es Ihnen, als hätten Sie überhaupt keine. Sie haben das Gefühl, daß Sie zu viel haben durchmachen müssen, zu sehr umhergeirrt oder zu abgearbeitet und verbraucht sind, um noch irgend etwas Wunderbares für den Herrn zustande zu bringen.

Das ist das alte Problem: sie sehen nur auf das Werkzeug! Aber Sie wissen doch: kein Werkzeug hat in sich eine große Bedeutung. Erst wenn es in den richtigen Händen liegt, kann es ein Meisterstück hervorbringen.

In Gottes Händen sind wir nicht nur brauchbar – da werden wir sogar unbezahlbar.

„Vielmehr sind die Glieder des Leibes, die uns die schwächsten zu sein scheinen, die nötigsten... aber Gott hat den Leib zusammengefügt und dem geringeren Glied höhere Ehre gegeben, damit im Leib keine Spaltung sei, sondern die Glieder in gleicher Weise füreinander sorgen" (1. Korinther 12,22+24+25).

Ein Wort zum Festhalten

Besitzen Sie vielleicht einen alten Kamm, dem schon Zinken fehlen? Oder ein Adreßbuch, das viele Eselsohren hat und ganz voll ist mit hingekritzelten Eintragungen? Oder einen Pfannenwender, der schon zwanzig Jahre lang Reibekuchen umgedreht hat? Oder eine ganz altmodische mechanische Schreibmaschine? Oder vielleicht ein altes Pfadfindermesser mit einer festen Klinge? In Ihren Händen tun diese altvertrauten Dinge den besten Dienst. Sie greifen bevorzugt zu ihnen, wählen sie immer wieder aus.

Lassen Sie sich von diesen einfachen alltäglichen Gebrauchsgegenständen daran erinnern, wie Gott Sie mit Ihren Stärken und Schwächen gebrauchen will. Was meinen Sie, warum hat Gott gerade Sie für die besonderen Aufgaben ausgesucht, die er Ihnen gegeben hat? Warum will er gerade Sie für den Dienst haben, den er an Ihrer Familie tun will oder an Ihren Kollegen am Arbeitsplatz oder an Ihren Nachbarn?

Gerüstet für die Reise

„Siehe, ich bin bei euch alle Tage..." (Matthäus 28,20).

Elisabeth Elliot erzählt in ihrem Buch *A Slow and Certain Light* (etwa: Ein schwaches, aber verläßliches Licht) von zwei jungen Abenteurern, die sie einmal in Ecuador besuchten. Die beiden waren auf dem Weg zu den Regenwäldern der Anden. Jeder von ihnen trug eine gewaltige Last an Ausrüstungsgegenständen, das meiste wohl eher hinderlich als nützlich. Doch sie wollten nicht, daß Frau Elliot ihr Gepäck begutachtete und womöglich etwas aussortierte. Sie fragten auch nicht um Rat bezüglich ihrer Reise. Sie wollten nur ein paar Sätze in der Indiosprache lernen. Denn sie waren sicher, daß sie mehr nicht brauchten, um vollkommen für ihre Fahrt gerüstet zu sein. Elisabeth Elliot schreibt weiter:

„Manchmal kommen wir zu Gott wie diese beiden Abenteuerreisenden: wir sind zuversichtlich und glauben, gut informiert und richtig ausgerüstet zu sein. Aber dann ist uns doch aufgefallen, daß bei all unseren angehäuften Dingen noch etwas fehlt. Nur eins noch müssen wir von Gott erbitten, und wir hoffen dabei, daß er es nicht für nötig halten wird, die anderen Gepäckstücke durchzusehen. Denn da gibt es nichts, auf das wir gerne verzichten würden. Wir wissen schon, was wir brauchen, nur eine klare Antwort – ja oder nein – auf eine einfache Frage. Oder vielleicht noch einen deutlichen Wegweiser, irgend etwas leicht Verständliches, das uns eindeutig zeigt, wo es langgeht. Aber was wir eigentlich bräuchten, ist viel mehr, nämlich den Führer selbst. Karten, Wegzeichen und ein paar nützliche Sätze in der Landessprache sind hilfreich, wenn man auf Reisen geht – aber unendlich besser ist einer, der schon vorher dort gewesen ist und den Weg genau kennt."[1]

Sie und ich, wir benutzen so gerne alle möglichen Karten, Reisebeschreibungen und Kompasse, wenn wir unsere Ehe oder eine Berufskarriere planen. Wenn wir durch eine Krise hindurch müssen, würden wir gerne vorher die Bauskizze vor uns ausbreiten. Wir wollen auch unbedingt einen Sinn in unserem Leiden sehen. Aber über das alles hinweg sagt Jesus, daß er immer bei uns sein wird. Seine Gegenwart bewirkt den entscheidenden Unterschied zwischen geduldigem Annehmen und ärgerlicher Ablehnung, zwischen Hoffnung und Verzweiflung.

Jesus Christus ist schon vor uns dort gewesen, wo unsere Füße jetzt stehen. Er kennt den Weg. Er weiß, wie die Reise zu machen ist, und – was noch wichtiger ist – er bietet uns an, durch alle Schwierigkeiten hindurch uns zu begleiten.

Karten und Bücher sind gut. Aber wenn der Himmel sich verdüstert und der Weg steil und steinig wird, dann ist unsere beste Hilfe der Wegführer selbst, der mit uns geht.

Ein Wort zum Festhalten

Gewiß haben Sie schon einmal auf der Straße angehalten und jemanden nach dem Weg gefragt. Da bekommen Sie beispielsweise gesagt, Sie müßten drei Häuserblocks in nördlicher Richtung fahren, dann bei der Ampel links einbiegen, sich immer rechts halten und danach an zwei Stoppschildern vorbei bis zur nächsten Kreuzung fahren – und Sie hören sich das alles an und sind verwirrter als vorher. Am liebsten hätten Sie es, wenn man Ihnen sagen würde: „Fahren Sie einfach hinter mir her! Ich muß in dieselbe Richtung."

Jesus hat uns mit Johannes 14,5+6 so ein Angebot gemacht. Hat er gesagt, er sei nur ein Weg unter vielen? Oder ist er der einzige Weg? Danken Sie Ihrem Herrn doch jetzt gleich dafür, daß er Ihnen kein unverständliches Glaubensbekenntnis als Straßenkarte für Ihr Leben aushändigt. Er bietet sich selbst als Begleiter an!

Von der Strömung abgetrieben

Als ich noch ein kleines Mädchen war, zeltete unsere Familie in den Sommerferien immer am Strand von Delaware. Die donnernden Wogen an der Küste wirkten auf mich nie beängstigend, und jeden Tag bettelte ich bei meiner Mutter, daß sie mich doch einmal mit meinen älteren Schwestern ins Wasser lassen sollte. Endlich, an einem herrlichen Morgen, gab sie nach, schnürte mir die Schwimmweste um und ermahnte meine Schwestern eindringlich, mich immer fest an der Hand zu halten.

Kathy setzte mich auf ihre Hüfte, und wir wateten durch die Brandung immer weiter hinaus. Hier, hinter den donnernden, sich am Strand überschlagenden Brechern war es ruhiger, und ich stand nun auf meinen eigenen Füßen. Ich kicherte und lachte mit Kathy und Jay, als die immer neu anrollenden Wogen mit uns Berg-und-Talbahn spielten.

Doch irgendwie hatte ich auf einmal Kathys Hand losgelassen. Und nach der nächsten großen Welle stellte ich plötzlich fest, daß meine Schwestern gar nicht mehr in der Nähe waren! Als sie dann von einer Woge emporgehoben wurden und ich sie entdeckte, merkte ich mit Entsetzen, wie weit ich schon von ihnen entfernt war.

Hilflos trieb ich allein im großen Ozean und kam immer weiter weg vom Land.

Ich wußte gar nicht, wie das passieren konnte, und dann auch noch so schnell! Eine starke Strömung hatte mich ergriffen und zog mich immer weiter von der Küste weg. Gott sei Dank kam in diesem Augenblick meine Mutter von ihrem Sonnenschirm herbeigelaufen, stürzte sich mit einem Hechtsprung ins Meer und rettete mich.

Ich hatte nicht gemerkt, wie weit ich schon abgetrieben war, bis ich plötzlich die große Entfernung zwischen mir und den anderen sah.

Sich treiben lassen, darüber denke ich besonders heute, an meinem Geburtstag, nach. Geburtstage sind für uns ja ganz besondere, persönliche Marksteine, eine Möglichkeit, über das vergangene Jahr zurückzublicken und zu sehen, wie weit wir inzwischen schon gekommen sind. Sie bieten eine Gelegenheit, einen langen, prüfenden Blick auf unser Leben zu werfen und uns zu fragen, ob wir vielleicht vom geraden Weg abgekommen sind, uns auf den Pfaden der Gleichgültigkeit befinden oder zu den alten, ausgetretenen Wegen der Sünde zurückgekehrt sind. Im Hebräerbrief steht, daß es sich niemand von uns leisten kann, sich einfach treiben zu lassen.

„Darum sollen wir desto mehr achten auf das Wort, das wir hören, damit wir nicht am Ziel vorbeitreiben" (Hebräer 2,1).

Sich treiben lassen kann gefährlich sein. Immer und überall gibt es Strömungen, die an uns ziehen und zerren. Immer müssen wir flußaufwärts schwimmen, gegen den Strom. Ständig begegnen uns Versuchungen, die uns in eine andere Richtung treiben wollen, und wir merken nie, wie weit wir schon fortgetragen worden sind, bis wir wieder auf Christus und zu den anderen sehen, von denen wir inzwischen weit entfernt sind.

Bei jedem ist es möglich, daß er sich glaubensmäßig oder moralisch weit abtreiben läßt. Niemand ist immun. Denken Sie nur an die mächtigen Strömungen in Ihrem Leben, die Sie festhalten und mit sich forttragen können, wenn Sie nicht dagegen angehen und die Richtung neu bestimmen. Es gibt die Strömung der allgemeinen gesellschaftlichen Meinung, der Mode und des Zeitgeistes. Es gibt auch die Strömung der persönlichen Wünsche, die Sehnsucht, das zu tun, was man selbst gern tun will. Sexuelle Begierde ist ein ganz mächtiger, tiefgehender Sog, und das Besitzstreben ist ein erbarmungsloser Strudel.

Ich bin mir solcher Strömungen in meinem Leben sehr deutlich bewußt. Wenn wir ihnen nachgeben, nennt die Bibel das „fleischlich gesinnt sein" (Römer 8). Aber wenn ich dies letzte Lebensjahr überblicke, meine Ehe, meinen Dienst bei „Joni and Friends", die vielen Gelegenheiten zu schreiben, zu reisen, zu malen und zu singen, dann erkenne ich, daß ich mit allen Kräften, die Gott mir schenkt, gegen die Strömung weiterrudern muß.

Denn ich gehöre durchaus zu den Leuten, die sich leicht treiben lassen, und ich überlasse mich von Natur aus gerne jeder Strömung, die mich mit sich forttragen will. Um mein Leben vor einem ziellosen Hin- und Her-Geworfensein zu bewahren, muß ich mich besonders anstrengen, meine Mitte in Jesus Christus immer wieder neu zu finden und festzuhalten. Ich muß mich jeden Morgen, wenn ich meinen Tag beginne, bewußt auf Gottes Wort einstellen. Ich muß die Zielrichtung meines Lebens immer wieder überprüfen, ob sie Gott Ehre macht. Und ich muß mein Herz zusammenreißen, daß es sich nicht in Tagträumen oder dummen Versuchungen verliert.

Gott zu folgen, das fällt mir nicht leicht. Und es wird wahrscheinlich nie so sein. Aber heute, an meinem Geburtstag, feiere ich meinen neuen Entschluß, mit dem Rudern nicht aufzuhören und gegen die starken Strömungen anzukämpfen. Und mit Gottes Hilfe werde ich in einem Jahr wieder auf 365 Tage hart erkämpfter und mühsam errungener Fortschritte in meinem Leben mit Jesus Christus zurückblicken können.

Rudern wir zusammen mit aller Kraft weiter!

Ein Wort zum Festhalten

Jemand hat einmal gesagt: „Säe einen Gedanken, und du wirst eine Tat ernten; säe eine Tat, und du wirst eine Gewohnheit ernten; säe eine Gewohnheit, und du wirst einen Charakter ernten." Wenn wir von Gott wegtreiben, fängt das immer auf ganz unscheinbare Art mit kleinen Gedanken an. Um den Strom Ihres Denkens in Ordnung zu halten, lesen Sie einmal 2. Korinther 10,5 nach. Können Ihre Gedanken „gefangengenommen" werden? Wer gibt Ihnen die Macht dazu?

Sich auf Gott verlassen

Neulich, als ich mit einem Freund, der auch an Armen und Beinen gelähmt ist, zusammen beim Essen saß, fing ich an, davon zu erzählen, wieviel Hilfe und Ermutigung ich schon aus meinem Glauben an Jesus Christus gewonnen habe.

Mein Gegenüber jedoch freute sich gar nicht über diese Wendung des Gesprächs.

„Jesus kann mir doch nicht helfen!" sagte er stirnrunzelnd. „Nicht er hilft mir bei meinem Butterbrot, sondern mein Freund hier." Und er drehte sich zu dem Mann um, der neben ihm saß und ihm das Brot in kleine Häppchen schnitt. „Und Jesus bringt mich auch nicht abends ins Bett und hilft mir nicht, wenn ich morgens aufstehen muß, und holt mir kein Glas Wasser. Alles das tut er nicht für mich. Ich brauche nicht ihn, ich brauche andere Menschen."

Was war das doch für ein kurzsichtiges Bild von unserem Gott! An nichts anderes als an die unmittelbaren und dringenden Nöte und Bedürfnisse, die ihm durch seine Lähmung entstanden, konnte dieser Freund denken. Er konnte einfach nicht über seine Behinderung hinaussehen.

Der Apostel Paulus hat einen guten Rat für Leute, die in ihrem Leiden kurzsichtig geworden sind. Er selbst ist sehr betrübt und angeschlagen, als er den zweiten Brief an die Korinther schreibt. Er steht unter großem Druck und muß mehr leiden, als er eigentlich ertragen kann. Doch als er über seine entsetzlichen Lebensumstände nachdenkt, meint er dazu:

„Das geschah aber, damit wir unser Vertrauen nicht auf uns selbst setzten, sondern auf Gott, der die Toten auferweckt" (2. Korinther 1,9).

Nur wenige von uns werden wohl all die Nöte erleben müssen, die Paulus begegnet sind, aber sein Vertrauen und seine Gewißheit können wir trotzdem besitzen, auch Sie und ich. Wir können über die Enttäuschungen, die uns innerlich verwunden und uns verwirrt zurücklassen, mit Entschlossenheit sagen, daß sie geschehen sind, damit wir uns nicht auf uns selbst verlassen, sondern auf Gott.

Ich selbst kann meine Arme und Beine nicht bewegen, genau wie mein Freund. Ich brauche jemanden, der mir die Zähne putzt oder mir eine Tasse an den Mund hält, damit ich trinken kann. Wenn mir die Bluse aus der Hose gerutscht ist, muß sie jemand anders wieder richtig einstecken. Wenn mir zu heiß wird, muß mir jemand ein paar Eiswürfel reichen oder den Ventilator anstellen. Es muß mir jemand helfen, wenn ich mich ins Bett legen oder wenn ich wieder aufstehen will. Ja, es gibt kaum eine Stunde am Tag, in der ich mich nicht auf die bereitwilligen Hände und Füße anderer Menschen verlassen muß.

Aber ich habe gelernt, im Blick auf meine Behinderung und die Menschen, die mir helfen, nicht allzu kurzsichtig zu sein. Es ist letzten Endes tatsächlich Jesus, der mir das Butterbrot reicht. Er hat dafür gesorgt, daß ein Freund neben mir sitzt und mir die nötigen Handreichungen tut, genauso wie er für das Essen gesorgt hat. Es ist Jesus, der liebevoll durch meinen Mann wirkt, wenn er mir abends hilft, mich ins Bett zu legen. Und Jesus schickt mir auch Leute, die mir am Morgen aufstehen helfen.

Nein, meine Hände und Füße funktionieren nicht mehr. Aber wie Paulus habe ich gelernt zu sehen, daß mir dies geschehen ist, damit ich mich nicht auf meine eigenen, dürftigen Kraftquellen verlasse, sondern voll und ganz auf die Macht, die Gegenwart und die Fürsorge meines Herrn.

Ich brauche Jesus wirklich. Und wenn Sie mir irgendwann einmal helfen sollten, ein Brot zu essen, oder wenn Sie mir die Kaffeetasse halten, dann werde ich Ihnen dankbar zulächeln, aber doch Gott dafür loben und preisen.

Ein Wort zum Festhalten

Wenn das Leben leicht dahingeht, verlassen wir uns allzuoft auf unsere eigenen Fähigkeiten und Begabungen. Wir wenden uns nur dann Gott zu, wenn unsere eigenen Kraftquellen erschöpft sind. Die Abhängigkeit von Gott aber ist keine Niederlage, sie ist vielmehr etwas Herrliches. Lesen Sie, was David, ein mächtiger Krieger und König, zu diesem Thema in Psalm 62 geschrieben hat, besonders in den Versen 7 und 8. Verlassen Sie sich auf Gott, lehnen Sie sich an ihn, vertrauen Sie ihm, seien Sie abhängig von ihm, zählen Sie auf ihn, rechnen Sie mit ihm. Wollen Sie sich nicht von Ihren Problemen und Nöten heute näher zu Gott ziehen lassen? Vertrauen Sie zuallererst auf ihn!

Die Rettungsleine

Die ersten Tage, nachdem ich damals aus dem Krankenhaus entlassen worden war, waren entsetzlich für mich. Und ich weiß nicht, wie ich ohne die mutmachenden Perspektiven der Heiligen Schrift überhaupt hätte überleben können. Gottes Wort hielt mich fest wie eine starke Rettungsleine, sonst wäre ich in meiner Verzweiflung unweigerlich ertrunken.

Viele Abschnitte, die mich vor dem Untergehen bewahrten, stammten aus einem einzigen Kapitel in den Klageliedern Jeremias. In einem Vers heißt es da:

„Denn der HERR ist freundlich dem, der auf ihn harrt, und dem Menschen, der nach ihm fragt" (Klagelieder 3,25).

Was brauchte ich also anderes zu tun als nur auf den Herrn zu harren, auf ihn zu warten? Wegen dieser Verheißung wurden mir die langen, einsamen Stunden mitten in der Nacht überhaupt erst erträglich. Gott wollte freundlich sein, wurde mir zugesagt, und zwar freundlich zu mir. Ich wartete und wußte, daß ich seine Freundlichkeit und Güte erleben würde. Es heißt da weiter:

„Es ist ein köstlich Ding, geduldig sein und auf die Hilfe des HERRN hoffen" (Klagelieder 3,26).

Hilfe, Erlösung – es war eine Zusage, die dort schwarz auf weiß stand. Und wenn ich auch meine Hände nicht mehr gebrauchen konnte, klammerte ich mich doch an diese Hoffnung mit allem, was in mir war. Ich wartete und glaubte, daß diese Erlösung, was auch immer damit gemeint war, ganz gewiß zu mir kommen würde. Gleich in den nächsten Versen sagt Jeremia:

„Es ist ein köstlich Ding für einen Mann, daß er das Joch in seiner Jugend trage. Er sitze einsam und schweige, wenn Gott es ihm auferlegt" (Verse 27+28).

Es gibt Dinge, die schwerer zu lernen sind, wenn wir älter werden. Dann könnten unsere Herzen abgestumpft und gleichgültig geworden sein. Vielleicht bringt das Alter das Gefühl hervor, daß wir an dieser Welt klug geworden sind, daß wir „alles schon mal gesehen“ haben und es nichts Neues mehr zu lernen gäbe. Trotz all der Schmerzen, die zerschlagene Träume mit sich bringen, ist es sicher besser, ein Joch zu tragen, wenn man noch jung ist.

Damals war ich noch nicht einmal zwanzig Jahre alt, mein Herz war noch in einem zarten Alter. Ich war noch dabei, Wertvorstellungen und Lebensgrundsätze auszuformen. Ich hatte noch viel zu lernen, das wußte ich im Innersten meines Herzens. Deshalb biß ich die Zähne zusammen und vertraute darauf, daß es gut sei, das schwere Joch einer solchen Behinderung schon in meiner Jugend zu tragen.

Aber am allerbesten waren doch noch die Verse 31 und 32:

„Denn der HERR verstößt nicht ewig, sondern er betrübt wohl und erbarmt sich wieder nach seiner großen Güte.“

Diese Verse waren für mich so etwas wie das Licht am Ende eines langen Tunnels. Ich durfte wissen, daß die Dinge nicht für immer und ewig so bleiben würden! Auch wenn Gott seine Hand bei meinem Unfall mit im Spiel hatte, würde er mir doch Barmherzigkeit erweisen. Er hatte mir durch die langen, schweren Nächte hindurchgeholfen. Dann würde er auch während der einsamen Tage bei mir sein, in denen ich mich nun mühsam an meinen Rollstuhl gewöhnen mußte.

Und das Joch auf meiner Schulter? Ja, es ist auch heute noch schwer zu tragen. Aber immer wieder hat Gott in seiner Gnade die kräftige Rettungsleine seines Wortes ausgeworfen – immer gerade dann, wenn ich das Gefühl hatte, ich würde gleich untergehen.

Sehen Sie nur: da hängt auch vor Ihnen eine Rettungsleine. Greifen Sie danach und halten Sie sich daran fest wie noch nie zuvor! Gott wird Sie nie untergehen lassen!

Ein Wort zum Festhalten

Das 3. Kapitel der Klagelieder wimmelt nur so von Rettungsleinen-Versen, reich an Hoffnung, Ermutigung und überraschenden Einsichten. Erforschen Sie es einmal selbst!

Hier noch ein paar Erläuterungen, um den Zusammenhang besser zu verstehen: Jeremia schrieb dieses „Buch der Klagen“, nachdem die Babylonier ins Land Israel eingefallen waren. Das waren wahrhaftig schwere Zeiten! Sehen Sie sich besonders die Verse 22 bis 24 an. Auch Vers 33 schenkt neuen Mut. Und übersehen Sie nicht Vers 40, er ist ein echter Lebensretter.

Müssen Sie heute etwa besonders Schweres durchmachen? Dann halten Sie sich an diesen Rettungsleinen ganz fest!

Eine Sache des Herzens

In unserer Gemeinde gibt es einen Kreis für geistig behinderte Kinder und Jugendliche. Das ist eine fröhliche Gruppe, in der die Schüler gerne beten und in der sie Geschichten von Jesus hören, die mit Handpuppen oder mit Figuren auf der Flanelltafel lebendig dargestellt werden.

Ein kleines Mädchen in dieser Gruppe hat immer schon alles besonders schnell aufgefaßt, was ihr erzählt wurde, und geradezu heißhungrig geistliche Dinge in sich aufgesogen.

Ihre Mutter kommt darüber aus dem Staunen gar nicht heraus. Sie hat einen unserer Kirchenvorsteher, der für bestimmte Dienste in der Gemeinde zuständig ist, angerufen und ihm erklärt, wie sehr sie sich über ihre Tochter wundert.

„Ich verstehe das gar nicht", sagte sie. „Die Kleine nimmt Gedanken in sich auf, von denen ich ganz sicher weiß, daß sie sie gar nicht verstehen kann! Und doch lernt sie – viel mehr, als sie von ihren natürlichen Fähigkeiten her überhaupt lernen kann."

Die Frau mag ihren Augen und Ohren kaum trauen. Aber für unseren Kirchenvorsteher ist das gar nicht überraschend. Denn für ihn ist dies Kind ein weiteres Beispiel für das, was in 1. Korinther 2 steht:

„Wir aber haben nicht empfangen den Geist der Welt, sondern den Geist aus Gott, daß wir wissen können, was uns von Gott geschenkt ist. Und davon reden wir auch nicht mit Worten, wie sie menschliche Weisheit lehren kann, sondern mit Worten, die der Geist lehrt, und deuten geistliche Dinge für geistliche Menschen" (1. Korinther 2, 12+13).

Schon oft hat er erlebt, daß Gottes Geist geistig behinderten Menschen Erkenntnisse schenkt, die weit über ihre natürliche Auffassungsgabe hinausgehen.

Wir meinen immer wieder, ein Mensch bräuchte einen hervorragenden Intelligenzquotienten oder ein abgeschlossenes Bibelschulstudium, um Glaubenswahrheiten wirklich zu erfassen.

Wir denken, je klüger einer ist, desto mehr wird er von Gottes Wort verstehen. Aber so ist es nicht, sagt uns die Heilige Schrift.

Die Botschaft von Jesus Christus, dem Gekreuzigten, wird nicht durch einsichtige Worte menschlicher Weisheit vermittelt, sondern „in Erweisung des Geistes und der Kraft, damit euer Glaube nicht stehe auf Menschenweisheit, sondern auf Gottes Kraft“ (1. Korinther 2, 4+5).

Erinnern Sie sich noch an die Geschichte von dem Bekenntnis des Petrus? Jesus wandte sich gegen Ende seines Wirkens auf der Erde an seine Jünger und fragte sie eindringlich: „Was sagen die Leute eigentlich, wer der Menschensohn ist?“

„Manche meinen, du wärst Johannes der Täufer“, antworteten sie. „Andere wieder sagen, Elia, und noch andere halten dich für Jeremia oder einen von den Propheten.“

„Aber wie ist es mit euch?“ fragte Jesus weiter. „Was meint ihr denn, wer ich bin?“

„Du bist Christus“, sagte da Simon Petrus, „der Sohn des lebendigen Gottes.“

Und Jesus erwiderte ihm: „Selig bist du, Simon, Jonas Sohn; denn Fleisch und Blut haben dir das nicht offenbart, sondern mein Vater im Himmel“ (siehe Matthäus 16, 13–17).

Es ist schon interessant: Jesus lobte Petrus nicht wegen seiner Klugheit. Die Antwort hatte nämlich nichts zu tun mit genauer Beobachtung, logischem Denken, intellektueller Überlegenheit oder theologischer Bildung.

Nun, Sie müssen nicht geistig behindert sein, um aus diesen Gedanken neuen Mut zu gewinnen. Die Worte Jesu trösten auch den Schüler, der nicht mehr als die Note „ausreichend“ schafft, den Bibelseminarteilnehmer, der beim Abschlußexamen durchgefallen ist, die Menschen, die nie die Gelegenheit hatten, eine weiterführende Schule zu besuchen, oder die das Gefühl haben, daß ihre Lernfähigkeit bei weitem nicht das ist, was sie sein könnte.

Man braucht eben keinen akademischen Grad oder einen besonders hohen Intelligenzquotienten, um Glaubenswahrheiten zu erkennen. Nach 1. Korinther 2,16 haben wir „Christi Sinn“. Ja, sogar ein geistig behindertes Kind kann Christi Sinn haben!

Das Leben mit Gott ist nun einmal keine Sache des logischen Denkens, sondern des Herzens.

Ein Wort zum Festhalten

Wenn es um die Erkenntnis von Glaubenswahrheiten geht, sind wir alle geistig behindert, solange uns der Geist Gottes nicht lehrt und anleitet. Denken Sie daran, wenn Sie jetzt einmal Johannes 14,16+17 lesen. Wird der Heilige Geist Sie jemals verlassen? Sehen Sie sich auch die Verse 25–27 an. Was genau will uns der Heilige Geist lehren? Nehmen Sie sich ein paar Augenblicke Zeit und danken Sie Gott für den Dienst des Heiligen Geistes. Er ist eine machtvolle Person, die Ihnen zur Seite steht und durch Sie, für Sie und mit Ihnen wirkt.

Öffne mir die Augen!

Im Buch der Könige findet sich die Geschichte vom König von Aram, der entschlossen war, den Propheten Elisa zu vernichten. Eines Tages bekam der König die Nachricht, daß sich der Mann, den er suchte, in der befestigten Stadt Dotan aufhielt.

Jetzt wollte der König nichts mehr riskieren. Anstatt ein paar Schlägertypen zu schicken, die Elisa heimlich umbringen sollten, mobilisierte er „Rosse und Wagen und ein großes Heer" (2. Könige 6,14). Die gesammelten Streitkräfte kamen nachts an, umzingelten die Stadt und machten sich für einen Angriff am frühen Morgen bereit.

Bei Tagesanbruch trat Elisas Diener vor die Tür, um einen Morgenspaziergang auf der Stadtmauer zu machen; er wollte sich einen Moment Muße gönnen und sich an dem stillen Sonnenaufgang über den Hügeln erfreuen. Doch was er dann erblickte, hat ihm wohl das Blut in den Adern gefrieren lassen. Die Morgensonne glitzerte und blitzte auf zahllosen Schilden, Helmen, Wagenrädern, Bogen und Speerspitzen. Und tausend bunte Fahnen flatterten im sanften Morgenwind.

Der Diener war erschrocken, ja entsetzt und hastete sofort zum Schlafzimmer des Propheten, um ihm die Schreckensbotschaft zu bringen.

„Da sprach sein Diener zu ihm: O weh, mein Herr! Was sollen wir nun tun?" (2. Könige 6,15).

Wenn er jetzt erwartete, daß sein Meister in Panik geraten oder die wenigen Haare, die ihm noch geblieben waren, voller Verzweiflung raufen würde, dann hatte er sich geirrt. Er war wahrscheinlich recht verblüfft, als Elisa ruhig antwortete:

„Fürchte dich nicht, denn derer sind mehr, die bei uns sind, als derer, die bei ihnen sind!" (2. Könige 6,16).

Elisa hatte keine Angst vor dem König von Aram und seiner furchterregenden Armee. Denn er vertraute auf den einen Gott, den man mit unseren irdischen Augen nicht sehen kann.

Aber er sagte seinem ängstlichen und bestürzten Diener jetzt nicht nur ein paar ermutigende Worte, er tat noch viel mehr – er betete für ihn und sagte: „Herr, öffne ihm die Augen, daß er sehen kann." Und der Herr erhörte das Gebet, und der Diener sah plötzlich...

„Und siehe, da war der Berg voll feuriger Rosse und Wagen um Elisa her" (2. Könige 6,17).

Ich mag diese Geschichte sehr. Denn wenn wir dem Herrn dienen, Versuchungen abwehren oder uns gegen die Angst wappnen, dann fühlen wir uns auf unserer Seite des Schlachtfelds manchmal einsam. Der Teufel hat alle seine Truppen gegen uns antreten lassen, und wir werden nur allzuleicht von Mutlosigkeit und Schrecken überrannt. Schließlich sind es gewaltige Gegner, gegen die wir da angehen! Ganze Bastionen von weltlichen Lebenshaltungen, starke politische Lobbys, Pornographie, Rassismus, Ungerechtigkeit. Und dann gibt es auch christliche Leiter, die schwere Fehler machen!

In solchen Momenten, wenn die Angst nach Ihrem Herzen greift und Ihr Glaube wackelt und immer schwächer wird, dann beten Sie darum, daß der Herr Ihnen die Augen öffnet, damit Sie sehen können!

Es sind nicht weniger Streitkräfte, die Sie heute an der Frontlinie des Schlachtfelds schützend umgeben, als damals bei Elisa. Eine große Schar von Engeln? Ein ganzer Berg voll feuriger Rosse und Wagen? Vielleicht. Aber das, was Sie wirklich und vor allem anderen brauchen, ist der eine, der versprochen hat, daß er Sie niemals verlassen oder vergessen wird, der eine, der gesagt hat: „Siehe, ich bin bei euch alle Tage" (Matthäus 28,20).

Sie brauchen gar keine Armee um sich herum, wenn Sie den König der Könige auf Ihrer Seite haben.

Ein Wort zum Festhalten

„Erneure mich, o ewigs Licht,
und laß von deinem Angesicht
mein Herz und Seel mit deinem Schein
durchleuchtet und erfüllet sein.“*

Solch ein altes Kirchenlied mag ich gern. Wir sollten so sein wie die zwei blinden Männer, die auf Jesu Frage, was sie von ihm wollten, einfach antworteten: „Herr, daß unsere Augen aufgetan werden.“ Sind Ihre Augen heute für die Glaubenswirklichkeit geöffnet? Oder fühlen Sie sich überwältigt von den feindlichen Streitkräften, die es offenbar alle auf Sie abgesehen haben? Lesen Sie dazu Epheser 1,15–23. Was sollten Sie sehen können, wenn Gott Ihnen die „Augen des Herzens“ erleuchtet, wie es in Vers 18 heißt?

* Für die deutsche Ausgabe wurden Liedverse gewählt, die denen im amerikanischen Original sinngemäß entsprechen.

Das Geheimnis seines Wesens

Unerwartete Anfechtungen

Ich kann mich einfach nicht an plötzliche Versuchungen und Prüfungen gewöhnen. Jedesmal, wenn ich mit einer neuen Portion Not und Ärger direkt beschossen werde, ist meine erste Reaktion: „Aua! Wo kommt das denn nun wieder her? Gott sollte ausgerechnet mich ausgesucht haben, um damit fertig zu werden? Das kann doch nicht wahr sein!"

Das war auch neulich so, als bei meinem Auto plötzlich ein Reifen platt war. Mein erster Gedanke war: „Gott, du hast dir die Falsche für diese Panne ausgesucht! Weißt du denn nicht mehr? Ich bin doch Joni, die gelähmte Joni. Ich kann nicht eben mal aus dem Auto springen, den Kofferraum aufmachen, den Wagenheber schnappen und schnell den Ersatzreifen montieren! Ich kann doch noch nicht mal einem vorbeifahrenden Auto zuwinken oder mit einem anderen Wagen per Anhalter zur nächsten Werkstatt fahren!"

Also, ich muß schon sagen, ich war etwas befremdet. Ich hätte gedacht, Gott würde mir eine Prüfung schicken, die sich eher im Rahmen meiner begrenzten Möglichkeiten bewegte. Jetzt konnte ich nur hilflos im Auto sitzen bleiben und darauf warten, daß irgendeine freundliche Seele vorbeikam und mir weiterhalf; warten, warten und nochmals warten.

Aber raten Sie mal, welcher Bibelvers gerade da an der Oberfläche meiner Gedanken auftauchte? Haben Sie es sich vielleicht schon gedacht?

„Ihr Lieben, laßt euch durch die Hitze nicht befremden, die euch widerfährt zu eurer Versuchung, als widerführe euch etwas Seltsames" (1. Petrus 4,12).

Ich weiß, ich rede viel über Versuchungen, Prüfungen und Anfechtungen, aber ich glaube nicht, daß ich selbst ungerecht behandelt werde und zuviel zu tragen bekomme. Wir alle erleben jeden Tag Widerstände und Ärger. Aber sooft ich bisher in Versuchungen hineingestolpert bin, war ich von ihnen völlig überrascht. Eigentlich hätte ich diese Lektion inzwischen lernen können, weil ich die Verse aus dem 1. Petrusbrief schon so oft gelesen habe. „Laßt euch nicht befremden…, als widerführe euch etwas Seltsames."

Doch offenbar bin ich nicht der einzige Mensch, der sich nicht an solche Prüfungen gewöhnen kann. Einige der Freunde von Petrus konnten das wohl auch nicht.

Aber Jakobus, ein Mitstreiter von Petrus, hat einen weisen Rat für Leute wie mich bereit: „Erachtet es für lauter Freude, wenn ihr in mancherlei Anfechtungen fallt, und wißt, daß euer Glaube, wenn er bewährt ist, Geduld wirkt" (Jakobus 1,2+3).

Auf den ersten Blick scheinen diese Verse zu sagen: „Hopst vor Freude herum und schreit: ‚Ja, so ist es genau richtig!', wenn ihr in Anfechtungen geratet." Sollte Jakobus tatsächlich von uns erwarten, daß wir ein gekünsteltes Lächeln aufsetzen und so tun, als ob wir uns schrecklich freuten, wenn wir gerade der Länge nach in Kummer und Leid gefallen sind? Nein, ganz und gar nicht. Jakobus sagt: „*Erachtet* es für lauter Freude." Mit anderen Worten: haltet es für Freude, seht es so an, als ob es Freude wäre, nehmt es bewußt so hin! Die Reaktion, von der er hier spricht, hat mehr mit unserer Grundeinstellung zu tun als mit unseren Gefühlen.

Warum aber sollen wir unsere vielfältigen Probleme mit Freude betrachten?

Weil wir wissen dürfen, daß sie einem ganz besonderen Zweck dienen, sagt Jakobus, nämlich dem, in uns Geduld, Tragfähigkeit und Reife zu bewirken, also einen rundherum guten Charakter.

Warum treffen mich dann die Versuchungen immer wieder überraschend? Da bin ich ganz sicher: weil ich immer wieder vergesse, was ich eigentlich wissen sollte. Oft genug ist die Bequemlichkeit, keine Nöte und Anfechtungen zu durchstehen, für mich viel reizvoller als der gute Charakter, der sich entwikkelt, wenn ich sie ertrage. Wenn Sie es sich gerade schön gemütlich eingerichtet haben, möchten Sie auch nicht gerne gestört werden, nicht wahr? Aber Gott sei Dank, der Herr weiß, daß ein guter Charakter langfristig gesehen viel reizvoller ist als Bequemlichkeit. Also schickt er uns immer wieder Anfechtungen, und wir werden in unserer bequemen Selbstgefälligkeit aufgerüttelt. Und dann, früher oder später, kommen wir dahin, daß wir diese Prüfungen als eine gute Sache, als Grund zur Freude betrachten.

Heute, ja gleich jetzt bin ich entschlossen, mehr über den Gott zu erfahren, der mit Sicherheit immer wieder störend an meine Tür klopfen wird. Bevor ich aufstehe, um ihm aufzumachen, will ich mich daran erinnern, daß dieser unwillkommene Besucher doch zu meinem Besten gekommen ist – um meinen Charakter zu verändern. Ganz gleich, was meine Gefühle mir sagen, ich will ihn begrüßen und hereinbitten. Und warum? Weil mir tief in meinem Innern doch ein guter Charakter wichtiger ist als vorübergehende Bequemlichkeit.

Wollen Sie sich heute mit mir dazu entschließen? Dann wollen wir doch diesen überraschenden Eindringling auch mit einer Überraschung empfangen, nämlich mit Freude.

Ein Wort zum Festhalten

Paulus war gut darauf vorbereitet, unverhoffte Nöte und Anfechtungen mit einer freudigen Einstellung zu begrüßen. Sehen Sie sich dazu einmal Philipper 1,12–18 an. Auch wenn Paulus hier aus dem Gefängnis schreibt, ist sein Brief doch voller Freude. Ja, die Worte „Freude" und „Freut euch" werden vierzehnmal im Philipperbrief gebraucht!

Wie können Sie es fertigbringen, Ihre Nöte und Versuchungen wie gute Freunde zu begrüßen? Versuchen Sie, die unangenehmen Ereignisse mit Gottes Wort zu empfangen. Nehmen Sie sich die Zeit, Philipper 4,4 auswendig zu lernen, und machen Sie diesen Vers zu Ihrem Willkommensgruß, wenn die nächste Anfechtung Sie hinterrücks überfällt.

Auf Gottes Güte Antwort geben

„Oder verachtest du den Reichtum seiner Güte, Geduld und Langmut? Weißt du nicht, daß dich Gottes Güte zur Buße leitet?“ (Römer 2,4).

Wenn wir die Freundlichkeit und Güte Gottes betrachten, führt uns das immer zur Umkehr.

Kurz vor Ostern habe ich dieses Jahr darüber besonders nachgedacht. Wie die meisten von Ihnen lese ich in den letzten Tagen der Passionszeit die Geschichte der Kreuzigung noch einmal durch, um mein Herz auf den Ostermorgen vorzubereiten. Aber diesmal habe ich mehrere Stunden auf mich wirken lassen, daß Christus am Kreuz voller Schmerz aufschrie: „Mein Gott, mein Gott, warum hast du mich verlassen?“

Ich muß es einfach zugeben: Die Vorstellung, daß der Vater seinen Sohn die Qual der Kreuzigung erleiden läßt, ist mir unbegreiflich. Da war die Erniedrigung der Nacktheit, die stechenden Schmerzen, der Geruch von Blut und Schweiß, die Qual der Tränen, die Spucke der betrunkenen Soldaten, der Hohn und Spott einer lachenden, johlenden Menge. Jesus aber war alleingelassen. Die Tränen mischten sich auf seinem geschundenen Gesicht mit dem Blut, und er schrie zu seinem Vater – zu dem einen, der sich von Ewigkeit her nicht ein einziges Mal von ihm abgewendet hatte.

Und die Antwort Gottes war Schweigen – kaltes, anklagendes Schweigen.

Selbst der Himmel klagte Jesus in diesen entsetzlichen Augenblicken wegen unzähliger Sünden an: wegen Lügen und Lüsternheit, Betrug und Begehren, Mord und Heuchelei, Grausamkeit und Verrat. Natürlich hatte sich Jesus niemals irgendeiner dieser Sünden schuldig gemacht, wohl aber wir Menschen. Und jede Sünde, auch Ihre und meine, wurde ihm dort am Kreuz angerechnet. Der Prophet Jesaja hatte das schon viel früher beschrieben:

„Fürwahr, er trug unsre Krankheit und lud auf sich unsre Schmerzen... Er ist um unsrer Missetat willen verwundet und um unsrer Sünde willen zerschlagen. Die Strafe liegt auf ihm, auf daß wir Frieden hätten, und durch seine Wunden sind wir geheilt. Wir gingen alle in die Irre wie Schafe, ein jeder sah auf seinen Weg. Aber der HERR warf unser aller Sünde auf ihn" (Jesaja 53,4a+5+6).

Paulus schreibt dazu:

„Er hat euch mit ihm lebendig gemacht, die ihr tot wart in den Sünden und in der Unbeschnittenheit eures Fleisches, und hat uns vergeben alle Sünden. Er hat den Schuldbrief getilgt, der mit seinen Forderungen gegen uns war, und hat ihn weggetan und an das Kreuz geheftet. Er hat die Mächte und Gewalten ihrer Macht entkleidet und sie öffentlich zur Schau gestellt und hat einen Triumph aus ihnen gemacht in Christus" (Kolosser 2,13–15).

Wo war denn die Güte Gottes, als er Jesus Christus so behandelte? Wo blieb die Freundlichkeit des Vaters, als er seinem einzigen Sohn die kalte Schulter zeigte und Jesus aufschrie vor Entsetzen und Not?

An diesem schrecklichen und zugleich herrlichen Tag wendete sich Gottes Güte und Freundlichkeit ganz Ihnen zu. Gott verließ seinen eigenen Sohn, damit er *Sie* niemals mehr verlassen müßte! Und wegen dieser dunklen Stunden vor 2000 Jahren kann Gott heute zu mir sagen: „Ich werde dich niemals verlassen, Joni, ich will dich nie vergessen."

Als ich lange genug über diese erstaunliche Erkenntnis nachgedacht hatte, schämte ich mich sehr. Die Güte Gottes führte mich da tatsächlich zur Umkehr, zur Buße. Wenn man sich das vorstellt – Gottes Zorn wegen meiner Sünden ist voll und ganz über Jesus ausgegossen worden, und deshalb ist Gott nicht mehr zornig auf mich!

Wissen Sie, welcher Wunsch danach in mir aufstieg? Gott zu preisen, ihm zu danken, ihn zu ehren, ihm zu gehorchen von ganzem Herzen und von ganzer Seele und mit allen meinen Gedanken. Im Gegensatz zu Jesus werde ich niemals die quälende Erfahrung machen müssen, daß ich von meinem himmlischen

Vater verlassen bin. Und Sie auch nicht. Gott hat das volle Maß seines Zorns, die Schrecken der ewigen Hölle auf seinen eigenen Sohn geworfen, damit Sie und ich in seine göttliche Familie aufgenommen werden können. So sehr liebt er Sie und mich.

Seine Güte hat schon eine wunderbare Art, uns zur Buße zu bewegen!

Ein Wort zum Festhalten

Blättern Sie zum Ende des Matthäusevangeliums und staunen Sie über den allerletzten Vers. Diese abschließenden Worte Jesu sind der Schlußstein seines ganzen Dienstes, und welcher Trost geht von ihnen aus! Der Herr ist durch den Himmel und durch die Hölle gegangen, um Ihnen Ruhe und Zuversicht zu geben mit dieser letzten und großen Zusage, die er auf der Erde gemacht hat. Lassen Sie es zu, daß seine Güte gleich jetzt den letzten Widerstand und jeden Zweifel und allen Starrsinn in Ihrem Herzen zerbröseln läßt. Lassen Sie sich von seiner Güte in ein Gebet der Buße führen!

Die größte Hilfe

Oft werde ich gefragt: „Wer hat Ihnen eigentlich am meisten geholfen, als es Ihnen damals so schlechtging?"

Das ist eine gute Frage, aber ich kann nie darauf antworten, ohne zu überlegen. Das liegt wohl daran, daß mir damals nicht etwa eine ganz besondere Persönlichkeit half, kein berühmter Schriftsteller, kein kluger Student und auch kein hochsensibler Lebensberater.

Nein, die Antworten auf meine Fragen kamen nicht von irgendwelchen „außerordentlichen" Leuten. Ehrlich gesagt habe ich gar nicht nach Weisheit und Erkenntnis gesucht, als ich meinen Tauchunfall gerade erst hinter mir hatte. Zuerst habe ich mich einfach nur nach Liebe gesehnt.

Und man braucht keine akademische Prüfung und auch kein Abschlußzeugnis von einer Bibelschule, um Liebe weiterschenken zu können. Ganz durchschnittliche Menschen sind in einem Heilungsprozeß genauso notwendig, wie es Berater und Theologen sein können. Wir alle haben die Fähigkeit, einen leidenden Menschen zu lieben.

Das sollte eigentlich eine gute Nachricht für Sie sein, besonders für die unter Ihnen, die nach Möglichkeiten suchen, wie sie einen Freund im Krankenhaus oder einem Verwandten, der durch eine niederschmetternde Enttäuschung hindurch muß, die Schmerzen erleichtern können. Wenn Sie und ich ernsthaft wünschen, einem Menschen zu helfen, der Schmerzen und Leid ertragen muß, dann brauchen wir nicht gleich eine ganze Palette von Antworten bereitzuhalten. Wir müssen nicht einmal alle einschlägigen Bibelstellen kennen und auch nicht tausend kluge Gründe dafür aufzählen können, warum Gott das Leiden in dieser Welt zuläßt. Wir müssen nur etwas von Liebe wissen.

Die einzigen Schriftworte, die wir zunächst brauchen, stehen im 13. Kapitel des ersten Briefes an die Korinther. Wir müssen nicht unbedingt erkennen, ob Menschen in ihren Leiden aufgemuntert oder getröstet werden wollen. Wir müssen nicht lange grübeln und uns fragen: „Inwiefern könnte gerade meine Gegenwart diesem Menschen gut tun?" Wir brauchen auch nicht lange mutmaßen, ob einer mit uns über sein Leiden reden will oder nicht. Anstatt sich selbst in solche Rätseleien zu verstricken, sollten Sie lieber an eins denken: das einzige, was der andere wirklich braucht, ist Liebe.

Ich habe mich am meisten über die Leute gefreut, die mit Liebe bewaffnet zu mir ins Krankenhaus kamen und vielleicht auch noch ein paar Zeitschriften und frische Berliner mitbrachten. Ich freute mich über Freunde, die eben mal hereinschauten und mir dabei halfen, Briefe zu schreiben und gleich Schreibpapier und Briefumschläge, ja sogar Briefmarken dabei hatten. Ganz besonders beeindruckt war ich, wenn andere Leute für mich Glückwunschkarten für Freundinnen kauften, damit ich ihnen schreiben konnte. Und ich erinnere mich noch an ein paar Mädchen, die eine Zeitlang jede Woche vorbeikamen und mir die Fingernägel feilten und lackierten. Das machte richtig Spaß!

Das waren Menschen, die mir halfen. Sie waren keine ausgebildeten Berater, auch keine außergewöhnlichen Glaubenshelden, keine Leute mit akademischen Doktortiteln, ja, sie steckten nicht einmal voller Wissen und Weisheit. Es waren ganz durchschnittliche, alltägliche Leute, die mir das schenkten, was ich vor allem brauchte: Gottes Liebe in Aktion.

Ein Wort zum Festhalten

Die Liebe, so heißt es im letzten Vers von 1. Korinther 12, ist ein „noch besserer Weg", um jemandem zu begegnen, der Hilfe braucht. Nehmen Sie die Gelegenheit wahr; lesen Sie 1. Korinther 13 und denken Sie dabei an einen Freund, der in Schmerzen und Schwierigkeiten steckt und Gottes übernatürliche Liebe dringend braucht:

Ich kann diesem leidenden Menschen *Langmut* zeigen.

Was kann ich für ihn tun, das *freundlich* wäre?

Bin ich *eifersüchtig* auf andere, die anscheinend besser helfen können? Vergib mir das bitte, Herr.

Die Liebe ist nicht stolz und *bläht sich nicht auf.* Verhalte ich mich etwa so, wenn ich jemandem eine hilfreiche Hand reiche? Laß mich nur stolz sein auf dich, Herr!

Wie kann ich vermeiden, *ungehörig* zu sein?

Warum helfe ich eigentlich? Was sind meine Motive dabei? *Suche ich dabei nur meine Ehre?*

Wenn mein leidender Freund meine Hilfsangebote zurückweist, Herr, dann bewahre mich davor, *zu verbittern.*

Wenn er mich verletzt, will ich ihm *das Böse nicht zurechnen.*

Wie kann ich ihm helfen, *sich an der Wahrheit zu freuen?*

Ich kann meinen Freund *ertragen,* wie er auch reagiert.

Ich will auf Gott *vertrauen,* daß er auf meine Bemühungen zu helfen seinen Segen legt.

Ich will für meinen Freund *hoffen,* wenn er selbst hoffnungslos ist.

Ich will *dulden* und *aushalten,* auch wenn ich keine sofortigen Ergebnisse sehen kann.

Gott stößt die Fensterläden auf

Unsere glücklichsten Augenblicke auf Erden geben uns einen Vorgeschmack vom Himmel, und unsere tragischen Momente lassen die Sehnsucht danach aufkommen.

Früher, als ich noch laufen konnte, habe ich nie viel über den Himmel nachgedacht. Er war für mich ein unbestimmter, weit entfernter, nebelverhangener Ort, wo es viele Wolken und Harfen gab und man den ganzen Tag Gold polieren mußte, und das in alle Ewigkeit! Diese Aussichten schienen mir nicht besonders verlockend, vielmehr unendlich langweilig.

Außerdem mußte man erst einmal sterben, um in den Himmel zu kommen. Und wer will mit siebzehn Jahren schon darüber nachdenken?

Aber in Wirklichkeit ist der Himmel etwas Wunderbares – Gott muß uns nur ein bißchen helfen, unsere Gedanken auf diese zukünftige Wirklichkeit zu richten. Und manchmal braucht man mehr als eine herrliche sternklare Nacht oder einen Bibelvers, damit einem die Augen aufgehen.

Samuel Rutherford hat genau diese Hilfe Gottes schon im 17. Jahrhundert in einem Aufsatz beschrieben:

„Wenn Gott mir vor einiger Zeit gesagt hätte, daß er mich in dieser Welt so glücklich machen wolle, wie ich überhaupt nur sein könne, und mir danach eröffnet hätte, er wolle den Anfang damit machen, daß er mir die Arme oder Beine verkrüppele und außerdem alle gewöhnlichen Quellen meiner Freude von mir nähme, dann hätte ich wohl gedacht, dies sei ein sehr seltsamer Weg, solche Absichten zu erfüllen. Und doch, wie großartig zeigt sich seine Weisheit sogar hier! Denn nehmen wir an, wir sähen einen Mann, der sich in einem dunklen, verschlossenen Raum vor einer Reihe von Lampen niedergekniet hätte und sich an ihrem Licht erfreute und sie anbetete. Wollten wir ihn nun wirklich glücklich machen, so müßten wir wohl auch damit anfangen, alle seine Lampen auszublasen – und dann würden wir die Fensterläden aufstoßen, um das Licht des Himmels einströmen zu lassen.“[2]

Genau das aber hat Gott für mich getan, als er mir meinen Unfall in den Weg schickte. Er hat damit alle Lampen in meinem Leben ausgeblasen, die das Hier und Jetzt ausleuchteten und es so aufregend machten. Ich muß sagen, daß mir die dunkle Nacht der Niedergeschlagenheit, die darauf folgte, wahrhaftig keine große Freude machte. Aber ganz gewiß hat sie mir die Aussicht auf den Himmel viel lebendiger werden lassen. Mein Herz springt vor Freude, wenn ich an den Tag denke, an dem ich meinen neuen Leib bekommen werde: Hände, die wieder Gefühl haben, Arme, die festhalten, und Beine, die laufen können.

Eines Tages wird Gott die Fensterläden aufstoßen. Und der Anblick, der sich unseren Augen dann bietet, wird uns alles über die trüben Lampen in unserem verdunkelten Zimmer vergessen lassen.

Sind Sie im Moment gefangen im Hier und Jetzt? Fühlen Sie sich manchmal wie ein Sklave der Termine und der vorrückenden Uhrzeiger? Sind Sie es gründlich leid, immer wieder gegen die Sünde oder die Resignation oder die Ängste und Sorgen anzukämpfen, die Ihr Herz so schwer belasten? Vielleicht benutzt Gott ja gerade diese Dinge, um Ihre Gedanken auf Ihre zukünftige Heimat zu richten – und auf den Vater, der schon auf den Klang Ihrer Schritte vor der Haustür wartet.

Ein Wort zum Festhalten

Lesen Sie Offenbarung 21, um die Fensterläden des Himmels aufzustoßen. Betrachten Sie besonders Vers 21: wenn die Straßen des Himmels mit Gold gepflastert sind, dann heißt das wohl, daß Gold im Himmel keinen besonders großen Wert hat. Stellen Sie sich nur vor, es wird dort vor allem als Straßenbelag gebraucht! Wenn also Gold und Edelsteine im Himmel nicht besonders wertvoll sind, was hat dann dort wirklichen Wert? Wie können Sie Schätze sammeln, die dort in Ewigkeit Bestand haben?

Ein fester Halt

Als ich langsam aus der tiefen Depression herauskam, die mich wegen meiner Lähmung befallen hatte, entdeckte ich in der Bibel eine Zusage über Gottes Treue. In Philipper 1,6 steht nämlich: „Ich bin darin guter Zuversicht, daß der in euch angefangen hat das gute Werk, der wird's auch vollenden bis an den Tag Christi Jesu."

Man muß diese Verheißung zunächst einmal im Zusammenhang meines Lebens sehen. Zum ersten Mal seit meinem Unfall versuchte ich damals, einen Blick in die Zukunft zu werfen. Doch es schien mir so, als ob ein dicker schwarzer Vorhang nur wenige Zentimeter vor meinem Gesicht hing und alles verdeckte. Die entsetzliche Wirklichkeit einer lebenslangen Lähmung war für mich fast unerträglich. Mein Glaube schien auch gelähmt zu sein. Und ich konnte mir nur sehr schwer vorstellen, wie dabei noch irgend etwas Gutes herauskommen sollte. Ich war überzeugt, ich würde nie wieder lächeln, geschweige denn lachen können.

Aber dann kam mir Philipper 1,6 über den Weg. Und sofort klammerte ich mich an die Treue Gottes. Ich griff mit allen Kräften nach seiner Zärtlichkeit und Barmherzigkeit. Ich hielt ihm diesen Vers vor und bat ihn, seine Verheißung zu erfüllen und ein gutes, ja möglichst sehr gutes Werk in meinem Leben zu vollenden.

Wissen Sie, was dann geschah? Ich spürte endlich Frieden in mir. Ich hatte neues Zutrauen, daß Gott in seiner Treue sein Versprechen bestimmt halten würde.

Charles Spurgeon hat einmal gesagt: „Du und ich, wir können uns jederzeit festhalten an der Gerechtigkeit, Gnade, Treue, Weisheit, Langmut [und] Güte Gottes, und wir werden merken, daß jede Eigenschaft des Allerhöchsten wahrhaftig ein Rammbock ist, mit dem wir die Tore des Himmels aufstoßen können."

Offensichtlich spricht Spurgeon hier nicht vom gewaltsamen

Aufstoßen der Himmelstore, etwa so, als müßten wir erst den Widerstand Gottes überwinden, da er von sich aus nicht bereit wäre, uns zu öffnen. Nein, Gott ist kein unbeweglicher, meditierender Mystiker, den man erst antreiben muß, damit er endlich tut, was er sich vorgenommen hat. So redet Spurgeon nicht von Gott. Aber ich bin durchaus der Meinung, daß es Gott gefällt, wenn wir seine Herrlichkeit, seinen Willen und auch seinen Charakter in einer bestimmten Situation unseres Lebens ansprechen und suchen.

Als Abraham Gott inständig bat, die Stadt Sodom zu erhalten, sagte er zum Herrn: „Sollte der Richter aller Welt nicht gerecht richten?“ (1. Mose 18,25). Brauchte Gott denn jemanden, der ihn daran erinnerte? Hat er etwa geantwortet: „Ach, danke schön, Abraham. Daran hatte ich jetzt gar nicht mehr gedacht. Danke, daß du meinem Gedächtnis wieder aufgeholfen hast.“ Offensichtlich brauchte Gott niemanden, der ihn ermahnen mußte, an seine Gerechtigkeit zu denken. Und doch freute er sich sehr, daß Abraham bei dem himmlischen Richter nach himmlischer Gerechtigkeit suchte. Abraham brachte seine Bitte vor und berief sich dabei ausdrücklich auf Gottes Charakter.

Auch der Prophet Habakuk berief sich in seinem Gebet auf das Wesen Gottes. Er lebte in einer Zeit tiefer Not in Juda. Die erbarmungslose babylonische Armee war drauf und dran, das ganze Land zu überschwemmen – wie Wasser, das durch einen gebrochenen Damm flutet. Ja, der Prophet mußte dem Herrn recht geben: Juda verdiente dieses Gericht. Aber wie konnte Gott ein Volk als Zuchtrute einsetzen, das noch schlimmer war als die Israeliten?

„Deine Augen sind zu rein, als daß du Böses ansehen könntest, und dem Jammer kannst du nicht zusehen! Warum siehst du dann aber den Räubern zu und schweigst, wenn der Gottlose den verschlingt, der gerechter ist als er?“ (Habakuk 1,13).

Auch David berief sich immer wieder auf Gottes Charakter. Er war mutlos geworden angesichts seiner eigenen Sünden und seiner Untreue, und deswegen schrie er auf:

„Gedenke HERR, an deine Barmherzigkeit und an deine Güte, die von Ewigkeit her gewesen sind. Gedenke nicht der

Sünden meiner Jugend und meiner Übertretungen, gedenke aber meiner nach deiner Barmherzigkeit, HERR, um deiner Güte willen!" (Psalm 25,6+7).

Und wie ist das mit Ihnen? Reden Sie auch über Gottes Wesen in Ihrem Gebet? Finden Sie Halt und Griff für Hände und Füße in seinem göttlichen Charakter? Flehen Sie den Herrn an und erinnern Sie ihn dabei daran, wer und wie er ist? Denken Sie einmal neu über Gottes Gerechtigkeit, seine Barmherzigkeit und Treue, seine Weisheit und Reinheit, seine Macht und Zärtlichkeit nach! Und wenn Sie gerade leiden oder verwirrt sind, dann halten Sie sich an solche Eigenschaften Ihres großen Gottes! Klammern Sie sich mit all Ihrer Kraft daran und bitten Sie ihn, daß er Ihnen besonders mit diesen Wesenszügen begegnet. Erinnern Sie ihn demütig an seine Zusagen. Gott freut sich, wenn Sie seinen Willen, seinen Charakter, seine Herrlichkeit und sein Herz in Ihren Gebeten suchen.

Ein Wort zum Festhalten

Greifen Sie eine Eigenschaft Gottes heraus – Weisheit, Barmherzigkeit, Reinheit, Zärtlichkeit, Gerechtigkeit oder irgendeinen anderen Charakterzug Ihres Herrn. Denken Sie eine Weile darüber nach, wie wunderbar Gott sich durch diese Eigenschaft offenbart. Und in Ihren Gebeten im weiteren Verlauf dieses Tages – sei es für Ihre Familie oder Ihre Freunde, für dringende Notfälle oder kleine Nebensächlichkeiten –, verbinden Sie alle Ihre Bitten mit dieser ganz bestimmten Eigenschaft Ihres himmlischen Vaters. So werden Ihre Gebete nicht nur an Kraft gewinnen, sondern Sie werden Gott auch besser und näher kennenlernen.

Der Weg ist das Ziel

Zehntausende von Studenten in unserem Land sitzen jetzt, während ich diese Zeilen schreibe, schwitzend über ihren Prüfungen. Sie überlegen, ob sie weiterstudieren sollen oder welchen Beruf sie nach der Abschlußprüfung ergreifen werden. Sollen sie in die Mission gehen oder in die Verwaltung, ins Geschäftsleben einsteigen, sich mit Datenverarbeitung beschäftigen oder Journalist werden? Welche Universität sollen sie für ihr Weiterstudium wählen? Wo paßt eine Ehe in diese ganze Planung, und sollen sie überhaupt heiraten?

Alle ihre Gedanken richten sich auf die Zukunft. Alles, was sie gerade jetzt tun, scheint eine kaum zu überschätzende Auswirkung darauf zu haben, wo sie im nächsten Jahr stehen werden. Der Dominostein von heute fällt voll auf den von morgen.

Sie und ich, wir denken oft ähnlich, nicht wahr? Wir meinen, daß wir uns heute für irgend etwas Wichtiges, das in der Zukunft liegt, ausbilden müssen. Und jede Entscheidung, die wir treffen, ist ein kleines Glied in einer langen Kette von Ereignissen, die einmal zu einer viel besseren Lebenslage führen wird. Dann, erst dann, werden wir es endlich „erreicht" haben. Aber in der Zwischenzeit müssen wir unsere Pflicht doppelt und dreifach tun, um sicher zu sein, daß wir noch ganz im Bereich von Gottes Willen stehen, so denken wir. Nur keine falsche Bewegung machen, nur keine zweitbeste Entscheidung treffen! Schließlich bereitet uns alles, was jetzt geschieht, auf diese herrliche Zukunft vor – ob es nun eine berufliche Karriere, eine Ehe, eine Arbeitsstelle oder ein christlicher Dienst ist.

Gott, so versichern wir uns, hat etwas ganz Bestimmtes mit uns vor, führt uns auf ein ersehntes Ziel hin. Aber manchmal ist die Frage, wie wir dorthin gelangen, wie der Weg dahin aussieht, für uns völlig nebensächlich.

Aber sehen Sie: das, was wir „Prozeß" nennen – die Erfahrung, daß wir noch unterwegs sind –, ist für Gott schon ein Ziel.

Denken Sie einmal darüber nach: Wieviel von dem, was Sie gerade jetzt tun, ist auf ein bestimmtes Ziel hin gerichtet? Sie stehen in der Küche, um noch schnell etwas fertig zu machen, und dann rennen Sie hinaus zum Auto. Sie sitzen nur im Auto, um schnell zur Tankstelle zu fahren. Da stehen Sie dann, um Ihren Tank aufzufüllen, damit Sie weiter zum Supermarkt fahren können. Und selbst wenn Sie dort sind, denken Sie schon wieder daran, daß Sie gleich die Kinder von der Schule abholen müssen. Von der Schule geht es nach Hause, von da zur Kirche, von der Kirche wieder nach Hause und am nächsten Morgen zur Arbeit.

Halt! Gottes Zurüstung gilt für heute, für jetzt – nicht für irgendeine nebelverhangene Zukunft. Sein Ziel, seine Absicht gilt für diesen Augenblick – nicht für irgend etwas Besseres weit vor uns auf dem Weg. Seine Macht und seine Gegenwart stehen Ihnen zur Verfügung, gleich jetzt, wenn Sie das nächste Mal Luft holen – nicht erst in einem großen Kampf, in den Sie später einmal verwickelt werden.

Dieser Augenblick ist die Zukunft, für die Sie vorbereitet worden sind!

Jakobus, der Bruder des Herrn, macht ein Ende damit, daß wir ausschließlich mit morgen und übermorgen beschäftigt sind:

„Und nun ihr, die ihr sagt: Heute oder morgen wollen wir in die oder die Stadt gehen und wollen ein Jahr dort zubringen und Handel treiben und Gewinn machen – und wißt nicht, was morgen sein wird. Was ist euer Leben? Ein Rauch seid ihr, der eine kleine Zeit bleibt und dann verschwindet. Dagegen solltet ihr sagen: Wenn der Herr will, werden wir leben und dies oder das tun. Nun aber rühmt ihr euch in eurem Übermut. All solches Rühmen ist böse" (Jakobus 4,13–16).

Nach Gottes Vorstellungen hat das Heute die größte Wichtigkeit. Die Art, wie Sie sich heute an Jesus Christus halten, die Gelegenheiten, die Sie heute nutzen, die Gespräche, die Sie heute führen, und die Freundlichkeiten, die Sie heute jemandem erweisen, sind die entscheidenden Taten in Ihrem ganzen Leben. Und wer von uns auf dieser Seite der Ewigkeit weiß schon, wie Gott diese Taten gebrauchen wird?

Oswald Chambers hat einmal gesagt: „Was für Sie nur Vorbereitung ist, das nennt Gott den eigentlichen Zweck. Und wenn Sie noch einen weiteren Zweck im Hinterkopf haben, dann schenken Sie vielleicht der augenblicklichen Gegenwart nicht genügend Aufmerksamkeit." Wenn Sie und ich erkennen, daß Gehorsam jetzt sofort, in diesem Moment, das Allerwichtigste ist, dann werden wir auch von jenem schrecklichen Denken wegkommen, das nur nach zeitlichen Meilensteinen schaut – dann wird jeder Augenblick, so, wie er uns begegnet, etwas Kostbares für uns sein.

Ein Wort zum Festhalten

Lassen Sie sich einmal ohne Umschweife fragen: Stellen Sie gelegentlich fest, daß Sie sich sehnsüchtig nach der Zukunft ausstrecken, so, als ob die Gegenwart Sie nicht ganz zufriedenstellen würde? Haben Sie manchmal das Gefühl, daß Sie das Beste vom Leben versäumen? Schauen Sie dabei in eine andere Richtung, als Ihr Leben jetzt verläuft, und sind Sie ganz damit beschäftigt zu überlegen, wie Sie am besten Ihre Zukunft gestalten? Sehen Sie sich dazu einmal Psalm 39,5 an, und machen Sie diesen Vers heute zu Ihrem Gebet.

Gute handwerkliche Arbeit

Malen macht Spaß! Es ist einer meiner liebsten Augenblicke am Tag, wenn ich in mein Atelier fahre, die Tür hinter mir schließe und meinen Rollstuhl vor der Staffelei plaziere. Dann öffnet sich mir eine ganz andere Welt.

Als Künstlerin kann ich meine tiefsten Gedanken und Wünsche auf der Leinwand ausdrücken. Ich kann Berge malen, die die Gedanken der Betrachter anregen und erheben. Ich kann Ruhe und Frieden hervorrufen, indem ich eine sanft bewegte See darstelle. Durch seine Werke kann ein Maler lehren und informieren, ermutigen und aufrichten und dem Betrachter hilfreiche und positive Eigenschaften nahebringen.

Unser großer, kreativer Gott handelt genauso im Leben eines jeden Menschen. Hören Sie dazu die ermutigenden Worte des Paulus an seine Freunde in Ephesus:

„Denn wir sind sein Werk, geschaffen in Christus Jesus zu guten Werken, die Gott zuvor bereitet hat, daß wir darin wandeln sollen" (Epheser 2,10).

Sie und ich, wir sind Gottes Werk, ein gutes Stück handwerklicher Arbeit. Im Griechischen steht hier das Wort *poiema*. Es bezeichnet ein Kunstwerk oder einen Gegenstand, der auf besonders kunstvolle Weise hergestellt ist. Merken Sie, was die Heilige Schrift damit sagen will?

Jeder von uns ist ein besonderes Kunstwerk Gottes. Durch uns lehrt und belebt, erfreut und ermutigt, informiert und erhebt Gott all die Menschen, die unser Leben ansehen. Gott, der Meister und Künstler, ist vor allem daran interessiert, sich selbst auszudrücken – seine Gedanken und seine Absichten –, und zwar durch das, was er in unseren Charakter hineinmalt. Jeder unveränderliche Zug von uns, jede Schwäche, jede Stärke ist wie ein Pinselstrich in der Gesamtkomposition, die er für uns geplant hat. Unser Meister nimmt sich Zeit, um genau die Farben zu mischen, die unser Charakter haben soll.

Mein Malatelier wäre ein heilloses Durcheinander, wenn meine Leinwand, meine Farben und Pinsel alle ihren eigenen Willen hätten und danach handeln würden. Was wäre das für ein Chaos! Und außerdem, es wäre eine Beleidigung für mich als Künstlerin. Denn wer hat schließlich hier das Sagen?

So ähnlich muß es Gott vorkommen, wenn wir einfach von seiner Staffelei herunterspringen und anfangen, unser Leben selbst in die Hand zu nehmen, wenn wir rücksichtslos unseren eigenen Bedürfnissen und Zielen, unserem Ehrgeiz und unseren Wunschträumen folgen. Gott, der den meisterlichen Entwurf gefertigt hat, hat etwas viel Besseres mit uns vor – wenn wir nur anerkennen wollten, daß er die Verfügungsgewalt über uns hat!

Epheser 2,10 erinnert uns daran, wer der eigentliche Künstler ist. Wir sind seine handwerkliche Arbeit, sein *poiema,* sein Kunstwerk.

Möglicherweise kommen Sie sich heute ganz und gar nicht wie ein „Kunstwerk" vor. Das kann ich verstehen. Wenn Sie die Anfangsstadien von manchen meiner Gemälde gesehen hätten, dann hätten Sie sich auch gefragt, ob solch ein verwirrender Farbensalat jemals etwas wirklich Schönes ergeben könnte. Doch denken Sie nur daran: der Künstler will in und mit Ihrem Leben ein herrliches Porträt von seinem Sohn malen. Und es wird ein Gemälde werden, wie es zu allen Zeiten kein zweites gegeben hat und geben wird. Nur ist er damit noch nicht fertig.

Ein Wort zum Festhalten

Francis Schaeffer hat einmal gesagt: „Der Mensch ist zum Bilde Gottes geschaffen, das heißt, um im Leben und in der Kunst großartig, schön und kreativ zu werden..." Stellen Sie sich das nur einmal vor! Sie sind ein Kunstwerk, ein Gemälde oder ein Gedicht, eine Symphonie oder ein Ballett. So, wie ein Töpfer einen Klumpen Ton zu einer schönen Vase formt, so berührt Gott Ihr Leben mit seiner schöpferischen Kraft. Lesen Sie dazu Jeremia 18,1–6, und freuen Sie sich daran, daß Gott für Sie genau die vollkommene Form, die allerbeste Komposition ausgesucht hat!

Medizin für mitternächtliche Stunden

Sie knautschen das Kopfkissen zurecht, ziehen sich die Bettdecke über die Ohren und drehen sich in eine behagliche Lage. Und gerade als Sie fast eingeschlafen sind, meldet sich ein hartnäckiger Gedanke und läßt Sie mit einem Ruck die Augen wieder aufreißen.

„Habe ich jetzt eigentlich die Hundeklappe zugemacht?"

Und dann kommt schon der nächste: „Ob die Mädchen wohl daran gedacht haben, die Verandatür abzuschließen, als sie vom Garten hereingekommen sind?"

Nun hat es überhaupt keinen Zweck mehr, wenn Sie versuchen wollen, sich selbst zu beruhigen. Mit einem Seufzer werfen Sie die Bettdecke zurück und gehen selbst hin und sehen nach. Nachdem Sie alle Türen und Schlösser kontrolliert haben, lassen Sie sich endlich wieder ins Bett fallen. Aber kaum haben Sie sich unter der Decke zurechtgelegt, da kommt ein ganzer Schwarm von lästigen Gedanken und zieht brummend durch Ihren Kopf.

„Warum bin ich eigentlich die einzige in dieser Familie, die an solche Sachen denkt? ... Was wäre, wenn ich nicht noch einmal nachgesehen hätte? ... Wann werden meine Mädchen das endlich lernen? ... Irgend jemand, ja jeder hätte die Verandatür aufschieben und ins Haus schlüpfen können, und dann? ... Vielleicht sollten wir doch eine Alarmanlage installieren lassen... Unser kleiner Hund ist als Wachhund auch nicht zu gebrauchen, vielleicht sollten wir doch einen größeren...? Ich frage mich eigentlich, ob Bullterrier wirklich so gefährlich sind... Was würde ich bloß tun, wenn ein Einbrecher es tatsächlich fertigbringen würde, hier hereinzukommen?..."

Und da ist es schon wieder soweit, wieder eine Nacht ohne wirkliche Ruhe. Sicher, Sie werden irgendwann auch ein bißchen schlafen. Aber echte Ruhe und Entspannung ist mehr, als nur einzunicken. Ruhen, so heißt es in meinem Wörterbuch, bedeutet „ausgeglichen sein, auf fester Grundlage stehen, fest verankert bleiben."

Wie viele von uns erfahren diese Art von tiefer Ruhe, wenn sie sich abends ins Bett legen?

Auch ich finde es sehr schwer, die Maschine meiner Gedanken einfach abzustellen und beiseite zu schieben oder meine Sorgen irgendwo weit hinten im Schrank zu verstauen. Oft fällt es mir nicht leicht, Ruhe und Entspannung zu finden. Wenn Sie so sind wie ich, dann haben Sie wahrscheinlich auch schon solche „verrückten mitternächtlichen Momente" erlebt, von denen C.S. Lewis schreibt. Da wird man plötzlich von Sorgen und Ängsten angesprungen. Da fragt man sich, wie man dieses durchhalten und jenes fertigbekommen soll oder wie man etwas anderes überhaupt wird ertragen können.

Zum Glück habe ich ein Heilmittel für diese ruhelosen nächtlichen Sorgenanfälle gefunden. Und es ist keine Medizin in Form von Tropfen oder Tabletten und auch kein Kräutertee.

Mein Rezept für ein inneres Zur-Ruhe-Kommen ist einfach das Ruhen in der Allmacht Gottes.

Wenn wir es lernen, uns in Gottes Allmacht zu entspannen, unsere Gedanken in dieser unerschütterlichen, unbeweglichen Wirklichkeit fest und heimisch zu machen, dann können wir großen inneren Frieden erfahren. Unsere Nöte werden sich möglicherweise nicht verändern. Unsere Schmerzen mögen nicht abnehmen. Das, was wir verloren haben und so sehr vermissen, mag nicht ersetzt werden. Und unsere Probleme müssen mit der neuen Morgendämmerung nicht wie die Dunkelheit der Nacht vergehen. Aber die schädliche Macht, die all diese Dinge über uns haben, ist gebrochen, wenn wir uns auf der festen Tatsache ausruhen, daß Gott alles in der Hand hat.

Es macht einen großen Unterschied, ob wir erkennen, daß unser Leiden im Bereich von Gottes Willen liegt, oder ob wir diese Gewißheit nicht haben. Wenn Sie darüber nachdenken, wird es nicht allzu schwierig sein, anzuerkennen, daß Gott jede Situation unseres Lebens unter Kontrolle hat. Schließlich ist Gottes Allmacht eine Tatsache, und Tatsachen lassen sich nun einmal nicht wirklich widerlegen.

Gott will, daß wir unsere Lasten auf ihn legen und daß wir in seiner Liebe ausruhen. Es ist ja *seine* Verantwortung, hinter den Nöten, die wir erleben, einem Sinn und Plan zu folgen. Nur unsere Weigerung, ihm zu vertrauen – daß wir halsstarrig gegen die Tatsache seiner allmächtigen Herrschaft ankämpfen –, kann die Verwirklichung seiner Absichten in unserem Leben behindern. Wenn wir uns wehren, machen wir uns damit nur selbst das Leben schwerer.

Schlaflosigkeit gibt der Ruhe Raum, sobald wir uns in Gottes Allmacht entspannen. Der Mensch, der vertraut, kann klare Gedanken fassen, während ein Kopf voller Angst und Sorge alle kreative Kraft verliert. Und Entscheidungen trifft man besser mit ausgeruhten Gedanken.

Wenn Sie gerade dabei sind, sich heute über irgendeine Sache aufzuregen, dann nehmen Sie sich die Worte aus Hebräer 4,10+11 zu Herzen. Dort heißt es: „Denn wer zu Gottes Ruhe gekommen ist, der ruht auch von seinen Werken so wie Gott von den seinen. So laßt uns nun bemüht sein, zu dieser Ruhe zu kommen.“

Ein Wort zum Festhalten

Lesen Sie das 3. Kapitel des Propheten Habakuk. Er war bis ins Mark erschüttert durch einen Blick in die Zukunft, den er durch Gottes Willen tun durfte. Israels Existenz hing am seidenen Faden. Ein grausames und mächtiges Heer würde vom Norden her einfallen und alles zerstören, was Habakuk lieb war. In seiner Verwirrung und seinem Leid beugte sich der Prophet vor der Allmacht Gottes und gab endlich das volle Gewicht seiner Sorgen an ihn ab. Seine Worte des Gottvertrauens in den Versen 16–19 sind eins der schönsten Lieder in der ganzen Heiligen Schrift. Folgen Sie heute dem Beispiel dieses gottesfürchtigen Mannes – lassen Sie Ihre Ängste und Befürchtungen los und freuen Sie sich daran, daß Gott in seiner Allmacht alles in seiner Hand behält.

Tröstendes Licht

Ich hatte als Kind immer Angst im Dunkeln. Ich mochte es nicht, wenn ich abends als erste durch die Haustür gehen und die Lichter anmachen mußte. Und das änderte sich auch nicht sehr, als ich älter wurde. Wenn ich beispielsweise spätabends von einer Verabredung nach Hause kam und das Haus ganz dunkel war, fürchtete ich mich. Und wenn ich den Schlüssel in der Haustür gedreht hatte und die Tür knarrend aufsprang, rief ich gleich: „Ist jemand zu Hause?"

Ich trat in den Flur und hielt plötzlich den Atem an: War das nicht ein Mann, der da hinter dem Sofa im Wohnzimmer stand? Blitzschnell machte ich alle Lichter an! Uff, es war nur die Stehlampe! Und der furchtbare Schatten, der da draußen vor dem Fenster lauerte, entpuppte sich als der Ast eines Baumes.

Im Dunkeln nehmen alle Formen ein schauriges Aussehen an. Die wahre Gestalt der Dinge wird dann verschleiert. Und wir erschrecken über das Ungewohnte.

Aber welcher Trost ist dann eine Lampe! Das Licht zeigt die Dinge, wie sie wirklich sind. Die Stehlampe ist eben kein bedrohlicher Fremder. Der Schatten des Baumes ist kein Einbrecher, der lauernd zum Fenster hereinschaut. Das Licht nimmt in einem Augenblick alle schlimmen Vermutungen weg. Es macht die Wirklichkeit klar und deutlich.

Wenn wir in der Bibel lesen, dann sehen wir, daß Gott am Anfang der Welt nicht lange gewartet hat, um das Licht auf die Erde zu bringen. Im zweiten Vers der Bibel wird eine lastende Dunkelheit beschrieben. Aber schon im nächsten Satz heißt es: „Es werde Licht!" (1. Mose 1,3).

Als ich neulich über diesen Satz nachgedacht und ihn mit anderen Versen in diesem Kapitel verglichen habe, entdeckte ich auf einmal, daß Gott da nicht vom Licht der Sonne, des Mondes oder der Sterne sprach. Diese lichttragenden Himmelskörper hat er ja erst später, am vierten Schöpfungstag, geschaffen.

Was konnte er also damit meinen? Wo kam dieses Licht her?

Ich schlug ein paar andere Verse nach, auf die an dieser Stelle hingewiesen wurde, und fand dann in Johannes 1 die Worte:

„Im Anfang war das Wort, und das Wort war bei Gott, und Gott war das Wort“ (Johannes 1,1).

Können Sie sich vorstellen, was damals geschah? Gott ist bereit, die Erde zu gestalten. Das Drehbuch ist geschrieben, das Schauspiel wird gleich anfangen. Der Vorhang ist noch geschlossen, die Bühne leer, und überall herrscht Dunkelheit. Aber dann gibt Gott das Startzeichen – so wie der Regisseur eines großartigen, bewegenden Dramas. „Es werde Licht!“ ruft er, und die Hauptperson der Schöpfung tritt hervor, um die führende Rolle zu übernehmen. Jesus, das Licht der Welt, der Schöpfer und Erhalter der Welt, kommt auf die Bühne und steht mitten im Rampenlicht – seinem eigenen Licht.

Was für ein herrlicher Gedanke! Ich war ganz aufgeregt, Jesus Christus, das A und das O, wie er im letzten Buch der Bibel beschrieben wird, auch ganz am Anfang im allerersten Buch der Bibel in seinem Licht zu erkennen.

Wahrhaftig: Gottes Wort beginnt und endet mit Jesus Christus.

Und wo ist er heute in Ihrem Leben? Steht er am Anfang Ihres Tages und auch am Ende? Steht er mitten auf der Bühne, im vollen Licht Ihrer Pläne, Ziele und ehrgeizigen Wünsche? Lesen Sie sein Drehbuch oder das eines anderen? Studieren Sie in seinem Wort oder nur in Büchern, die über sein Wort geschrieben worden sind?

Der, der das Licht unserer Schöpfung ist, sagt jetzt zu uns: „Ihr seid das Licht der Welt.“ Er hat Ihnen und mir die Verantwortung gegeben, einer dunklen, von Sünde verblendeten Welt die Wirklichkeit zu zeigen – sichtbar werden zu lassen, wie die Dinge wirklich sind.

Die Menschen haben Angst, sie sind verwirrt und verzweifelt und wissen nicht mehr aus noch ein. Es ist Zeit, das Licht leuchten zu lassen!

Ein Wort zum Festhalten

Lesen Sie einmal Johannes 3,16–21. Warum hassen manche Leute das Licht? Denken Sie an die Menschen auf Ihrer Gebetsliste, die nicht an Jesus glauben. Ist es möglich, daß sie sich bedroht fühlen durch Ihren Wunsch, Gott zu gehorchen und das Rechte zu tun? Vielleicht haben sie Angst, daß das Licht in Ihnen etwas Dunkles in ihrem Leben aufdecken könnte. Lassen Sie sich davon nicht entmutigen. Beten Sie weiter dafür, daß diese Menschen einsehen können, wieviel besser es ist, im Licht zu leben anstatt in der Dunkelheit. Ja, warum beten Sie eigentlich nicht gleich jetzt für sie?

Liebe verschwendet sich

Ich hatte meine Reisetaschen fertig gepackt. Auch Ken hatte seine Sachen verstaut, einschließlich seiner Angelruten und Spulen. Wir mußten uns für ein paar Tage trennen; ich fuhr auf eine Vortragsreise und er zu einem Angelausflug. Wir wußten jetzt schon, daß wir uns gegenseitig sehr vermissen würden.

Als ich mit meinem Rollstuhl am Nachmittag durchs Wohnzimmer fuhr, war ich überrascht – denn ich entdeckte auf dem Tisch in einer kleinen Vase eine herrliche rote Rosenknospe. Dieser Ken! Was für liebe Gedanken er hatte! Ich fuhr weiter ins Schlafzimmer, um meine Sachen zusammenzusuchen, und da sah ich noch eine Rose in einer kleinen Vase auf meiner Kommode stehen. Jetzt war ich schon nicht mehr ganz so angenehm berührt. Ich warf einen Blick ins Badezimmer, und siehe da, eine rote Rose – eine frische, zerbrechliche kleine Knospe – zierte die Ablage unter dem Spiegel.

Bei dieser dritten Rose, muß ich gestehen, hatte meine Begeisterung schon erheblich nachgelassen. Nicht, daß ich mich nicht über Kens Geschenke gefreut hätte, aber... Schließlich waren er und ich gerade dabei, das Haus für einige Zeit zu verlassen. Niemand außer unserem winzigen Schnauzer würde hierbleiben, um sich an diesen schönen Blumen zu freuen. Und außerdem waren es sehr teure Blumen, fand ich.

Statt einer Antwort nahm mich Ken fest in den Arm, und das ließ alle meine Proteste dahinschmelzen.

Als ich dann auf meiner Vortragsreise war, dachte ich darüber nach, was die Liebe und den Dienst, den sie tut, eigentlich auszeichnet: ihr Merkmal liegt gerade in ihrer „Verschwendung", ihrer Maßlosigkeit, ihrer Bereitschaft, rückhaltlos zu geben. Die Liebe verschwendet sich in dem Preis, den sie zu zahlen bereit ist, in der Zeit, die sie schenken will, in den Nöten und Härten, die sie bereit ist zu ertragen, und in der Kraft, die sie gerne aufbringen will.

Die Liebe fragt nie, mit wie wenig sie auskommt, sie gibt immer viel. Sie schenkt gern, sie kennt den anderen, und sie ist von Dauer.

Und solche Liebe hat Gott uns erwiesen! Seine Liebe zu uns ist gekennzeichnet durch Maßlosigkeit und schiere „Verschwendung", denn er hat uns ein unbezahlbares Geschenk gemacht, das kostbarste, das er geben konnte – seinen Sohn. Als der Vater darüber nachdachte, uns sündige, verdorbene Menschen loszukaufen, da hat er sich nicht gefragt, wie er mit möglichst wenig davonkäme – er wollte viel geben. Unsere Herzen sollten, ja müssen vor Dankbarkeit überfließen für all das, was der Vater uns mit seinem Sohn geschenkt hat.

Übrigens: Als ich von meiner Reise zurückkehrte, erlebte ich noch eine Überraschung. Die kleinen Knospen standen inzwischen in voller Blüte und machten unser Zuhause hell mit ihrer verschwenderischen Schönheit und dem alles durchströmenden Duft der Liebe.

Ein Wort zum Festhalten

Nehmen Sie sich ein bißchen Zeit und lesen Sie Markus 14,3–7. Die Frau in Betanien hat etwas sehr Verschwenderisches getan – in den Augen mancher Menschen war es sogar reine Vergeudung. Wenn wir uns Zeit nehmen, Gott zu loben, mag uns das ebenso vorkommen. Es gibt unendlich viele Dinge, für die man den Herrn bitten müßte, so viele Nöte: die Armen, die Heimatlosen, die alten Menschen, ganz zu schweigen von familiären und finanziellen Problemen. Und wenn die Zeit sowieso schon knapp ist, sollte sie dann nicht vor allem damit verbracht werden, für solche Nöte zu beten? Aber Jesus erinnert uns in Markus 14 daran, daß das Loben und Preisen – freigebig und überschwenglich – vor jedem Gebetsanliegen an der Reihe ist. Ein liebevolles Loben ist keine Vergeudung! Nehmen Sie sich doch jetzt gleich einige Augenblicke Zeit und bringen Sie dem Gott, der so viel für Sie geopfert hat, ein rechtes „Lobopfer".

In Gottes Wort zu Hause

Letzten Samstag kam mein Mann von einem Angelausflug zurück und ließ sich zufrieden in seinen Lieblingssessel fallen.

„Ach, ist das schön!" seufzte er. „Ich hab mich so richtig darauf gefreut, wieder nach Hause zu kommen."

Er kann sich wahrscheinlich gar nicht vorstellen, wie sehr dieser kleine Satz mir das Herz erwärmt hat. Denn ich möchte so gerne, daß unser Zuhause ein Ort der Erholung für ihn ist, ein Ort, an dem er sich wohl fühlt.

Ich glaube, so etwas hat auch Paulus gemeint, als er im Kolosserbrief schrieb: „Laßt das Wort Christi reichlich unter euch wohnen" (Kolosser 3,16). In einer anderen Übersetzung, die ich gelesen habe, heißt es: „Laßt den vollen Reichtum der Lehre Christi bei euch Heimat finden."

Gott will, daß sein Wort in uns wohnt, bei uns ein Zuhause hat. Das ist treffend und schön ausgedrückt. Denken Sie nur einmal daran, wie gut Sie Ihr eigenes Zuhause kennen oder das Haus, in dem Sie großgeworden sind. Stellen Sie sich noch einmal in Gedanken alle Zimmer und Flure vor, die Kleider- und die Küchenschränke. Das kennen Sie doch alles in- und auswendig, nicht wahr?

Sie wissen genau, was im Wäscheschrank liegt und wo in der Küche der Meßbecher steht, Sie kennen die quietschende Fliese neben der Waschmaschine und das Geräusch der knarrenden Dachsparren in einer kalten Nacht. Sie wissen genau, welche Stellen am Dach undicht werden, wenn es heftig regnet, und wie lange man die Dusche laufen lassen muß, bis heißes Wasser kommt. Sie wissen, wie das Eßzimmer bei Mondlicht aussieht, und Sie kennen den typischen Geruch Ihrer alten hölzernen Kommode.

Zuhause. Das ist für uns ein Ort der Vertrautheit und der Entspannung, ein Ort, in dem viele Erinnerungen stecken, das Zentrum vieler Hoffnungen und Sehnsüchte.

Als Paulus sagte: „Laßt das Wort Christi reichlich unter euch wohnen“, wollte er uns daran erinnern, daß die Heilige Schrift ein Zuhause in unseren Herzen finden soll. Wir sollen in ihrem Licht leben. Und wir sollen sie wie ein Zuhause kennen, in- und auswendig, und wissen, wo die meisten Dinge in ihr zu finden sind. Immer wieder sollen wir auf sie zurückkommen – weil wir sie am liebsten haben, weil wir mit ihren Geboten vertraut sind und uns in ihren Verheißungen ausruhen können.

Ich kenne einen lieben alten Christen, der das Wort Gottes schon gut und gern 75 Jahre lang bei sich wohnen läßt. Er kennt nicht nur ein Kapitel nach dem anderen aus seiner alten Bibel auswendig, er kann Ihnen auch sagen, wo die einzelnen Verse auf der jeweiligen Seite stehen! Wenn es um die Bibel geht, da ist dieser Mann wirklich zu Hause.

Wie viele von uns betrachten das Wort Gottes denn wirklich als einen „Wohnort“? Lebt es tatsächlich in unserem Herzen, oder ist die Heilige Schrift für uns so etwas wie ein Ferienort, den wir ab und zu besuchen, um uns gelegentlich zu erholen?

Gott möchte, daß sein Wort für uns ein Zuhause wird, eine mächtige Zuflucht, ein herrliches und ruhiges Heiligtum, wo wir geschützt sind vor den Schlägen, Schrammen und Verwirrungen des täglichen Lebens.

Lassen Sie sein Wort mit all seinem Reichtum in Ihnen leben, mit seinen Verheißungen, mit seiner Lehre und seiner Wegweisung. Es soll Ihre Zuflucht sein vor einer zynischen und fordernden Welt. Lassen Sie sich von ihm reich machen – durch echte Weisheit.

Wo das Leben Sie auch hinbringt, wo immer Ihre Straße auch hinführt – Ihr Zuhause kann Ihnen so nahe sein wie Ihr eigenes Herz.

Ein Wort zum Festhalten

Lassen Sie mich einmal raten: Sie haben es schon lange genug aufgeschoben; immer wieder hat der Heilige Geist Sie ermahnt, in Ihrem Herzen ein Zuhause für Gottes Wort einzurichten. Und das, was Sie gerade gelesen haben, hat dieses Vorhaben noch verstärkt. Ist jetzt nicht genau der richtige Zeitpunkt, um dafür etwas zu tun?

„Aber wo soll ich denn anfangen?“ fragen Sie jetzt vielleicht. Besorgen Sie sich einen Bibelleseplan, und erforschen Sie die Schätze, mit denen Ihr Zuhause ausgestattet ist!

Unsere kleine Ecke

Als ich noch ein kleines Mädchen war, nahm mich meine Mutter mit zu meiner Oma, wenn sie dort Hausputz machte. Dann half ich ihr, die Eimer, Schrubber und Besen zu tragen. Und wenn wir unsere Arbeit in der Küche anfingen, wies Mama mir immer eine Ecke des Küchenfußbodens zu. Da machte ich mich dann mit einem Schwamm an die Arbeit und schrubbte, was ich konnte. Das war eine kleine Aufgabe, mit der ich schon allein fertig wurde.

Zum Glück erwartete meine Mutter nicht von mir, daß ich die ganze Küche saubermachte. Das wäre damals viel zuviel für mich gewesen. Aber in meiner kleinen Ecke leistete ich schon ganz gute Arbeit.

Als ich älter wurde, merkte ich, daß die Ecke, für die ich verantwortlich war, allmählich immer größer wurde. Und schließlich kam der Zeitpunkt, wo von mir erwartet wurde, daß ich den ganzen Küchenboden und schließlich auch die Küchenmöbel und die Geräte allein putzte.

Wenn ich heute an diese Zeit in meiner Kindheit zurückdenke, dann bin ich froh darüber, daß meine Mutter nie von mir erwartete, daß ich genauso viel putzte wie sie, also in demselben *Ausmaß* arbeitete. Aber sie legte Wert darauf, daß ich meine Arbeit genauso gründlich tat wie sie, eben auf ihre *Art*. Ich mußte nicht die ganze Küche putzen, aber sie erwartete von mir, daß ich auf dem kleinen Fleckchen Fußboden, für das ich verantwortlich war, gute Arbeit leistete. Meine kleine Ecke sollte am Schluß blitzen und glänzen.

Ganz ähnlich geht Gott mit uns um. Ich kann andere niemals in dem Maß lieben, wie Gott mich liebt, und auch dem Herrn nicht in dem Ausmaß gehorchen, wie Jesus seinem Vater gehorcht hat. Es wäre viel zuviel verlangt und würde mir allen Mut nehmen, wenn Gott von mir erwartete, daß ich so viel opfern sollte, wie er geopfert hat. Ich kann das nicht. Ich kann nicht mit derselben Intensität, mit derselben Kraft lieben wie er. Wer das versucht, wird schon bald verzweifeln.

Doch wenn wir Gott lieben, dann erwartet er von uns, daß wir es so zeigen sollen, wie er uns seine Liebe gezeigt hat. Johannes hat davon in seinem ersten Brief gesprochen:

„Ihr Lieben, laßt uns einander lieb haben; denn die Liebe ist von Gott, und wer liebt, der ist von Gott geboren und kennt Gott. Wer nicht liebt, der kennt Gott nicht; denn Gott ist die Liebe. Darin ist erschienen die Liebe Gottes unter uns, daß Gott seinen eingebornen Sohn gesandt hat in die Welt, damit wir durch ihn leben sollen... Ihr Lieben, hat uns Gott so geliebt, so sollen wir uns auch untereinander lieben" (1. Johannes 4,7–9+11).

Zugegeben, wir mögen nicht fähig sein, in demselben *Ausmaß* zu lieben wie unser himmlischer Vater. Aber wir können auf dieselbe *Art* wie er lieben, gehorchen oder sogar opfern. Paulus schreibt dazu: „So folgt nun Gottes Beispiel als die geliebten Kinder und lebt in der Liebe, wie auch Christus uns geliebt hat und hat sich selbst für uns gegeben als Gabe und Opfer" (Epheser 5,1–2).

Wenn wir unserem Vater nacheifern, lernen wir, so zu lieben wie er. Gott liebt die, die es eigentlich gar nicht verdient haben – und das wird auch von uns erwartet. Gott liebt seine Feinde – und auch wir sollen unsere Feinde lieben. Der Herr liebt in Wort und Tat – wir sollen es in derselben Weise tun. Er hat Opfer gebracht – wir sind aufgerufen, in derselben Art zu opfern.

Sie meinen, das sei ein erdrückender Gedanke, eine übermächtige Verantwortung, die einem allen Mut nimmt? Ganz und gar nicht! Mit Gottes Gnade und Hilfe können wir auf dieselbe Weise unsere Liebe zeigen wie der Herr Jesus. Wenn wir das tun, wenn wir in unseren kleinen Ecken des Reiches Gottes als treu erfunden werden, dann erweitert der Herr allmählich unsere Liebe zu ihm und zu anderen. Wir stellen fest: je länger wir in Christus wandeln, desto größer werden unsere kleinen Ecken. Die Gebiete unseres Dienstes erweitern sich allmählich. Und selbst das Ausmaß unserer Liebe, unseres Gehorsams und unserer Opfer wird so groß werden, wie wir es früher nicht für möglich gehalten haben.

Wie sieht es heute mit dem Dienst in Ihrer Ecke aus? Erscheinen Ihnen Ihre Anstrengungen klein, vielleicht ganz unbedeutend? Lassen Sie sich davon nicht entmutigen. Machen Sie sich keine Gedanken über das Ausmaß Ihrer Liebe, Ihres Opfers, Ihres Dienstes. Das wird mit der Zeit schon wachsen. Konzentrieren Sie sich darauf, es so zu machen wie Ihr himmlischer Vater, Ihr Leben so zu führen, wie Jesus Christus es durch Sie hindurch leben möchte – auf dieselbe Art, in derselben Weise.

Lassen Sie Ihre kleine Ecke blitzen und glänzen. Und dann staunen Sie, wie die Ecke immer größer wird.

Ein Wort zum Festhalten

Es ist schon ein aufregender Gedanke: wenn wir uns in unserer kleinen Ecke des Gottesreiches als treu erwiesen haben, wird Gott anfangen, unsere Liebe zu ihm und zu anderen allmählich zu erweitern und zu vergrößern.

Lesen Sie dazu Matthäus 25,14–28 und freuen Sie sich auf den Tag, an dem Gott auch zu Ihnen sagen wird: „Recht so, du tüchtiger und treuer Knecht, du bist über wenigem treu gewesen, ich will dich über viel setzen; geh hinein zu deines Herrn Freude!“ (Matthäus 25,21).

Aber – haben Sie vielleicht Angst davor, daß sich Ihre kleine Ecke erweitert und vergrößert? Klingt Ihnen das nach zuviel Verantwortung? Dann sehen Sie sich Matthäus 25,15 einmal genauer an, seufzen Sie auf vor Erleichterung und beantworten Sie zum Schluß noch die folgenden Fragen:

1. Der Meister in dieser Geschichte teilte das Geld unter seinen Knechten nach ihrer ______________ auf. Niemand bekam mehr oder weniger, als er bewältigen konnte.

2. Das Geld, von dem in Matthäus 25 die Rede ist, steht für jede Art von Kräften und Möglichkeiten, die uns gegeben sind. Gott schenkt mir ______________ und ______________ und ______________. Nutze ich gut, was Gott mir gegeben hat?

3. Es kommt nicht darauf an, wie ______________ wir haben, sondern was wir mit dem, was wir haben, ______________.

Vorgefaßte Meinungen

Haben Sie bitte einen Moment Geduld mit mir, und hören Sie mir zu, wenn ich eine Frage stelle, die mit bildender Kunst zu tun hat.

Warum finden wir eigentlich mit der Zeit die schönen Gemälde langweilig, die wir uns an die Wände hängen?

Sie wissen schon, wovon ich rede. Sie hängen ein Bild in einem Zimmer auf, und nach ein paar Wochen haben Sie es vergessen und übersehen es. Es ist so, als ob dieses Gemälde unsichtbar geworden, auf geheimnisvolle Weise von der Wand eingesogen, von der Tapete verschluckt worden wäre. Wie kommt das nur?

Zum Teil kann es natürlich am Bild selbst liegen. Vielleicht ist es von den Formen her schlecht aufgebaut, hat trübe Farben oder ein langweiliges Thema. Aber das ist eigentlich unwahrscheinlich. Schließlich haben Sie das Gemälde so gern gemocht, daß Sie es gekauft und in Ihrer Wohnung aufgehängt haben. Es muß doch irgend etwas Besonderes daran sein!

Vielleicht liegt es gar nicht an dem Bild, sondern an Ihnen und an der Art, wie Sie dieses Kunstwerk betrachten.

Mag sein, daß Sie das Bild nur „benutzen", etwa, um den leeren Platz an einer Wand auszufüllen oder um die Farbe einer eleganten Couch zu betonen. Manche Leute behandeln Bilder auch als eine Art Abschußrampe für ihre eigene Vorstellungskraft und als etwas, woran sich ihre Gemütsbewegungen entzünden. Sie tragen sozusagen ihre eigene Tagesordnung in das Kunstwerk hinein. Sie tun etwas mit dem Bild, anstatt sich selbst zu öffnen und zu sehen, was dieses Bild für sie tun könnte.

Wenn wir ein bestimmtes Kunstwerk richtig beurteilen und würdigen wollen, verlangt das von uns, daß wir unsere vorgefaßten Meinungen, unsere Voreingenommenheit und alles, was wir mit diesem Bild sonst noch verbinden, bewußt beiseite schieben. Deshalb sehen Sie in einem Museum, wie Leute minutenlang vor einem Rembrandt sitzen. Sie lassen das Gemälde auf sich wirken, zu sich sprechen.

Wenn wir ein Kunstwerk betrachten, geht es zuallererst darum, daß wir uns selbst für einige Zeit loslassen. Wir müssen es betrachten und ganz genau hinschauen, bis wir wirklich das gesehen haben, was da ist. Sehen Sie hin, hören Sie zu, empfangen Sie. Und treten Sie selbst ganz aus dem Weg.

Nur wenn unsere Vorstellung von Rembrandt ganz beiseite geräumt ist, können Rembrandts Vorstellungen uns erreichen.

Dieser Grundsatz der Kunstbetrachtung hat mich über einen Grundsatz der Heiligen Schrift belehrt. Viele von uns lesen nämlich einen Bibelabschnitt mit ganz bestimmten Vorstellungen und Erwartungen in bezug auf das, was dieser Text unserer Meinung nach sagen sollte. Wir behandeln die Bibel dann auch als Abschußrampe für unsere eigenen Gedanken und Wünsche. Wir haben eigentlich gar nicht die Absicht, Gottes Wort zu empfangen, wir benutzen es nur.

Aber wenn wir in der Bibel lesen, verlangt sie zuallererst, daß wir uns selbst ausliefern. Wir sollen unsere Voreingenommenheit, unsere Terminkalender, Pläne und Lieblingstheorien ganz beiseite lassen und lesen und lesen, bis wir genau verstehen, was hier gesagt wird.

Erst wenn *unsere* Vorstellungen über den Herrn Jesus beiseite gerückt sind, können *seine* Vorstellungen uns erreichen.

Also sehen Sie genau hin, hören Sie zu, empfangen Sie. Treten Sie selbst ganz aus dem Weg. Versuchen Sie nicht, Gottes Wort in eine bestimmte Form zu pressen, damit es endlich so redet, „wie Sie die Dinge sehen".

Lassen Sie vielmehr Gottes Wort die Form sein, in die Sie gebracht werden.

Ein Wort zum Festhalten

Ein Bibelvers wie Johannes 3,16 ist Ihnen wahrscheinlich vertraut. Möglicherweise kennen Sie ihn auswendig: „Also hat Gott die Welt geliebt, daß er seinen eingeborenen Sohn gab..." Wahrscheinlich haben Sie ihn schon zehntausendmal gelesen – dennoch kann er ganz neu zu Ihnen reden. Aber wie? Bitten Sie zunächst den Heiligen Geist, daß er Ihnen hilft. Und lesen Sie dann langsam den Vers mehrere Male, betonen Sie jedesmal ein anderes Wort und denken Sie eine Weile konzentriert darüber nach: „Also hat *Gott* die Welt geliebt... Also hat Gott *die Welt* geliebt... Also hat Gott die Welt *geliebt*..." und so weiter. Betrachten Sie danach im Gebet auch andere Lieblingsverse. Fangen Sie an, Gottes Vorstellungen auf diese Art besser zu begreifen. So werden Bibelworte für Sie ganz frisch und neu!

Der Mittelpunkt des Bildes

Heute ist der 1. Juni, und ich habe gerade mein erstes Bild für die kommende Weihnachtszeit beendet. Nein, Sie haben sich nicht verhört: Ich sagte „Weihnachtszeit"!

Ich muß meine Bilder immer schon weit im voraus malen, damit ich ganz sicher bin, daß sie in einigen Monaten, wenn die Feiertage näherrücken, auch fertig sind. Und von diesem Bild bin ich selbst richtig begeistert. Es ist so gemalt, daß es wie ein farbiges Kirchenfenster aussieht. Im Zentrum steht Maria, die das Jesuskind auf dem Arm hält. Ein König, einer der Weisen aus dem Morgenland, kniet auf der einen Seite neben Maria und dem Kind und ein Hirte auf der anderen.

Mein Fenster steckt voller Symbole: die knienden Gestalten weisen darauf hin, daß das Kind dazu bestimmt ist, sowohl der Gute Hirte als auch der König aller Könige zu sein. Die Leuchte zu Füßen der Maria erinnert daran, daß Jesus das Licht der Welt ist. Christus wird manchmal „Rose von Scharon" genannt, und deshalb habe ich um Maria herum einen Dornbusch gemalt, der – wie ein Springbrunnen Wasser sprudeln läßt – schöne lavendelfarbene Rosen hervorbringt. Und ein kleines Schaf, das sich an den Hirten drängt, läßt schon an Jesus als das Lamm Gottes denken. Er ist ja das Opferlamm, das sich für meine und für Ihre Sünden geopfert hat.

Es war schon eine echte Herausforderung für mich, all die Figuren, Gedanken und Symbole in diesem Bild zu vereinigen. Statt sich zu einer Einheit zusammenzufügen, wetteiferten die verschiedenen Teile des Bildes immer wieder miteinander um die Aufmerksamkeit des Betrachters. Und meine Aufgabe als Malerin war es nun, den einzelnen Teilen die richtige Beziehung zueinander zu geben, damit sie sich gegenseitig ergänzten, anstatt sich Konkurrenz zu machen. Das war wahrhaftig nicht leicht!

Das Gewand des Königs beispielsweise war violett – schön,

aber ein bißchen zu kräftig. So mußte ich darauf noch eine Schicht von leuchtendem Gelb aufbringen, bis die Farbe gedämpft genug war. An anderen Stellen des Bildes waren die Farben wieder zu matt, zu schwach, so mußte ich sie dort heller, strahlender machen, um sie mehr hervorzuheben.

Auf diese Weise experimentierte ich an allen Teilen des Bildes und zog allmählich die Einzelelemente zusammen, zwang sie sozusagen, einander zuzuarbeiten statt auseinanderzustreben. Und schließlich gehorchten sie mir und fügten sich zu einer Einheit.

Als ich zum Schluß mein Gemälde betrachtete, wurden meine Augen geradewegs auf Jesus gelenkt.

Wir Menschen sind ganz ähnlich wie dieses Bild, nicht wahr? Anstatt als Christen eine Einheit zu bilden, wetteifern wir miteinander, und jeder will besondere Aufmerksamkeit gewinnen. Eigentlich sollen wir Jesus Christus anbeten und ehren – so, wie die knienden Gestalten auf meinem Bild –, aber wir schaffen es, die ganze Botschaft durcheinanderzubringen und den konzentrierten Blick des Betrachters vom Mittelpunkt abzulenken.

Gott muß uns geradezu dahin treiben, miteinander auszukommen und zusammenzuarbeiten, er zieht und zerrt uns zu einer Einheit, bis ihm alle Teile seiner Gemeinde gehorchen.

Wenn wir an diesen Punkt kommen, dann klingt unsere Botschaft laut und klar. Wenn wir eine Einheit bilden, wenn wir als Christen in Liebe miteinander verbunden sind, dann endlich steht Jesus – und er allein – im Zentrum der Aufmerksamkeit.

Ein Wort zum Festhalten

Auch die frühe Kirche hatte schon Probleme mit der Einheit. Paulus redet davon in 1. Korinther 1,10–13. Lesen Sie diese Verse; sie öffnen Ihnen die Augen dafür, wie zerstörerisch es sein kann, wenn die einzelnen Glieder der Gemeinde Christi anfangen, miteinander um die Aufmerksamkeit anderer Menschen zu streiten. Welche Anweisung gibt Paulus den kämpfenden Parteien? Lesen Sie dann auch 1. Korinther 3, um die Hintergründe besser zu verstehen. Und danach fragen Sie sich ehrlich: Denke ich eigentlich insgeheim, daß ich besser bin als andere Christen? Wie kann ich heute gut mit jemandem zusammenarbeiten, den ich bisher als meinen Konkurrenten gesehen habe? Will ich, daß Jesus der Mittelpunkt meines Lebens und meiner Gemeinschaft mit anderen Christen ist?

Gottes Macht und seine Barmherzigkeit

Es fällt uns oft recht leicht, Jesus als den zu sehen, der stets freundlich und milde ist. Zu dieser Ansicht haben uns im Laufe von Jahrhunderten auch viele religiöse Künstler verholfen. Aber finden Sie es nicht auch ein bißchen schwieriger, sich Jesus Christus ärgerlich – richtig zornig – vorzustellen?

Betrachten wir einmal eine Szene, die sich gegen Ende seines Dienstes hier auf der Erde abgespielt hat:

„Und als er in Jerusalem einzog, erregte sich die ganze Stadt und fragte: Wer ist der? Die Menge aber sprach: Das ist Jesus, der Prophet aus Nazareth in Galiläa. Und Jesus ging in den Tempel hinein und trieb heraus alle Verkäufer und Käufer im Tempel und stieß die Tische der Geldwechsler um und die Stände der Taubenhändler und sprach zu ihnen: Es steht geschrieben: ‚Mein Haus soll ein Bethaus heißen'; ihr aber macht eine Räuberhöhle daraus" (Matthäus 21,10–13).

Das war nun wirklich nicht der sanfte, milde Jesus! Man sieht ihn richtig vor sich, wie er die Tische mit dem Fuß umstößt, die klingelnden Kassen umwirft und die selbstgerechten Kerle am Kragen packt und aus dem Tor des Tempels schubst. Matthäus sagt, er trieb alle hinaus, die dort kauften und verkauften, er ließ die Stände der Geldwechsler und die Tische der Taubenhändler mitsamt ihren Alleinverkaufsrechten mit lautem Getöse umfallen.

Niemand, so versicherte er, sollte aus dem Haus seines Vaters ein Eldorado für Schwindler und Geldschneider machen. Und damit meinte er das Geschäftemachen.

Wenn ich damals Geldwechsler gewesen wäre, dann hätte ich mich in diesem Moment bestimmt für einen anderen Beruf entschieden. Alles andere wäre mir da gut genug gewesen – Zeitungen in Nazareth verkaufen oder in Bethlehem Brezeln backen –

alles, nur um vor dem durchdringenden Blick dieses Mannes voll schrecklicher Autorität wegzukommen.

Sein Zorn, seine Entrüstung muß furchterregend gewesen sein.

Aber wenn Sie jetzt eine Überraschung erleben wollen, dann lesen Sie einmal den folgenden Vers:

„Und es gingen zu ihm Blinde und Lahme im Tempel, und er heilte sie“ (Matthäus 21,14).

Trifft Sie das auch so wie mich? Die zornigen Worte des Herrn hallten ja noch von den Wänden des Tempels wider. Die Taubenhändler huschten wie aufgescheuchte Ratten eilig die Gänge entlang, um nach draußen zu gelangen. Und die Münzen rollten noch überall auf dem Boden herum. Aber unser Herr zögerte keinen Augenblick, sondern wendete seine Aufmerksamkeit sofort den Blinden und Gelähmten zu und befreite sie von der Gefangenschaft ihrer Krankheit.

Ist das nicht erstaunlich? Diese glücklosen, behinderten Leute müssen schon wer weiß wie lange dort herumgesessen und auf irgendeine Art von Erleichterung gehofft und dafür gebetet haben. Höchstwahrscheinlich haben sie hin und wieder von den Priestern oder Tempelwachen eine Kleinigkeit erbettelt. Sie hätten ganz bestimmt eine Menge darum gegeben, nur einmal kurz bei einem der religiösen Wortführer zu Wort zu kommen. In all den Jahren voller Schwäche, Elend und Eintönigkeit hatte ihnen niemand viel Aufmerksamkeit geschenkt. Keiner kümmerte sich wirklich um ihre Belange oder hörte zu, wenn sie von ihren Nöten erzählten. Vielleicht wurden sie auch als Bürger zweiter Klasse angesehen, als ein peinlicher Anblick, eine Art Schandfleck im Tempelbezirk.

Die Pharisäer kümmerten sich nie um sie. Die religiösen Führungspersönlichkeiten hatten keine Zeit für sie. Und die Priester gaben ihnen höchstens gelegentlich einmal ein paar Pfennige. Aber Jesus, der Sohn Gottes, unterbricht sich im göttlichen Gericht, das er an dieser Stelle niedergehen läßt, schiebt seinen Zorn beiseite und zeigt liebevolles Mitgefühl für diese kleine Gruppe von Vergessenen. Mitten in der Offenbarung seiner Macht und Gerechtigkeit hält Jesus inne und läßt diese armen Menschen seine göttliche Barmherzigkeit spüren.

Das ist für mich ein verblüffendes Bild unseres Herrn und Heilandes. Und es ist nur eins von den vielen, die sich uns in der Heiligen Schrift zeigen.

Wir sehen seine Größe, die ergänzt wird durch seine Güte. Wir erkennen seine Heiligkeit und auf der anderen Seite seine Gnade. Wir sehen seine gewaltige Macht, die durch seine Zärtlichkeit und Sanftheit ausgeglichen wird.

Es ist kein Platz in der Bibel für eine einseitige Sicht unseres Herrn. Mit der einen Hand weist er zornig und anklagend auf die Heuchler, doch mit der anderen reicht er dabei sanft zu den Armseligen hinunter, um ihnen aus ihrer Not zu helfen. Er wendet den Verlogenen und Selbstgerechten ein stahlhartes Gesicht zu und lächelt gleichzeitig diejenigen ermutigend an, die sich in einfachem Glauben nach ihm ausstrecken.

Erkennen Sie sich in diesen schwachen, immer wieder übersehenen Männern und Frauen wieder, die sich in der entlegensten Ecke des Tempelhofes zusammengekauert haben? Fühlen Sie sich heute einsam, vielleicht unbeachtet oder wertlos? Oder aber sehen Sie möglicherweise gerade jetzt ein anderes Antlitz Gottes, erleben Sie seinen Zorn über Ihre Sünde und Auflehnung?

Erinnern Sie sich an das Porträt von Jesus, wie wir es bei Matthäus gesehen haben. Jesus ist ein machtvoller Gott, der sich mit Ihrer Sünde schonungslos auseinandersetzt. Aber er ist auch bereit zu vergeben, Ihre Wunden zu heilen und Ihnen einen neuen Anfang zu ermöglichen. Und das ist es, was wir Barmherzigkeit nennen!

Ein Wort zum Festhalten

Lesen Sie Römer 11,22 und achten Sie auf die beiden Eigenschaften Gottes, die dort genannt werden. Sehen Sie ein Gleichgewicht zwischen beiden? Güte ist die eine Eigenschaft, Ernst kann man als Ergänzung dazu betrachten. Suchen Sie bei der folgenden Auflistung, die Wesenszüge oder Handlungsweisen Gottes beschreibt, zu einer Eigenschaft auf der linken Seite die entsprechende Eigenschaft auf der rechten Seite.

Denken Sie immer daran: Wir dürfen unseren Herrn niemals einseitig sehen.

Macht	Zärtlichkeit
Zorn	Zugänglichkeit
Gerechtigkeit	Vergebungsbereitschaft
Strafe	Sanftheit
Kraft	Gnade
Unnahbarkeit	Freundlichkeit

Ist Gott stolz auf uns?

Der Brief von Dorothee war für mich wie lauter Sonnenstrahlen. Sie schrieb mir so liebe, herzliche Worte, daß ich ehrlich gesagt sogar ein bißchen verlegen wurde.

Doch dann stand da ein seltsamer Satz: „Joni, Gott ist sicherlich stolz auf dich und auf die Art, wie du mit deiner Behinderung fertig wirst."

Ich weiß wohl, daß sie es gut gemeint hat, aber ich konnte diesen Satz nicht so stehenlassen. Ist Gott denn wirklich „stolz" auf uns, wenn wir etwas so Simples tun wie seine Gnade in Besitz nehmen? Irgendwie kann ich mir nicht vorstellen, daß der Herr vor Stolz und Freude über meinen Gehorsam strahlt. Ist Gehorsam nicht etwas, was man von Dienern ganz selbstverständlich erwarten kann?

Auf der anderen Seite glaube ich jedoch nicht, daß unser Vater im Himmel ein stirnrunzelnder, engherziger Gott ist, der sich von der aufrichtigen Hingabe seiner geliebten Kinder überhaupt nicht rühren läßt. Im Hebräerbrief steht:

„Denn Gott ist nicht ungerecht, daß er vergäße euer Werk und die Liebe, die ihr seinem Namen erwiesen habt, indem ihr den Heiligen dientet und noch dient" (Hebräer 6,10).

Und Jesus selbst hat zu der Gemeinde in Ephesus gesagt:

„Ich kenne deine Werke und deine Mühsal... du... hast Geduld und hast um meines Namens willen die Last getragen und bist nicht müde geworden" (Offenbarung 2,2+3).

Schließlich sind Sie und ich doch dazu da, das Lob und die Ehre Gottes zu verkünden! Und jedesmal, wenn wir im Gehorsam auf diesem Weg einen Schritt weitergehen, wird Gott sich über unser Verhalten freuen. Er weiß ja, daß unser Gehorsam seinem Sohn letztlich Ehre und Herrlichkeit einbringt.

Was macht mich dann unruhig, wenn ich höre, daß Gott darauf stolz sein müßte, wie ich mit meinem Leben im Rollstuhl zurechtkomme?

Es ist einfach folgendes: ich darf mir niemals einbilden, daß ich Gott einen großen Gefallen täte, wenn ich seinem Wort gehorsam bin oder seine Gebote befolge. Wenn ich heute einige Fortschritte im Gehorsam getan habe, etwa die Wahrheit in Liebe gesagt oder allen Anschein von Bösem vermieden oder einen schwächeren Glaubensbruder nicht zur Sünde verleitet habe, bin ich vor Gott in meinem Ansehen, auf der Leiter seiner Gunst, doch kein bißchen höher gestiegen. Ich führe dann schlicht und einfach ein Leben, wie es Gott von mir erwartet. Ich werde ein Stück weiter in das Bild Jesu Christi verwandelt, so, wie Gott es mit mir vorhat. Ich erfahre damit, was ganz normales christliches Leben ist.

Und wenn ich gehorsam bin, sollte ich dabei nicht im stillen sagen: „Na, sieh mal an! Heute stehe ich schon wieder meilenweit über dem Punkt, an dem ich gestern war!“ Denn wenn ich so denke, verflüchtigt sich die Demut ganz schnell aus meinem Leben – und mit ihr auch jeder Gewinn, den ich daraus ziehen kann. Nein, je mehr ich Gott gehorche, desto mehr fange ich an zu begreifen, wie weit ich noch von dem letzten Ziel meines Lebens entfernt bin. Wie Paulus möchte ich lieber darauf sehen, wie weit ich noch gehen muß, als auf das, was ich alles schon geschafft habe.

„Nicht, daß ich's schon ergriffen habe oder schon vollkommen sei, ich jage ihm aber nach, ob ich's wohl ergreifen könnte, weil ich von Christus Jesus ergriffen bin. Meine Brüder, ich schätze mich selbst noch nicht so ein, daß ich's ergriffen habe. Eins aber sage ich: Ich vergesse, was dahinten ist, und strecke mich aus nach dem, was da vorne ist, und jage nach dem vorgesteckten Ziel, dem Siegespreis der himmlischen Berufung Gottes in Christus Jesus“ (Philipper 3,12–14).

Wenn ich jetzt noch einmal auf den Satz von Dorothee zurückkomme, so muß ich sagen, daß es mir durchaus ein Vergnügen ist zu denken, daß Gott an meinem Leben Freude hat. Aber keiner von uns – Dorothee nicht und auch Sie nicht oder ich – kann sich bequem zurücklehnen und meinen, er hätte Gott einen Riesengefallen getan, weil er ihm gehorcht hat. In Demut können wir nur vergessen, was hinter uns liegt, und weiter dem Ziel entgegenlaufen, nämlich der hohen Berufung, die unser Gott für uns hat.

Und wir alle haben einen weiten Weg zurückzulegen.

Ein Wort zum Festhalten

Was sind das für Leute, die meinen, sie täten Gott einen großen Gefallen, wenn sie ihm gehorchen? Sie werden in Jesaja 29,13 beschrieben. Und wer gehorcht Gott aus einem demütigen und aufrichtigen Herzen? Psalm 15 zeigt es uns deutlich. Und jetzt die Frage: Welche Beschreibung trifft am ehesten auf Sie zu? Machen Sie es heute zu Ihrem Gebet, Gott demütig und hingegeben gehorchen zu können.

Die anderen Verheißungen

Es gibt uns so ein warmes und sicheres Gefühl, wenn wir uns daran erinnern, daß Gott treu zu dem steht, was er versprochen hat. Manche von uns haben sogar die Verheißungen Gottes als schön gemalte Sprüche oder als Kreuzstichstickerei im Flur an der Wand hängen. Es gibt so wohlig-warme, tröstende Zusagen, beispielsweise:

„Ich bin gekommen, damit sie das Leben und volle Genüge haben sollen" (Johannes 10,10).

„Gott bietet uns alles reichlich dar, es zu genießen" (1. Timotheus 6,17).

„Bittet, so wird euch gegeben" (Matthäus 7,7).

„Das sage ich euch, damit meine Freude in euch bleibe und eure Freude vollkommen werde" (Johannes 15,11).

Wir berufen uns als Gläubige auf solche Verheißungen. Wir lernen sie auswendig, denken darüber nach, beziehen sie bewußt auf uns. Und dazu haben wir auch ein Recht: Gott will ja, daß wir uns auf seine Zusagen berufen.

Aber es gibt da etwas, was wir beachten müssen. Man kann nämlich die Verheißungen nicht daraufhin durchgehen, sich das Schönste auszusuchen. Gott will, daß wir alle seine Versprechen ernst nehmen, nicht nur einige. Und nicht alle seine Zusagen sind behaglich und bequem.

Manche von ihnen werden gern übersehen, nicht wahr? Besonders die, die mit Schmerzen und Nöten zu tun haben. Solche Verheißungen sieht man nirgendwo als Kreuzstichbildchen im Flur hängen oder in schöner Schrift auf Pergament geschrieben. Wir umgehen solche Worte gerne. Und doch gilt: das Neue Testament verspricht dem Volk Gottes Leiden und Not, Versuchungen, Züchtigung und Verfolgung. All diese Dinge werden wahren Jüngern verheißen.

„Und alle, die fromm leben wollen in Christus Jesus, müssen Verfolgung leiden" (2. Timotheus 3,12).

„Der Knecht ist nicht größer als sein Herr. Haben sie mich verfolgt, so werden sie euch auch verfolgen" (Johannes 15,20).

„Meine lieben Brüder, erachtet es für lauter Freude, wenn ihr in mancherlei Anfechtungen fallt, und wißt, daß euer Glaube, wenn er bewährt ist, Geduld wirkt" (Jakobus 1,2+3).

„Selig seid ihr, wenn euch die Menschen um meinetwillen schmähen und verfolgen und reden allerlei Übles gegen euch, wenn sie damit lügen" (Matthäus 5,11).

„Wir müssen durch viele Bedrängnisse in das Reich Gottes eingehen" (Apostelgeschichte 14,22).

„Sind wir aber Kinder, so sind wir auch Erben, nämlich Gottes Erben und Miterben Christi, wenn wir denn mit ihm leiden, damit wir auch mit zur Herrlichkeit erhoben werden" (Römer 8,17).

„Denn dazu seid ihr berufen, da auch Christus gelitten hat für euch und euch ein Vorbild hinterlassen, daß ihr sollt nachfolgen seinen Fußtapfen" (1. Petrus 2,21).

Nein, das sind nicht die Zusagen, die wir gerne zitieren und für uns in Anspruch nehmen. 2. Timotheus 3,12 wird wohl kaum viele Wohnzimmerwände zieren. Und Apostelgeschichte 14,22 wird man auch nicht unbedingt an die Pinnwand heften. Ehrlich gesagt, wir machen doch alle lieber einen großen Bogen um das Leiden. Wir strengen uns an, so gut es geht, alle Unbequemlichkeiten aus unserem Leben wie Unkraut auszurupfen. Wir halten Versuchungen und Strafen für unhöfliche Unterbrechungen in unserem Streben nach einem leichten und bequemen Leben. Wir fordern Heilungswunder und sind bereit, an alle möglichen Ungereimtheiten zu glauben, weil wir bekommen wollen, was wir uns wünschen. Wir bemühen uns, vor der Verheißung von Not und Leiden zu fliehen, anstatt Gott zu erlauben, daß er seinen Willen in unserem Leben auch durch bittere Erfahrungen verwirklicht.

Ich kann mich gut erinnern, daß ich zeitweise meinte, solche Verheißungen seien wohl eher als Drohungen zu verstehen.

„Schön und gut", dachte ich, „die Bibel verheißt uns viele Nöte. Aber wenn man solche ‚Freunde' hat, braucht man dann noch Feinde? Wenn ich mir schon mit siebzehn Jahren den Hals breche, was soll dann passieren, wenn ich zwanzig oder dreißig bin? Wenn Gott auf diese Art anfängt, mich in seine Schule zu nehmen, dann kann ich es wohl gleich vergessen!"

Ich erwartete einfach, daß mein Leben immer leicht sein sollte – so, als ob das eine Art von unveräußerlichem Recht für jeden Menschen wäre. Das Leben sollte schön und bequem sein, und Not und Schwierigkeiten erschienen mir nur als Ausnahmen von der Regel.

Und doch wollte ich von Herzen gern ein Jünger Jesu sein! Ich wollte ihm wirklich nachfolgen.

Kennen Sie diesen Widerspruch auch? Wenn wir Jesus Christus kennenlernen wollen, reicht schon ein flüchtiger Blick ins Neue Testament, um zu sehen, daß Gottes Sohn durch Leiden vollendet wurde (Hebräer 2,10). Und wenn der König der Herrlichkeit nur durch Leiden zu seiner Herrlichkeit kam, wie sollten wir sie dann auf einem anderen Weg kennenlernen? Wenn wir mehr von ihm wissen und in sein Bild umgestaltet werden wollen, dann sollten wir darauf gefaßt sein, daß es auf dem Weg dorthin ein paar heftige Stöße und schmerzhafte Schrammen gibt.

Und das ist auch eine Verheißung!

Ein Wort zum Festhalten

Versprechen... wie oft werden sie gebrochen, vergessen oder übergangen! Es ist zwar schlimm, aber oft bringen Menschen es nicht fertig, das zu halten, was sie versprochen haben.

In Johannes 16,33 finden wir ein doppeltes Versprechen: „In der Welt habt ihr Angst; aber seid getrost, ich habe die Welt überwunden." Wie kommt es, daß wir trotz aller unserer Schwierigkeiten getrost sein können? Sicher haben Sie es schon erkannt: weil Jesus überwunden hat. Wie hilft er Ihnen persönlich, Hindernisse zu überwinden? Seien Sie getrost. Jesus hält seine Versprechen!

Ein Entwurf von Gott

Eines Nachmittags setzte sich ein kleiner Junge mit Buntstiften und einem Blatt Papier an den Tisch. Er stützte das Kinn in die Hand und überlegte ein paar Minuten, dann nahm er einen Stift und fing an zu zeichnen.

Seine Mutter merkte, mit welcher Hingabe er arbeitete, und fragte ihn: „Was malst du denn da?"

„Ein Bild vom lieben Gott", antwortete er, ohne auch nur einmal aufzusehen.

Die Mutter lächelte. „Aber Schatz, wie Gott aussieht, das weiß doch niemand."

Da legte der Junge seinen Buntstift hin, rieb die Hände und sah nachdenklich auf sein Werk.

„Na ja", meinte er dann, „wenn ich fertig bin, dann weiß man es!"

Wir müssen schmunzeln, wenn wir diese kleine Geschichte hören. Einerseits können wir den Standpunkt der Mutter gut verstehen. In Johannes 1,18 heißt es ja: „Niemand hat Gott je gesehen." Und Gott selbst hat zu Mose gesagt: „Mein Angesicht kannst du nicht sehen; denn kein Mensch wird leben, der mich sieht" (2. Mose 33,20).

Es weiß also tatsächlich niemand, wie Gott aussieht.

Andererseits: auch wenn noch keiner von uns Gott jemals ins Gesicht blicken konnte, wünschen wir uns alle, mehr von ihm zu wissen. Wir fahren ins Hochgebirge und sind tief beeindruckt von der Macht, die sich in Gottes majestätischer Schöpfung zeigt. Wir sitzen in der Abenddämmerung oder ganz früh am Morgen am Strand und horchen auf das gewaltige Rauschen der Wellen. Wir sehnen uns danach, Gott zu sehen und ihn irgendwie besser zu kennen.

Aber auch wenn Johannes 1,18 uns daran erinnert, daß noch niemand Gottes Angesicht sehen konnte, heißt es doch im gleichen Vers, daß Gottes einziger Sohn, Jesus Christus, „ihn uns verkündigt" hat. Und zu dem verwirrten Philippus sagt Jesus: „So lange bin ich bei euch, und du kennst mich nicht, Philippus? Wer mich sieht, der sieht den Vater. Wie sprichst du dann: Zeige uns den Vater? Glaubst du nicht, daß ich im Vater bin und der Vater in mir?" (Johannes 14,9+10).

Durch sein Leben, seine Worte und seine Taten hat uns Jesus von Nazareth ein unverwechselbares Bild seines Vaters vor Augen gestellt. Er hat es für uns gezeichnet, damit wir eine klare Vorstellung davon haben, wer unser Vater im Himmel eigentlich ist.

Niemand hat Gott je gesehen. Das stimmt. Doch Johannes sagt uns, daß einmal der Tag kommen wird, an dem wir ihn sehen werden, „wie er ist" (1. Johannes 3,2). Nicht nur den Widerschein seiner Herrlichkeit im brennenden Dornbusch oder in der Wolkensäule, sondern von Angesicht zu Angesicht. Doch auch, bis es soweit ist, hat er uns eine Offenbarung seiner selbst gegeben, denn Jesus Christus ist der vollkommene Ausdruck seines Vaters.

Da sollte es eigentlich gar keine Verwirrung und keine Fragen mehr geben. Denn unsere Neugier, wie Gott ist, kann in Jesus Christus jederzeit gestillt werden.

Sie und ich sind ganz so wie der kleine Junge mit seinen Buntstiften. Durch unsere Worte, durch unsere alltäglichen Gespräche, durch unsere Einstellungen und Taten entwerfen wir ein Bild, das alle Menschen sehen können. Unser Leben sollte ein Porträt, ein Entwurf, ein Bild von Gott sein, anderen Menschen zeigen, wie er aussieht.

Wenn wir entschlossen darauf ausgerichtet sind, für ihn zu leben, werden die Leute unweigerlich näher kommen und wissen wollen, was wir da eigentlich tun. Sie werden neugierig, sie sehen uns über die Schulter. Vielleicht stellen sie sogar Fragen. Und hoffentlich sehen sie dann ein schönes Bild bei uns – ein deutlicheres Bild davon, wer Gott eigentlich ist und wie er ist.

Nein, er ist noch nicht fertig mit uns. Aber Paulus versichert uns, daß wir dem Herrn Jesus mit jedem Tag ähnlicher werden, wenn wir unseren Blick ganz fest auf ihn richten. Er schreibt: „Nun aber schauen wir alle mit aufgedecktem Angesicht die

Herrlichkeit des Herrn wie in einem Spiegel, und wir werden verklärt in sein Bild von einer Herrlichkeit zur andern von dem Herrn, der der Geist ist" (2. Korinther 3,18).

Also nehmen wir unsere Stifte zur Hand, und fangen wir gleich an zu arbeiten! Denn wir haben etwas zu tun: wir müssen einer verzweifelnden, zynisch gewordenen Welt zeigen, wie Gott eigentlich aussieht.

Wenn die Menschen es vorher nicht wußten, dann wissen sie es vielleicht, wenn wir fertig sind – oder besser gesagt, wenn Gott fertig ist.

Ein Wort zum Festhalten

Durch die Jahrhunderte hindurch haben die Menschen Bilder von dem Herrn Jesus Christus gemalt. Doch die fangen immer nur ein eingefrorenes Abbild ein, sie bleiben eine steife und bewegungslose Darstellung. Gott möchte, daß wir „lebendige Bilder" von ihm sind. Lesen Sie dazu 1. Johannes 4,7–12 und denken Sie sich Möglichkeiten aus, wie Sie die Eindrücke, die andere Menschen von Gott haben, mit kräftigen Farben ausmalen können. Sagen Sie sich: „Alles, was ich tue und sage, wird den Leuten einen deutlicheren Eindruck von Jesus verschaffen, als ein Gemälde es je tun könnte!"

Achtung, Lockvogel?

Es gibt bei uns eine bekannte Kindergeschichte von einem Fuchs und einem Kaninchen und einer Falle, die wie ein Mensch aussieht. Die Falle ist mit Pech und Teer bestrichen, dient als Lockvogel und heißt „das Pechkind".

Wenn ich die Augen schließe, dann sehe ich das Pechkind vor mir, wie es neben den Heckenrosen vor dem Häuschen des Kaninchens auf einem Baumstamm sitzt. Man hat ihm einen Hut aufgesetzt und eine Pfeife in den Mund gesteckt, und nun wartet es auf ein nichtsahnendes Wesen, das hier vorbeikommt, bei ihm stehenbleibt und ihm freundlich die Hand gibt. Und dann wird dieses arme Wesen (der Fuchs rechnet natürlich damit, daß es das Kaninchen ist!) hoffnungslos an dem schwarzen, klebrigen Teer hängenbleiben und nicht wieder loskommen. Jeder sollte sich hüten und besser einen großen Bogen um dieses Pechkind machen!

Ich habe einmal einen Artikel gelesen, in dem dieser alten Geschichte eine ganz neue Bedeutung gegeben wurde. Wir kennen auch solche "Pechkinder" – Menschen, denen man vielleicht besser aus dem Weg geht, die mit Problemen beladen sind, Leute, denen man lieber nicht zu nahe kommt.

Gibt es solche Pechkinder in Ihrer Kirchengemeinde? Ich muß immer wieder an ein hübsches Kind dieser Sorte mit Namen Carol denken. Sie und ihre Familie sind Mitglieder einer evangelikalen Gemeinde. Und sie war eine begabte und fleißige Schülerin an einer christlichen Oberschule. Deswegen konnten es alle kaum glauben, als sie hörten, daß Carol ein uneheliches Kind erwartete. Sie mußte die Schule verlassen. Und während ich diese Zeilen schreibe, leidet ihre ganze Familie sehr – diese Leute brauchen jetzt verzweifelt jemanden, der einfach nur mit ihnen spricht und weint und zu ihnen hält.

Doch die Mitglieder ihrer Kirchengemeinde stehen verlegen daneben, treten von einem Fuß auf den anderen und wissen nicht, wie sie Tadel und Ermahnung im richtigen Verhältnis mit Trost und Ermutigung mischen sollen.

Sind wir vielleicht so um unseren frommen Ruf oder um das Ansehen unserer Gemeinde besorgt, daß wir befürchten, durch Menschen in tiefen geistlichen Nöten mit „Schmutz" in Berührung zu kommen, und deshalb Hilfe peinlich vermeiden? Meinen wir, sie würden uns irgendwie zur Sünde verleiten? Oder finden wir, daß hier einmal ein richtiges „Exempel statuiert" werden sollte? Haben wir Angst, daß wir von der Schande wie mit Pech beschmutzt werden könnten, wenn wir jetzt treu zu diesem Menschen in Not stehen?

Nein, gewiß sollen wir die Sünde nicht auf die leichte Schulter nehmen. Und wir sollten uns auch mit dem Unrecht befassen und es beim Namen nennen. Aber wir müssen die Ermahnung immer mit Liebe und Trost für die Menschen verbinden, die durch Scham und die Erniedrigung der Sünde innerlich zerbrochen sind.

Leute, die bis zum Hals in Problemen stecken, dürfen wir nicht als Pechkinder betrachten – so, als ob sie nur darauf warteten, andere in den klebrigen Unrat zu ziehen, den es in ihrem Leben gibt.

Paulus hatte eine bessere Idee. Er schrieb an die Gemeinde in Galatien:

„Liebe Brüder, wenn ein Mensch etwa von einer Verfehlung ereilt wird, so helft ihm wieder zurecht mit sanftmütigem Geist, ihr, die ihr geistlich seid; und sieh auf dich selbst, daß du nicht auch versucht werdest. Einer trage des andern Last, so werdet ihr das Gesetz Christi erfüllen. Denn wenn jemand meint, er sei etwas, obwohl er doch nichts ist, der betrügt sich selbst" (Galater 6,1–3).

Paulus will damit sagen, daß leidende, in Sünde hineingestolperte Menschen eben keine Lockvögel oder Pechkinder sind, vor denen man sich hüten müßte. Und wenn man angestrengt in eine andere Richtung sieht und einen weiten Bogen um sie macht, dann ist das keineswegs „geistliche Zurechtweisung". Es ist vielmehr Trotz gegen das Gesetz Christi und fromme Aufgeblasenheit.

Ist Ihnen, als Sie diese Worte gelesen haben, vielleicht ein ganz bestimmter Mensch eingefallen? Können Sie sich sein Gesicht vorstellen und seine Schande und innere Not nachfühlen? Dann folgen Sie dem Rat des Apostels. Bringen Sie diesen Menschen wieder zurecht, und zwar auf ruhige und sanfte Art. Heute noch. Weinen Sie mit ihm, fassen Sie ruhig seine Schande an – so, wie Jesus auch Ihre Schande berührt hat.

Gott verhüte es, aber es könnte durchaus einmal ein Tag kommen, an dem man selbst so ein Pechkind ist.

Ein Wort zum Festhalten

Es ist leicht, mit Mitleid und Einfühlungsvermögen für die Menschen zu beten, die wir lieben und achten. Doch es ist schwerer, für Menschen zu beten, die gerade in einer tiefen, aber uns sehr fremden Not stecken: etwa für einen Nachbarn, der an AIDS erkrankt ist, für ein Mitglied unserer Gemeinde, das psychisch schwer gestört ist, oder für einen Homosexuellen, der verzweifelt versucht, seine Lebensart zu ändern. Nehmen Sie sich jetzt gleich fünf Minuten Zeit, um für einen Menschen zu beten, der Ihnen in diesem Zusammenhang gerade einfällt. Haben Sie dabei immer noch gegen frommen Hochmut anzukämpfen? Dann lesen Sie Kolosser 1,9–14 als Richtschnur für Ihr Gebet, und denken Sie ganz besonders an all die guten Dinge, die Sie für diesen Menschen erbitten können und sollen.

An dir allein . . .

Es traf mich wie ein plötzlicher Sonnenstrahl, der die Wolken durchbricht:

„An dir allein habe ich gesündigt und übel vor dir getan" (Psalm 51,6).

Bei diesen sorgenvollen Worten Davids spürte ich einen inneren Stich, und ich murmelte die Worte noch einmal vor mich hin: „An dir allein . . ." Wie oft dachte ich eigentlich darüber nach, daß meine Sünden, ob groß oder klein, Gott, den Herrn, beleidigen? Richtete ich meine Aufmerksamkeit nicht mehr auf mich selbst oder auf die Menschen, denen ich vielleicht weh getan hatte, als gerade auf den Herrn?

Lassen Sie mich das genauer erklären. Es passiert unglaublich oft, daß ich mit meinem Mann ungeduldig werde. Und normalerweise geht es dabei um kleine, nebensächliche Dinge. Beispielsweise, wenn er Abfälle in den Müllschlucker wirft und dann aus der Küche geht, ohne die Klappe wieder zuzumachen. Na gut, das ist wahrhaftig keine große Sache, aber es ärgert mich jedesmal.

Und dann werde ich wütend – auf ihn, aber auch auf mich, weil ich mich über eine nichtige Sache so aufrege. Und ich frage mich dann, wann ich wohl endlich aufhöre, Nebensächlichkeiten eine so lächerlich große Bedeutung zu geben.

Es sind nebensächliche, kleine Dinge. Aber vielleicht liegt die Schwierigkeit gerade darin, daß ich gar nicht das Gefühl habe, ich hätte gegen Gott gesündigt, wenn es um kleine Dinge geht, die ich mühelos in meinem Gewissen unter den Teppich kehren kann.

Das kann ein lüsterner Gedanke sein, den ich auf dem Bildschirm meines Denkens lange Zeit stehenlasse, anstatt ihn zu löschen, eine gehässige Bemerkung am Telefon über einen meiner Mitarbeiter, eine geringfügige, aber doch bewußte „Übertreibung" der Wahrheit, ein Anflug von Neid, dem ich so lange nachgebe, bis es schon bitter wird, ein paar zusätzliche Minuten von einem unanständigen Fernsehfilm, obwohl der Geist Gottes mir schon deutlich zugeflüstert hat: „Mach das aus!“, eine Welle von Selbstmitleid, die von mir liebevoll gehätschelt anstatt unmißverständlich abgewiesen wird, eine bewußte Lässigkeit beim Beten und Bibellesen.

Das sind alles kleine Dinge, nicht wahr? Keine großen Übertretungen, keine schweren Verbrechen, nur alltägliches Stolpern und Ausrutschen. Das kann man leicht beiseite wischen, und es scheint kaum der Mühe wert, so etwas vor Gott zu bekennen oder darüber zu beten.

Irgendwoher habe ich die Vorstellung, daß Gott dazu da ist, sich mit den großen Dingen zu beschäftigen – mit dem harten Kampf gegen gewaltige Versuchungen. Und daß es allein an mir und an meiner Selbstbeherrschung liegt, mich um die kleinen Dinge zu kümmern.

Und ich habe das Gefühl, daß viele Leute mit der Sünde ähnlich umgehen wie ich. Unser Problem liegt darin, daß unsere Haltung zu unserer Schuld eher das Ich in den Mittelpunkt stellt als Gott.

Jerry Bridges äußert sich in seinem Buch *The Pursuit of Holiness* („Das Streben nach Heiligkeit“) ganz ähnlich: Wir sind stärker darauf konzentriert, daß wir einen Sieg über die Sünde erringen, als auf die Tatsache, daß unsere Verfehlungen das Herz Gottes tief bekümmern. Wir können unser Versagen im Ringen mit der Schuld vor allem deswegen nicht ertragen, weil wir auf Erfolg orientiert sind, nicht etwa, weil wir wüßten, daß Sünde eine Beleidigung Gottes ist.

Vielleicht sagen Sie jetzt, daß „kleine“ Sünden, „geringer“ Ungehorsam und „geringfügige“ Nachlässigkeiten Gott nicht wirklich beleidigen können, daß er sicherlich ganz zufrieden damit ist, wenn wir so kleine Dinge einfach unter den Teppich kehren. Aber so ist es nicht. Vielleicht liegt das Problem zur Hälfte darin, daß wir die Sünde nicht ernst genug nehmen – daß wir in Gedanken die Sünden längst eingeteilt haben in solche, die unerträglich sind, und andere, über die man hinwegsehen kann.

Wenn wir richtig darüber nachdenken, wird uns bewußt, daß

wir unsere Sünden niemals in ihrer wahren Größe erkennen können, solange wir sie nicht alle im Kontrast zu unserem heiligen Gott gesehen haben. Alle unsere Sünden, große und kleine, haben Jesus die Nägel durch Hände und Füße getrieben, alle unsere Sünden brachten den Vater dazu, daß sein glühender Zorn über seinen Sohn niederging.

Ob es nun um große oder um klitzekleine Dinge geht, wir müssen einsehen, daß es bei allen angebracht ist, mit dem Psalmisten zu sagen: „An dir allein habe ich gesündigt, o Herr."

Ein Wort zum Festhalten

Lesen Sie einmal 2. Samuel 11; da können Sie einen tiefen Blick darauf werfen, wie David immer wieder versuchte, seine Sünde unter den Teppich zu kehren. Er lädt ein Unrecht auf das andere, bis ihn der Prophet Nathan – wie im nächsten Kapitel im 2. Buch Samuel berichtet wird – zur Rede stellt, und da zerbricht David. Sein Bekenntnis aus einem unglücklichen, schuldbewußten Herzen heraus ist in Psalm 51 aufgeschrieben.

Welche vielen „kleinen Sünden" in Davids Leben haben zu diesem großen Unrecht geführt? Welche „kleinen Sünden" schleichen sich in Ihrem Leben ein und bleiben unbekannt und unbereut? Halten Sie jetzt gleich einmal still und legen Sie den Finger darauf. Holen Sie die „Nebensächlichkeiten" wieder unter dem Teppich Ihres Gewissens hervor, legen Sie sie vor Gott offen dar und bekennen Sie sie.

Unser höchster Gott

Benjamin, der kleine Sohn meiner Freundin Bonnie, wartete bei der Familienandacht geduldig, bis er an der Reihe war. Mit gesenktem Kopf hörte er zu, als einer der anderen im Gebet sagte: „Jesus, wir wollen dich besser kennenlernen."

Als er endlich dran war, legte er Gott seine Bitten vor und sagte zum Schluß: „Und dann, Jesus, hoffe ich noch, daß du mich auch besser kennenlernst."

Ich kann Benjamins Anliegen gut nachfühlen. Vor Jahren, als ich noch sehr jung im Glauben war, hatte auch ich mit einigen Sachen zu kämpfen, die alle anderen offenbar für selbstverständlich hielten. Und noch bis vor kurzem hatte ich eine recht verdrehte und verkehrte Ansicht von der Herrlichkeit Gottes.

Wenn ich in der Bibelstunde saß, hörte ich all die Geschichten, wie Jesus vor großen Menschenmengen predigte und Kranke heilte, wie er durch sein Land wanderte und dabei eine riesige Menge von Leuten auf den Fersen hatte. Und ich fragte mich, warum das so war.

Außerdem fühlte ich mich mit der Zeit ziemlich abgestoßen von bestimmten Gemälden und Zeichnungen von Jesus, die ich an den Wänden oder in Bibeln fand. Darauf sah er wie ein superfrommer Heiliger aus, wie einer, der mit seinen Gedanken hoch in den Wolken schwebt.

Als junges Mädchen hatte ich die Vorstellung, daß Gott sich wohl vor allem mit seinem eigenen Ich beschäftigte, sozusagen auf dem Ego-Trip war. Deshalb schien er den Menschen immer wieder zu erzählen, wie wunderbar er war und daß sie ihn doch besser kennenlernen sollten; deswegen rief er die Menschen unentwegt auf, ihm nachzufolgen. Ich hatte den Eindruck, daß Gott es einfach brauchte, angebetet zu werden, daß er irgendwie eine große Menge von Leuten um sich haben wollte, die ihn verehrten.

Vielleicht würden Sie es nie vor anderen zugeben, aber haben

Sie jemals solche Gedanken gehabt? Haben Sie schon einmal gemeint, daß Gott doch ein bißchen viel Aufhebens um seine Herrlichkeit macht? Kommt Ihnen manchmal die Frage, ob all diese Aufmerksamkeit, die er bekommt, dazu dient, sein Selbstbewußtsein zu befriedigen? Haben Sie schon einmal gründlich darüber nachgedacht, warum Gott denn eigentlich will, daß wir ihn besser kennenlernen?

Wenn wir uns mit solchen Fragen herumplagen, sollten wir besser aufhören, mit unserer menschlich-begrenzten Logik daran herumzurätseln. Mit Gottes Hilfe müssen wir lernen, diese Geheimnisse aus seiner Perspektive zu sehen.

In einem meiner früheren Bücher habe ich schon einmal versucht, diese Dinge aus einem anderen Blickwinkel zu betrachten:

„Stellen Sie sich vor, Sie wären – wie Gott – das wahrhaftigste, gerechteste, reinste, vollkommenste und lobenswerteste Wesen, das es gibt. Und alles andere im ganzen Universum, das eine von diesen Eigenschaften besäße, hätte sie von Ihnen, weil es bis zu einem gewissen Grad ein Spiegelbild von Ihnen wäre, denn ohne Sie gäbe es diese Eigenschaften gar nicht.

Wenn das der Fall wäre, müßte jeder, der in irgendeiner Weise besser werden wollte, Ihnen ähnlicher werden. Wenn Sie nun die Menschen aufforderten, über diese guten Eigenschaften nachzudenken, würde das bedeuten, Sie müßten sie auffordern, über Sie nachzudenken. Die Ichbezogenheit der anderen wäre falsch, denn ihre Gedanken würden sich in diesem Fall um Sünde und Unvollkommenheit drehen. Ihre Ichbezogenheit hingegen hätte die Vollkommenheit zum Ziel.

Wenn Gott uns deshalb auffordert, über ihn nachzudenken, will er, daß wir alles erwägen, was wahr, gerecht, rein, liebens- und lobenswert ist... er weiß, wie wichtig es ist, daß seine Eigenschaften auch unsere Eigenschaften werden."[3]

Gott weiß es: je mehr wir ihn kennenlernen, desto mehr werden wir das Leben – wirkliches Leben – kennenlernen, das Leben, für das wir erschaffen worden sind, das wir erfahren sollen. Gott ist das Leben.

Er weiß: wenn wir mit ihm leben, werden wir besser begreifen können, was echte Liebe ist – wie groß der Unterschied zu den billigen Imitationen ist, die die Welt hervorbringt. Gott ist die Liebe.

Wenn wir unsere Gedanken um ihn kreisen lassen, werden wir seine Güte besser und tiefer verstehen lernen und dabei selbst gütiger werden. Gott ist die Güte.

Unser Sinn wird aufblühen, wenn wir uns von der Wahrheit seines Wortes ernähren – von der reinen Wahrheit, die nicht durch Vorurteile, politische Meinungen oder unreine Motive verfälscht ist. Gott ist die Wahrheit.

Wir werden mit der Zeit einsehen, wie sehr wir tatsächlich in allem von ihm abhängig sind, denn er hat unsere Erlösung bewirkt, er gibt uns Kraft für jeden Tag, er läßt uns atmen von einem Augenblick zum anderen.

Gott will, daß wir ihn besser kennenlernen – aber nicht, weil er unsere Anbetung bräuchte, sondern weil wir seine Kraft brauchen. Das hat nichts damit zu tun, daß er egoistische Bedürfnisse befriedigen wollte, sondern mit unserer Hoffnung darauf, heute ein sinnvolles Leben zu führen und in Zukunft ewiges Leben zu finden.

Jemand hat einmal gesagt: „Gottes Herrlichkeit und Ehre ist das höchste Gut des Menschen." Der Herr weiß, daß es gut für uns ist, wenn wir ihn so kennenlernen, wie er wirklich ist.

Ein Wort zum Festhalten

Haben wir nicht einen großartigen Gott? Sehen Sie nur in Apostelgeschichte 17,24–28 nach. Wenn es hier um einen Menschen und nicht um Gott ginge, könnte man meinen, er drehe sich nur um sich selbst. Aber Gottes Handeln hat eine ganz besondere Absicht. Spüren Sie der Absicht Gottes in diesen Versen der Heiligen Schrift nach und strecken Sie sich heute in Ihrem persönlichen Gebet danach aus.

Gott und unsere Fragen

Eins der ersten Bücher der Bibel, dem ich mich nach meinem Unfall zuwendete, war das Buch Hiob. Als ich bewegungslos im Krankenhaus lag, schwirrten mir viele Fragen im Kopf herum. Und als ich erfuhr, daß ich mein Leben lang gelähmt bleiben würde, warf das noch viel mehr Fragen auf.

Ich suchte verzweifelt nach Antworten. Hiob, so überlegte ich, hatte auch schrecklich gelitten, und er stellte Gott Fragen über Fragen. Vielleicht konnte ich Trost und Einsicht finden, wenn ich ihm in seiner konsequenten Suche nach Antworten folgte.

Eigentlich ist es seltsam, daß so viele Christen ausgerechnet bei Hiob Hilfe und Trost suchen. Denn in Wirklichkeit wirft das Buch ja mehr Fragen auf, als es Antworten gibt.

Vergeblich sucht man hier nach hübsch geordneten, handlichen Theorien darüber, warum Menschen leiden müssen. Gott weigert sich nicht nur, Hiobs quälende Fragen zu beantworten, er sagt auch nur sehr wenig zu all den wohlformulierten theologischen Theorien, die die Freunde Hiobs anbieten.

Wir wollen uns nichts vormachen: Hiobs Fragen an Gott sind nicht von der höflichen Art, wie man sie in Bibelstunden stellt. Sie sind scharf und spitz formuliert und scheinen manchmal an der Grenze zur Gotteslästerung zu stehen.

„Warum bin ich nicht gestorben bei meiner Geburt?“ (3,11).

„Warum hat man mich auf den Schoß genommen? Warum bin ich an den Brüsten gesäugt?“ (3,12).

„Warum gibt Gott das Licht dem Mühseligen und das Leben den betrübten Herzen?“ (3,20).

„Was ist meine Kraft, daß ich ausharren könnte; und welches Ende wartet auf mich, daß ich geduldig sein sollte? Ist doch meine Kraft nicht aus Stein und mein Fleisch nicht aus Erz“ (6,11+12).

„Wenn das Leben schon so kurz ist, warum muß es dann so erbärmlich sein?“ (vgl. 7,1–10).

„Warum blickst du nicht einmal von mir weg und läßt mir keinen Atemzug Ruhe?“ (7,19).

„Hab ich gesündigt, was tue ich dir damit an, du Menschenhüter? Warum machst du mich zum Ziel deiner Anläufe, daß ich mir selbst eine Last bin?“ (7,20).

„Und warum vergibst du mir meine Sünde nicht oder läßt meine Schuld hingehen? Denn nun werde ich mich in die Erde legen, und wenn du mich suchst, werde ich nicht mehr dasein“ (7,21).

„Ja, ich weiß sehr gut, daß es so ist und daß ein Mensch nicht recht behalten kann gegen Gott“ (9,2).

„Er hat die Erde unter gottlose Hände gegeben, und das Antlitz ihrer Richter verhüllt er. Wenn nicht er, wer anders sollte es tun?“ (9,24).

„Ich soll ja doch schuldig sein! Warum mühe ich mich denn so vergeblich?“ (9,29).

„Deine Hände haben mich gebildet und bereitet; danach hast du dich abgewandt und willst mich verderben?“ (10,8).

„Warum verbirgst du dein Antlitz und hältst mich für deinen Feind?“ (13,24).

„Ach, daß ich wüßte, wie ich ihn finden und zu seinem Thron kommen könnte! So würde ich ihm das Recht darlegen und meinen Mund mit Beweisen füllen und erfahren die Reden, die er mir antworten, und vernehmen, was er mir sagen würde.“ (23,3–5).

„Warum sind von dem Allmächtigen nicht Zeiten vorbehalten, und warum sehen, die ihn kennen, seine Tage nicht?“ (24,1).

Das sind harte, forschende Fragen. Hiobs Freunde waren entsetzt, als sie das hörten. Sie rechneten beinahe damit, daß ein Blitz vom Himmel kommen und diesen leidenden Mann auf der Stelle erschlagen würde. Aber der Blitz kam nicht.

Und das, genau das ist für mich der eigentliche Trost im Buch Hiob. Was mir in meinem Leiden am meisten bedeutete, war die Tatsache, daß Gott Hiob niemals wegen seiner Zweifel und seiner Verzweiflung verurteilte. Gott war sogar bereit, die herausfordernden Fragen anzuhören. Und die Antworten? Sie waren nicht so, wie Hiob es erwartete.

Wenn ich es recht überlege, bin ich nicht sicher, ob es mir damals etwas genützt hätte, die Antworten auf alle meine Fragen zu finden. Wie wäre es denn gewesen, wenn Gott plötzlich eingewilligt hätte, alle meine Fragen zu beantworten? Hätte ich damit auch nur entfernt fertig werden können? Es wäre so gewesen, als ob man zehn Hektoliter Wahrheit in einen winzigen Behälter von einem Milliliter füllen wollte, als wenn man einen ganzen Wasserturm in eine Puppentasse gießen wollte. Mein armes Spatzenhirn hätte das gar nicht aufnehmen können.

Aus irgendeinem Grund allerdings tröstete es mich, als ich erkannte, daß Gott mich nicht dafür verdammte, daß ich ihn mit Fragen bombardierte. Ich mußte mir also keine Sorgen machen, daß ich ihn in dieser Zeit voller Belastungen und Angst und Schmerzen mit meinen Ausbrüchen beleidigen würde. Meine Verzweiflung würde ihn nicht schockieren. Gott, so sagt uns das Buch Hiob, fühlt sich niemals durch unsere Fragen bedroht.

Habe ich nun auf die tiefsten, dunkelsten Fragen zu meiner Lähmung Antworten gefunden?

Nur eine. Aber das ist genug. Paulus hat sie formuliert:

„O welch eine Tiefe des Reichtums, beides, der Weisheit und der Erkenntnis Gottes! Wie unbegreiflich sind seine Gerichte und unerforschlich seine Wege! Denn wer hat des Herrn Sinn erkannt, oder wer ist sein Ratgeber gewesen? Oder wer hat ihm etwas zuvor gegeben, daß Gott es ihm vergelten müßte? Denn von ihm und durch ihn und zu ihm sind alle Dinge. Ihm sei Ehre in Ewigkeit! Amen“ (Römer 11,33–36).

Ein Wort zum Festhalten

Ein behinderter Mensch, den ich gut kenne, hat einmal gesagt: „Früher hatte ich Millionen von Fragen und keine einzige Antwort darauf. Heute habe ich immer noch keine Antworten. Aber, wissen Sie, heute habe ich auch die Fragen nicht mehr.“

Stellen Sie Gott einmal eine Frage, die Sie schon lange hinten im Schrank versteckt haben. Und dann lesen Sie Römer 8,38 + 39. Und nehmen Sie sich vor, über diese zwei Bibelverse in der nächsten Woche jeden Tag eine Weile nachzudenken.

Gottes Aufmerksamkeit

Es kann äußerst enttäuschend sein, wenn man immer wieder versucht, die Aufmerksamkeit eines anderen Menschen auf sich zu lenken. Das habe ich schon als junges, noch unreifes Mädchen gemerkt, als ich verzweifelt darauf aus war, den Kapitän der Fußballmannschaft unserer Nachbarschule zu beeindrucken.

Ich weiß noch genau, welche Spielchen ich damals betrieb: ich versuchte, mich für jede Gelegenheit richtig anzuziehen, meine Haare auf eine ganz besondere Art zu kämmen, abzunehmen, damit meine Taille schlanker wurde, und ungeheuer viel zu arbeiten – alles nur, um damit Eindruck zu schinden. Und ich bemühte mich, sein Interesse durch viele geistreiche Bemerkungen in der Unterhaltung zu wecken. Denn ich hatte das Gefühl, daß seine Zuneigung zu mir zu- und abnahm, je nachdem, wie klug und gelassen die Worte waren, mit denen ich jeweils das Gespräch eröffnete.

Es war ein einziges Unglück! Ehrlich gesagt war ich total erschöpft durch die ständigen Versuche, seine Aufmerksamkeit zu erlangen. Schließlich ließ er mich fallen wie eine heiße Kartoffel, und ich hatte es wohl so verdient. Doch durch all das lernte ich etwas, was ich im Laufe der Jahre nie mehr vergessen habe.

Jedesmal, wenn ich mich bei dem Versuch erwische, Gottes Aufmerksamkeit auf mich lenken zu wollen, werde ich wieder an diese verrückte Beziehung aus meinen letzten Schuljahren erinnert. Haben Sie jemals auch solche Gedanken gehabt? Wenn uns Krankheit trifft, wenn Sorgen drohen, wenn Konflikte unsere Freundschaften stören, dann könnten wir daraus schließen, daß Gott es leid geworden ist, sich um uns zu kümmern – daß er inzwischen seine Aufmerksamkeit anderen Christen zugewandt hat, die vielleicht interessanter und aufregender sind als wir. Etwa so:

„Ach, Gabriel, sieh doch mal da drüben! Also, in der jungen Frau dort steckt wirklich etwas. Die ist ein echter Aufsteiger – so aufgeschlossen, so diszipliniert und treu, wie sie ist! Sie ist geradewegs auf dem Weg ins Himmelreich. Eigentlich schade um Joni. Aber ich finde, wir haben in sie vorläufig mehr als genug Zeit und Kraft investiert."

Oder wir stellen uns vor, daß Gott angewidert ist von unseren ständigen Schlängelwegen zwischen Gehorsam und Ungehorsam, und daß er sich entschließt, uns einfach sitzenzulassen, so daß wir eine Zeitlang für uns selbst sorgen müssen. („Da soll sie jetzt erst mal drüber nachdenken!") Wir haben ständig Angst, wenn wir nicht im Scheinwerferlicht Gottes bleiben, könnte er sich zu sehr mit anderen Dingen beschäftigen, etwa Milchstraßen zu jonglieren oder im Nahen Osten prophetische Worte zu erfüllen. Oder, was noch schlimmer ist, wir fürchten, wir könnten Gott so strapazieren, daß er sich nicht mehr die Zeit nimmt, die verworrene Unordnung, in die wir uns selbst hineinmanövriert haben, wieder zu beseitigen.

Wenn Ihnen jemals solche Gedanken durch den Kopf gehen, dann rennen Sie, so schnell Sie nur können, zu Ihrer Bibel, und schlagen Sie die Psalmen auf. Verkriechen Sie sich für ein paar Minuten, in denen Sie niemand stört, und lesen Sie Psalm 121. Öffnen Sie Ihr Herz, lassen Sie den Geist Gottes in Ihnen arbeiten und Ihnen diese Worte auf ganz persönliche Art tief einprägen. Dann wird es nicht mehr lange dauern, bis die Mutlosigkeit und die innere Unruhe verblassen werden wie ein schlimmer Traum.

Der Psalmsänger steht in einem tiefen Tal und sehnt sich verzweifelt nach einem mutmachenden Wort. Er sieht sich um, nach Norden, Süden, Osten und Westen. Woher soll seine Hilfe kommen? Nur von dem Herrn, dem Schöpfer dieser gewaltigen Berge und Hügel, die ihn von allen Seiten umgeben (Vers 1+2). Der Beter läßt seine Augen darauf ruhen, und sein Geist fängt an, vor neuem Vertrauen und vor Gewißheit überzuschäumen.

Dieser fürsorgliche, liebevolle Gott, so sagt er uns, „wird deinen Fuß nicht gleiten lassen". 24 Stunden am Tag, sieben Tage in der Woche wird er die Wacht über uns halten. Er ist wie ein Schatten an langen, mühsamen Tagen und wie ein Wächter, auch in der dunkelsten Nacht (Vers 3–6).

Gibt es überhaupt jemanden, der sich wirklich für Ihr Leben

interessiert? Ja, Gott der Herr tut das. Er wacht über Ihr Leben, über Ihren „Ausgang und Eingang von nun an bis in Ewigkeit" (Vers 7+8).

Machen Sie nicht den Fehler anzunehmen, daß Gottes Interesse an Ihnen zu- und abnehmen würde, und zwar je nach Ihrer augenblicklichen Glaubenstemperatur. Gottes Liebe schwankt nicht und ist nicht abhängig davon, wie viele Siege Sie gerade über die Sünde errungen haben oder wie oft Sie seinen Namen im Gebet anrufen. Seine Liebe zu Ihnen geht tiefer als bloße Zuneigung oder oberflächliche Sympathie.

Gott wird Ihnen niemals untreu, er wird Sie niemals aufgeben. Er wird sich nie durch irgend etwas von Ihnen ablenken lassen, und sein Interesse wird im Lauf der Jahre nicht abkühlen. Sie brauchen sich keine Sorgen darüber machen und auch nicht immer wieder versuchen, ihn zu beeindrucken, um seine Aufmerksamkeit auf sich zu lenken.

Lesen Sie Psalm 121 und lassen Sie von der unvergleichlichen Liebe Gottes alle Ihre Zweifel und Ängste wegschwemmen. Sie haben schon jetzt die volle Aufmerksamkeit Gottes und werden sie niemals mehr verlieren. Die eigentliche Frage lautet vielmehr: Wie kann er sich *Ihre* Aufmerksamkeit sichern?

Ein Wort zum Festhalten

Wenn Sie Psalm 121 lesen, lassen Sie ihn einmal ganz lebendig werden: Fügen Sie in jeden Vers Ihren eigenen Namen ein, um zu entdecken, wie persönlich Gott sich mit den Einzelheiten Ihres Lebens beschäftigt.

Herrlichkeit – ein Wort der Alltagssprache

Herrlichkeit – das ist ein erhabenes, feiertägliches Wort, nicht wahr? Man kann sich nur schwer vorstellen und nur unklar erkennen, was damit gemeint ist. Die Bedeutung scheint entweder so schwierig, daß wir sie nicht richtig fassen können, oder so hoch über unseren Köpfen, daß wir einfach nicht drankommen.

Wir hören, wie Menschen über die Gnade Gottes reden, über Gerechtigkeit, Erlösung und Herrlichkeit, und wir nicken dazu. Sicher, alle diese Dinge sind wichtig, aber manchmal scheint uns ihre Bedeutung ein bißchen weit weg von unserem täglichen Leben. Was hat die Herrlichkeit des Herrn schon mit den Schulaufgaben für morgen zu tun, mit dem Ölwechsel beim Auto oder damit, daß die Wäsche noch von der Leine genommen und zusammengelegt werden muß?

Früher einmal habe ich gemeint, Herrlichkeit müsse so etwas sein wie ein Strahlen im Kosmos, ein blendendes Licht. Bilder von Bethlehem pflegten mir vor Augen zu stehen – mit wunderschönen himmlischen Wesen, die den Nachthimmel aufreißen und laut singen: „Ehre sei Gott in der Höhe!“

Doch vor kurzem habe ich gelernt, daß die Herrlichkeit Gottes unserem Alltag viel näher ist.

Herrlichkeit, so habe ich erfahren, ist das Eigentliche von Gott, sein wesentlichster Zug. Immer wenn man von seiner Art oder von seinen Eigenschaften spricht – etwa von Heiligkeit, Liebe, Mitgefühl, Gerechtigkeit, Wahrheit oder Gnade –, ist das Gottes Herrlichkeit. Und wenn er sich selbst in einer dieser Eigenschaften offenbart, sagen wir, daß er sich „verherrlicht“.

In früheren Zeiten hat er seine Eigenschaften an bestimmten Orten und durch Menschen offenbart, und das tut er heute noch.

Vor nicht allzu langer Zeit habe ich eine Freundin zu Hause besucht, und da spürte ich sofort die Herrlichkeit Gottes. Nein, dieser Eindruck lag nicht daran, daß dort irgendein frommes Hochgefühl oder besondere geistliche Instinkte geherrscht hätten. Und es hatte auch nichts zu tun mit einigen christlichen Sprüchen, die ich im Flur an der Wand hängen sah. Das ganze Haus strömte einfach Frieden und Aufgeräumtheit aus, Freude und Musik lagen in der Luft. Die Kinder waren ganz normale, lebhafte Sprößlinge, aber alles, was die Familienmitglieder taten, schien übereinzustimmen und sich zu ergänzen – sie machten den Eindruck, daß sie alle eine gemeinsame Richtung hatten, daß die Kinder sich wirklich eins um das andere kümmerten und daß die Eltern ihre Liebe in die Tat umsetzten.

Wir verbrachten nicht einmal viel Zeit mit „geistlicher Gemeinschaft" in dem Sinne, daß wir über die Bibel geredet und gemeinsam gebetet hätten. Doch wir lachten zusammen und hörten uns wirklich gegenseitig zu und redeten offen miteinander wie Mitglieder einer vertrauten Familie.

Nach dem Abendessen fuhr ich wieder fort und fühlte mich erholt und erfrischt. Es war ein Ort, wo Gottes wesentlichster Zug zu sehen und zu spüren war – dies Haus war erfüllt mit der Herrlichkeit des Herrn, mit seiner Freundlichkeit, seiner Liebe, seiner Gerechtigkeit.

Wie geht das überhaupt, daß Sie und ich den Herrn verherrlichen? Es passiert jedesmal, wenn wir seine Eigenschaften in unserem alltäglichen Leben offenbaren; jedesmal, wenn Sie die gute Nachricht von Jesus Christus einem anderen Menschen weitererzählen; jedesmal, wenn Sie mitten in einer aufregenden und ärgerlichen Situation Geduld beweisen; jedesmal, wenn Sie von Herzen lächeln können oder ein ermutigendes Wort für einen anderen Menschen haben. Wenn die Leute um Sie herum in Ihrer Einstellung und in Ihren Reaktionen den Charakter Gottes sehen können, zeigen Sie etwas von Gottes Herrlichkeit.

Wir merken schon, Gottes Herrlichkeit ist nicht reserviert für einen Tempel aus gewaltigen Steinblöcken oder für irgendeine himmlische Kulisse. Sie kann deutlich hervorleuchten, wenn Sie auf der Autobahn einen platten Reifen wechseln, wenn Sie einem wütenden Mitarbeiter zuhören und ihm einen Rat geben, wenn Sie in einem Krankenhausbett liegen oder bei der Kinderbetreuung in Ihrer Gemeinde zwei schreiende Säuglinge auf dem Arm haben.

So aufregend, wie das alles schon ist – Paulus hat eine Nachricht für uns, die noch besser klingt:

„Nun aber schauen wir alle mit aufgedecktem Angesicht die Herrlichkeit des Herrn wie in einem Spiegel, und wir werden verklärt in sein Bild von einer Herrlichkeit zur andern von dem Herrn, der der Geist ist" (2. Korinther 3,18).

Je mehr wir auf unseren Herrn Jesus in den Stunden und Tagen unseres Lebens sehen, sagt Paulus, desto ähnlicher werden wir ihm!

Gottes Herrlichkeit ist alles andere als ein unfaßbarer Begriff aus einem theologischen Text – Herrlichkeit ist Ihnen so nahe wie Ihr nächster Atemzug, ist so wirklich wie ein Lächeln an einem dunklen Tag, so herzlich wie ein liebevoller Händedruck.

Ein Wort zum Festhalten

Denken Sie an die verschiedenen Spiegel, die Sie in Ihrem Haus haben, vom kunstvoll geschliffenen Spiegel in Ihrem Schlafzimmer bis hin zu Ihrem kleinen, runden Taschenspiegel. Sie können die verschiedensten Größen und Formen haben, aber sie tun alle dasselbe – sie spiegeln etwas wider!

Und jetzt sehen Sie sich einmal 2. Korinther 3,18 genauer an. Haben Sie jemals darüber nachgedacht, daß Sie selbst ein Spiegel sind, der die Herrlichkeit des Herrn widerspiegelt? Ganz gleich, wie groß oder klein Sie Ihrer Meinung nach in Gottes Familie sind, Gott will, daß Sie das Bild seines Sohnes widerspiegeln. Überlegen Sie sich: Auf welche Weise sehen die Leute den Herrn in Ihrem Leben am besten verherrlicht?

Der Gott der kleinen Dinge

Kümmert sich Gott um die konkreten Einzelheiten in Ihrem Leben? Sorgt er sich auch um die Kleinigkeiten?

Vielleicht haben Sie solche Gedanken schon insgeheim gehabt oder auch ausgesprochen, möglicherweise mitten im Trubel eines anstrengenden Tages zu Hause oder im Büro.

Da steht noch ein Haufen schmutziges Geschirr herum. Bei der Schreibmaschine ist das Farbband zu Ende. Auf dem Fußboden vor der Waschmaschine bildet sich eine große Pfütze Seifenlauge, und in einer Stunde kommt Besuch. Ihre beste Freundin hat eben angerufen und schien so merkwürdig kühl, und Sie können sich gar nicht vorstellen, warum.

Das alles sind kleine Dinge. Niemand sonst scheint sie wahrzunehmen oder besonders zu beachten, warum sollte sich also ausgerechnet Gott darum kümmern? Schließlich ist er ja der Herr der großen, wichtigen Dinge, oder? Ist er nicht derjenige, der riesige, wirbelnde Milchstraßen im unendlich weiten Weltall ins Leben gerufen hat und erhält?

Jesaja schreibt von ihm:

„Wer mißt die Wasser mit der hohlen Hand, und wer bestimmt des Himmels Weite mit der Spanne und faßt den Staub der Erde mit dem Maß und wiegt die Berge mit einem Gewicht und die Hügel mit einer Waage?" (Jesaja 40,12).

Warum sollte dieser großartige, ehrfurchtgebietende Gott die Tränen sehen, die mir heute morgen beim Frühstück gekommen sind, wenn doch kein Mensch etwas davon gemerkt hat? Warum sollte der Schöpfer des Weltenraums sich um die Sorgen kümmern, die mich heute nacht bis zwei Uhr nicht schlafen ließen? Warum sollte der mächtige Herrscher der Ewigkeit darauf achten, daß ich zu spät zu einem Termin komme und ausgerechnet jetzt keinen Parkplatz finden kann?

Sicherlich, in der Bibel steht, daß der Herr Mitleid mit uns hat. Aber ist das nicht ein „allgemeines" Mitleid mit der ganzen

Menschheit, bei dem man sich die konkreten Einzelheiten weit vom Leib hält? So wie bei einem Multimillionär, der einen Scheck für ein ihm unbekanntes armes Kind ausfüllt, das auf der anderen Seite der Weltkugel lebt.

Aber wie vertraut ist Gott denn wirklich mit unseren kleinen, unscheinbaren Alltagsproblemen?

Ich erinnere mich in diesem Zusammenhang immer wieder an die Worte Davids in Psalm 103:

„Wie sich ein Vater über Kinder erbarmt, so erbarmt sich der HERR über die, die ihn fürchten“ (Psalm 103,13).

Dieser Satz gibt uns eine Vorstellung davon, wie Gott sein Mitgefühl ausdrückt. Das ist nicht das Mitleid eines weit entfernten Königs oder eines Beamten, der mit seinen Gedanken eigentlich ganz woanders ist, sondern das vertraute, von Herzen kommende Mitfühlen eines Vaters.

Ich weiß noch gut, daß mein Vater diese Art von Mitgefühl für mich hatte. Wenn er vor seiner Staffelei stand und Ölfarben mischte und auf einer großen Leinwand malte, saß ich als kleines Mädchen oft mit meinen Buntstiften und meinem Malbuch neben ihm auf dem Fußboden, und ich arbeitete genauso fleißig wie er. Obwohl er sich ganz auf sein Bild konzentrierte, sah er doch ab und zu zu mir herunter und lächelte mir zu. Und manchmal legte er seine Pinsel zur Seite, streckte seine Hände zu mir aus und nahm mich auf den Schoß. Er ließ mich einen seiner Pinsel greifen und umfaßte mein Händchen mit seiner großen starken Hand. Und dann führte er meine Hand mit dem Pinsel ganz zart, tauchte ihn in die Farbe, mischte gebrannte Umbra und rote Siena und andere Töne und strich die nasse, glänzende Farbe auf die Leinwand, die vor uns stand.

Und ich sah zu und staunte, daß wir beide zusammen etwas so Schönes zustande brachten.

Auch wenn das schon viele Jahre her ist, denke ich noch oft an diese Szenen, und es wärmt mir bis heute das Herz, wie vertraut und einfühlsam mein Vater damals mit mir umging.

So eine Liebe hat unser Gott für uns – echte Vaterliebe. Das freundliche, sanfte Mitgefühl eines Vaters, der sich von Herzen um seine Söhne und Töchter kümmert. Vielleicht haben Sie niemals im Leben so einen irdischen Vater erlebt, aber Sie haben trotzdem einen solchen Vater im Himmel.

Nein, Gott ist mit der Leitung seines großen Universums nicht so vielbeschäftigt, daß Ihre Probleme, auch die ganz kleinen, ihm entgehen würden. Der Herr Jesus hat uns versichert, daß sogar die Haare auf unserem Kopf gezählt sind (Matthäus 10,30). Wenn sich also heute bei Ihnen die Schwierigkeiten so hoch auftürmen, daß Sie das Gefühl haben, Sie brechen unter dieser Last gleich zusammen, dann halten Sie einen Moment inne und denken Sie an die gute Anweisung des Petrus:

„Alle eure Sorge werft auf ihn; denn er sorgt für euch“ (1. Petrus 5,7).

Lassen Sie Ihre Hand von der großen Hand Gottes umschließen. Mit seiner Hilfe können sogar die enttäuschenden Buntstiftkritzeleien Ihres Lebens zu einem Meisterwerk werden. Und nichts kann ein Vaterherz mehr erfreuen!

Ein Wort zum Festhalten

Haben Sie sich schon einmal bei einem Nachbarn ein Werkzeug ausgeliehen, das dann in Ihren Händen kaputtgegangen ist? Für die meisten ist das nur eine kleine Unannehmlichkeit, aber vielleicht bereitet es Ihnen große Sorgen! Kümmert sich Gott auch um solche Verdrießlichkeiten? Wenn Sie daran zweifeln, lesen Sie 2. Könige 6,1–7.

Gottes Geheimnisse

Kommen Sie doch für einen Moment mal etwas näher an das Buch heran. Kann ich Ihnen ein Geheimnis anvertrauen?

Wenn Sie noch ein bißchen dableiben, könnte das tatsächlich geschehen! Ich würde es sehr wahrscheinlich tun, wenn Sie und ich gute Freunde würden. Ich habe nämlich gern Menschen um mich, und es ist ganz natürlich für mich, einem Freund etwas anzuvertrauen, sein Mitgefühl zu suchen, wenn ich leide, oder seinen Beifall, wenn ich ein Bild gemalt habe, mit dem ich besonders zufrieden bin.

Fast jeder Mensch steht in solchen sozialen Bezügen. Ein ganzes Geflecht von wirksamen Kräften und persönlichen Wellenlängen besteht zwischen uns. Und wir entwickeln freimütige Gewohnheiten in unseren mitmenschlichen Beziehungen, in dem, was wir tun und wie wir reagieren. Sogar unsere Vertrauensseligkeit, unser Verlangen danach, ein offenes Ohr selbst für unsere heiligsten Geheimnisse zu finden, zeigt doch, daß wir von anderen Menschen abhängig sind. Die Befriedigung, die wir finden, wenn wir über unsere Hoffnungen und Sorgen und auch über unser Versagen mit denen reden können, denen wir nicht egal sind, ist ein Zeichen, daß wir für uns allein begrenzt und gebrechlich sind – eben menschlich, allzu menschlich.

Gott andererseits ist uns ein verborgenes Geheimnis. Er verhüllt viele Dinge vor uns, um uns an seine unnahbare Majestät und Vollkommenheit zu erinnern. Er ist nicht so wie wir, er bleibt oft still und schweigt. Dieses Schweigen zeigt uns, daß er in sich selbst vollkommen ist. Er braucht wahrhaftig keine Hilfe von uns. Wenn er es will, kann er alle seine Wünsche selbst erfüllen – ohne die geringste Mitarbeit von irgendeinem Menschen. Der Prophet Jesaja sagt dazu: „Wen fragt er um Rat, der ihm Einsicht gebe und lehre ihn den Weg des Rechts und lehre ihn Erkenntnis und weise ihm den Weg des Verstandes?" (Jesaja 40,14). Die Antwort heißt natürlich: niemanden.

Aber jetzt kommt das Wunder: obwohl Gott sich selbst vollkommen genug sein könnte, hat er sich dazu entschlossen, sich mit unserem Leben zu befassen. Es gibt einen kurzen Vers in den Psalmen, der mich jedesmal in Staunen versetzt, wenn ich daran denke:

„Der HERR ist denen Freund, die ihn fürchten; und seinen Bund läßt er sie wissen“ (Psalm 25,14).

Man könnte auch sagen: „Der Herr ist eng vertraut mit denen, die ihn fürchten.“ Er bräuchte es nicht, aber trotzdem teilt er seine Geheimnisse mit mir. Er wird ganz persönlich, läßt alle Vorsichtsmaßnahmen außer acht, zieht mich in ein stilles, vertrautes Gespräch. Er vertraut mir etwas an, ausgerechnet mir!

Gott braucht mich ganz und gar nicht. Er verlangt ganz bestimmt nicht nach meinem Rat. Er braucht weder meine Aufmerksamkeit noch meine gefühlsmäßige Unterstützung oder mein teilnahmsvolles Zuhören. Er kann sich so um seine Angelegenheiten kümmern, als ob es mich gar nicht gäbe. Er kam ja schließlich auch zurecht, als ich noch nicht geboren war. Gott hat es gar nicht nötig, sich so tief herunterzubücken, um ein zerbrochenes irdenes Gefäß wie mich zu benutzen. Es liegt nur an seiner unglaublichen Gnade, daß er meine schlichte Arbeit als einen Dienst für sich nimmt. Er erlaubt es, ja, er bittet sogar darum, daß ich ihm helfe.

Und wenn man sich das vorstellt: Er flüstert mir sogar die Geheimnisse seines Herzens ins Ohr!

Aber hier wird noch etwas anderes bedeutsam. Normalerweise verraten wir unsere Geheimnisse denen, mit denen wir ganz besonders auf du und du stehen. Aber bei Gott ist das nicht so. Er reserviert diese Vertraulichkeiten für die, die ihn fürchten, für die, die ihm mit Ehrfurcht und tiefer Achtung begegnen, die seinen Namen anbeten.

Ich bin überwältigt von Gottes großer Herrlichkeit, seiner völligen Selbstgenügsamkeit, seiner Heiligkeit und Vollkommenheit. Aber noch mehr Eindruck macht auf mich, daß Gott aus freiem Entschluß heraus seinen Bund Ihnen und mir bekannt macht, obwohl wir doch so unsicher, gebrechlich und unzuverlässig sind.

Und das ist ein Geheimnis, das ich kaum für mich behalten kann!

Ein Wort zum Festhalten

Hat Gott Sie in letzter Zeit ins Vertrauen gezogen? Hat er Ihnen eine ganz bestimmte Erkenntnis offenbart? Etwas über seine Liebe, was Ihnen früher ganz unverständlich vorkam, oder über seine Pläne, die Ihnen vorher wie Rätsel schienen? Wenn das so ist, dann nehmen Sie sich einen Augenblick Zeit und loben Sie Gott dafür, daß er so vertraulich mit Ihnen geredet hat. Wenn Sie aber in letzter Zeit keine besonderen Geheimnisse von ihm erfahren haben, dann denken Sie an folgende Aussage: „Wohl dem, der den HERRN fürchtet“ (Psalm 112,1). Denn wenn Sie Gott fürchten, ist das so, als ob Sie die Hand hinters Ohr legten, damit Sie ihn besser hören können.

Gottes Demut

Wenn ich über die wunderbaren Eigenschaften meines Gottes nachdenke, bewegt mich immer wieder eine Eigenart mehr als alle anderen, und das ist die Demut unseres Herrn und Heilandes. Wenn man diese Demut im Zusammenhang mit seiner Herrlichkeit und Größe als Schöpfer des ganzen Weltalls sieht, ist sie noch erstaunlicher. Die Heilige Schrift sagt uns von Jesus Christus:

„Denn in ihm ist alles geschaffen, was im Himmel und auf Erden ist, das Sichtbare und das Unsichtbare, es seien Throne oder Herrschaften oder Mächte oder Gewalten, es ist alles durch ihn und zu ihm geschaffen. Und er ist vor allem, und es besteht alles in ihm... Denn es hat Gott wohlgefallen, daß in ihm alle Fülle wohnen sollte" (Kolosser 1,16+17+19).

Denken Sie beim Lesen des folgenden Textes weiter über die Demut Jesu nach:

„Die Hände, die flammende Sphären schufen
und sie in Bewegung setzten,
zahllose Lichtjahre weit entfernt vom Planeten Erde,
haben das Staatsgewand abgelegt
und menschliche Gestalt angezogen,
die Prozedur der Geburt auf sich genommen.

Die Hände, die dem Plan der Liebe gehorchten,
die das Bild Gottes, den Menschen,
aus Staub und Vorsehung formten,
streckten sich aus, wurden vom scharfen Haß
des Menschen durchbohrt,
brachten von neuem das Leben;
der Plan der Liebe wurde am Stamm von Golgatha enthüllt.

Die Hände, denen es nicht ungewohnt war,
eine Gebirgskette aufzufalten oder ein Meer auszuschöpfen,
die immer noch das ganze System der Natur
im Gleichgewicht halten und die Geschichte
nach Gottes Willen lenken,
die halten und formen auch mich!"[4]

Für mich ist es die allerhöchste Demonstration des unvergleichlichen Charakters unseres großen Gottes, daß er seinen göttlichen Glanz beiseite gelegt und die Gestalt eines Dieners angenommen hat und für uns den Tod eines Märtyrers gestorben ist. Als er das getan hat, hat er wahrhaft seine guten Absichten bewiesen.

Seine Demut – sanft und keineswegs aufsehenerregend – zeigt uns am deutlichsten seine Herrlichkeit und Größe.

Ein Wort zum Festhalten

Schlagen Sie Ihre Bibel bei 2. Korinther 8,9 auf. Ich möchte Sie ermuntern, heute wenigstens fünf Minuten darüber nachzudenken, was der Herr Jesus aufgegeben hat, um Ihr Heiland zu werden. Ihre Überlegungen werden Sie dazu bringen, die Knie zu beugen und diesen großen Gott anzubeten, der sich so sehr erniedrigt hat – auch für Sie.

Das Geheimnis seiner Gnade

In der Familie

Ich will Ihnen von meinen großen Schwestern erzählen. Sie haben bestimmt schon den Satz gehört: „Blut ist dicker als Wasser." Als ich klein war, galt eine solche Ausdrucksweise noch als ungehobelt. Aber ich verstand instinktiv, was damit gemeint war. Denn auch wenn ich meine Freundinnen sehr gern hatte, gab es doch niemanden, der mir so wichtig war wie meine drei älteren Schwestern.

Natürlich hatten wir auch Reibereien, die manchmal sogar in lautstarke Handgemenge ausarteten. Doch das sind normale Streitigkeiten zwischen Geschwistern, nicht wahr?

Wir haben uns um die verrücktesten Sachen gestritten, beispielsweise:

„Warum hast du meine Bluse nicht auf den Bügel gehängt?"

„Heute bist du aber mit Abtrocknen dran!"

„Das ist mir ganz egal, ob du das der Mama erzählst. Ich weiß auch einiges, was ich ihr von dir erzählen könnte!"

„Laß deine Dreckpfoten von meinem Tagebuch!"

„*Was* hast du zu meinem Freund gesagt?!"

Aber so sehr wir uns auch manchmal in den Haaren lagen, so froh war ich auch, zu ihnen zu gehören. Ich war besonders stolz darauf, das jüngste von vier Mädchen zu sein. Ich genoß es, wenn wir alle zusammen fotografiert wurden. Innerlich kitzelte es meinen Stolz, wenn meine Schwestern etwas Besonderes geleistet hatten. Und ich glühte vor Freude, wenn sie etwas Nettes über mich sagten. Ihre Meinung und Zustimmung bedeutete mir noch mehr als die meiner besten Freundin.

Es ist schon etwas Wunderbares, wenn man dieselbe genetische Herkunft wie ein anderer Mensch besitzt, dieselben Eltern hat, dieselben Wurzeln und Erinnerungen, denselben Hintergrund und in gewisser Hinsicht auch dasselbe Fleisch und Blut.

Erst vor kurzem, als ich im Johannesevangelium las, wurde ich wieder an die Worte „Blut ist dicker als Wasser" erinnert.

In seinem ganzen Leben hier auf der Erde gebrauchte Jesus Christus besondere Bezeichnungen für die Menschen, die ihm nachfolgten. Er nannte sie „Diener“ oder „Schafe“ oder „liebe Kinder“. Er hatte anscheinend sogar Spitznamen für manche von ihnen. Und beim Abendmahl muß er seinen Jüngern schon dadurch sehr viel Mut gemacht haben, daß er sie Freunde nannte: „Ihr seid meine Freunde, wenn ihr tut, was ich euch gebiete. Ich sage hinfort nicht, daß ihr Knechte seid; denn ein Knecht weiß nicht, was sein Herr tut. Euch aber habe ich gesagt, daß ihr Freunde seid; denn alles, was ich von meinem Vater gehört habe, habe ich euch kundgetan“ (Johannes 15,14+15).

Doch erst nach seiner Auferstehung bezeichnete Jesus seine Jünger als seine Brüder.

Zu den ersten Worte, die Jesus sprach, nachdem er von den Toten auferstanden war, gehört der Auftrag an Maria: „Geh aber hin zu meinen Brüdern und sage ihnen: Ich fahre auf zu meinem Vater und zu eurem Vater, zu meinem Gott und zu eurem Gott“ (Johannes 20,17).

Selbst wenn er den Männern und Frauen, die ihm in seinem irdischen Dienst treu nachgefolgt waren, so nahe war, wie einem ein guter Freund nur sein kann, so konnte er sie doch erst als Blutsverwandte ansprechen, nachdem er die Strafe für ihre Sünde abgeleistet und sie in der Familie Gottes willkommen geheißen hatte. Der Tod und die Auferstehung Jesu öffneten den Menschen die Tür – jetzt konnten sie mit dem Sohn Gottes sozusagen dieselbe genetische Herkunft teilen, konnten denselben Vater, dieselbe Familie ihr eigen nennen.

Dieser Gedanke rührt mich sehr an! Ich denke daran, wie stolz ich darauf war, mit meinen Schwestern in einem Atemzug genannt zu werden und sie zu meiner Familie zu rechnen! Was muß Jesus dann erst empfunden haben, als er zum ersten Mal das Wort „Brüder“ an uns richten konnte?

Blut ist wirklich dicker als Wasser. Und wenn Sie in Jesus Christus Ihr Heil gefunden haben, sind Sie nie mehr ein Einzelkind. Denn dann gehören Sie zur Familie Jesu. Lassen Sie mich weiter von meinem großen Bruder erzählen!

Ein Wort zum Festhalten

Wie fühlt sich wohl Ihr großer Bruder, der Herr Jesus, wenn er Sie als sein Familienmitglied ansprechen kann? Schlagen Sie Hebräer 2,5–15 auf, und seien Sie ruhig ein bißchen stolz darauf, wie Jesus hier von seiner Beziehung zu Ihnen spricht. In Vers 11 wird noch einmal bestätigt, daß der Sohn Gottes sich nicht schämt, uns seine Brüder und Schwestern zu nennen. Und welche Begründung gibt dieser Abschnitt für die Entscheidung unseres großen Bruders, ein Mensch zu werden wie wir? Denken Sie darüber nach und nehmen Sie sich, bevor Sie heute abend zu Bett gehen, ein wenig Zeit, um dem Herrn zu sagen, wieviel diese Entscheidung Ihnen bedeutet.

Gnade – täglich frisch

Vor einiger Zeit habe ich ein Geographie-Journal durchgeblättert und bin dabei auf einen Artikel über die Wüste Sinai gestoßen. Er war so eindrücklich, daß ich gleich nach dem Lesen zum Kühlschrank fuhr, um mir was zu trinken zu holen.

Auf einer Seite nach der anderen waren Fotos von einem dürren, wüsten Gebiet zu sehen. Das einzige, was dort überhaupt wuchs, waren einige wenige Büsche, Gestrüpp und gelegentlich eine einsame Palme. Es sah wahrhaftig nicht nach einem Ort aus, wo man gerne wohnen würde – ganz zu schweigen von einer vierzigjährigen Wanderschaft in diesem Gebiet.

Aber der Artikel brachte mich dazu, etwas über diese denkwürdige Wanderung durch die Wüste nachzulesen, die das Volk Israel nach dem Auszug aus Ägypten unternommen hat. Es scheint so, als ob ihre Nahrung damals hauptsächlich aus einem flockigen Nahrungsmittel bestand, das „Manna" hieß. Es hatte nicht viel Ähnlichkeit mit Hähnchen in Burgunder oder Kaviar. Eher muß es so ausgesehen haben wie der getrocknete Kartoffelbrei, den man heute in Schachteln kaufen kann.

In der Bibel steht, daß es die Kinder Israel vierzig Jahre lang gegessen haben. Können Sie sich das vorstellen? Die Leute müssen damals jeden Fernsehkoch übertroffen haben, als sie sich tausend Arten ausdachten, auf die man das Manna servieren konnte, damit es immer wieder gut schmeckte. Ich stelle mir vor, daß sie es geröstet haben, gebacken und gebraten, und – wer weiß – vielleicht haben sie sogar einen Auflauf davon gemacht. Es war etwas zum Essen, es war Lebenskraft. Sie mußten das Manna jeden Morgen frisch aufsammeln, bevor es in der Hitze des Mittags wegschmelzen konnte.

Diese Essensversorgung hielt sie bei Kräften, so daß sie die Anforderungen des täglichen Lebens draußen in dieser Wüste bestehen konnten.

Wir können von dem, was wir über das Manna und die Wüste

gehört haben, durchaus etwas lernen. Vor ein paar Jahren war ich selbst von Wüste umgeben. Ich hatte mein Zelt nicht etwa in einer wilden Schlucht von Arizona aufgeschlagen, und ich zog auch nicht durch die riesigen Salzebenen von Utah. Nein, ich mußte im Bett liegen, drei Monate lang, wegen einer Druckwunde, die nicht heilen wollte.

Für mich war die Tatsache, daß ich drei Monate nicht aufstehen durfte, wie ein Leben in der Wüste. Es gab Momente in diesen Wochen, in denen ich mich fragte, wie es überhaupt noch weitergehen könnte. Ich war völlig niedergeschlagen, wenn ich dachte, wie viele Wochen ich jetzt nicht in meinem Rollstuhl sitzen konnte. Viele Pläne wurden durchkreuzt, viele Bilder mußten aufgeschoben werden, und ich entdeckte auch, daß man, wenn man flach auf dem Rücken liegt, nicht unendlich viele Bücher, Kassetten oder Fernsehsendungen ertragen kann.

Gnade ist der Wunsch und die Kraft, Gottes Willen zu tun, so heißt es. Aber mir fehlte damals beides. Es war klar, daß diese Gnade – diese Gabe – von Gott her kommen mußte. Und da sie ein Geschenk ist, mußte ich darum bitten.

Jakobus sagt uns, daß dieses Bitten in Demut geschehen muß: „Gott widersteht den Hochmütigen, aber den Demütigen gibt er Gnade" (Jakobus 4,6).

Zu dieser Zeit hatte ich keinerlei Probleme mehr mit dem Stolz. Ich war an einem Punkt angelangt, wo ich zerbrochen war, gedemütigt, ja erniedrigt dadurch, daß ich gar nichts mehr tun konnte. Und meine Gedanken beschäftigten sich nur noch mit den Sorgen um die Zukunft.

„Vielleicht werden diese langweiligen Tage jetzt immer so weitergehen... vielleicht wird die Wunde immer schlimmer... vielleicht werde ich das Schreiben und das Malen ganz verlernen... vielleicht werden mich bald meine Freunde vergessen... vielleicht bekomme ich noch so eine wunde Stelle!"

Ich war ganz betäubt vor Angst, doch da begegneten mir endlich drei Verse aus den Klageliedern des Jeremia, die meinen Geist wieder klar denken ließen:

„Dies nehme ich zu Herzen, darum hoffe ich noch: Die Güte des HERRN ist's, daß wir nicht gar aus sind, seine Barmherzigkeit hat noch kein Ende, sondern sie ist alle Morgen neu, und deine Treue ist groß" (Klagelieder 3,21–23).

Mit anderen Worten: die Gnade, die Gott Ihnen heute gibt, reicht aus – aber eben nur für heute. Sie ist wie das Manna. So sehr ich damals dieses tägliche Manna der Gnade Gottes brauchte, es konnte mir erst dann gehören, wenn ich danach suchte. Es war genau wie bei den Israeliten: Ich mußte morgens aufwachen, hinausgehen und den Vorrat für den Tag einsammeln. Es hatte keinen Sinn, wenn ich versuchte, die Gnade für lange Hungertage, die kommen mochten, aufzusparen. Gnade kann genauso wenig gelagert werden wie Manna. Sie ist „alle Morgen neu".

Ringen Sie gerade mit einer Sorge, die noch weit am Horizont liegt? Machen Sie sich das Leben schwer, weil Sie sich fragen, wie Sie wohl mit diesem oder jenem fertig werden sollen, wenn es in Ihrem Leben eintritt? Gott sagt Ihnen, daß Sie sich keine Sorgen zu machen brauchen, genauso, wie er es auch mir zugesprochen hat. Jesus hat das klargestellt, als er gesagt hat: „Darum sorgt nicht für morgen, denn der morgige Tag wird für das Seine sorgen. Es ist genug, daß jeder Tag seine eigene Plage hat" (Matthäus 6,34).

Gott wird Ihnen die Gnade erweisen, daß er Sie durch diesen heutigen Tag geleitet. Aber denken Sie daran: Gehen Sie morgen früh zeitig zu ihm. Er wird schon auf Sie warten, um Ihnen neue Gnade zu geben – eine frische und reichliche Portion für alles, was der Tag Ihnen bringen wird.

Das Manna wird bei Sonnenaufgang frisch daliegen. Und es gibt keine bessere Tageszeit, um es einzusammeln.

Ein Wort zum Festhalten

Sie haben das folgende Lied bestimmt schon viele Male in der Kirche gesungen, aber hat es sich in Ihrem Gedächtnis festgesetzt? Denken Sie einmal daran, es auch im Laufe des Tages zu singen, wenn die Sorgen der nächsten Woche Sie bedrücken wollen.

„All Morgen ist ganz frisch und neu
des Herren Gnad und große Treu.
Sie hat kein End den langen Tag,
drauf jeder sich verlassen mag."

Mit dem Wissen, daß Gnade der Wunsch und die Kraft ist, Gottes Willen zu tun, sehen Sie sich nun einmal Philipper 2,12+13 an. Wie nennen wir dieses Werk Gottes in unserem Leben? Ja, richtig geraten: es ist Gnade.

Verdursten

Johan ist ein großer, blonder junger Mann, der aus Holland kommt. Ich habe ihn durch meinen Cousin kennengelernt, der in England dieselbe Bibelschule besucht hat wie er. Johan ist begabt und sieht gut aus, er könnte in seinem Heimatland oder auch fast überall sonst auf der Welt ohne Mühe eine gute, christliche Jugendarbeit aufbauen.

Aber Bequemlichkeit gehört nicht zu Johans Zielen im Leben. Er hat sich vielmehr dazu entschlossen, das Evangelium von Jesus Christus den Beduinen und Nomaden zu bringen, die ganz in der Nähe der öden Sinai-Wüste leben – vergessenen Menschen in einer der verlassensten Ecken dieser Erde.

Johan arbeitet in einer Oase nahe am Meer, und er bietet Reisenden und Beduinen warme Mahlzeiten, Kleider und, wenn nötig, Erste Hilfe an. Doch er erweist ihnen nicht nur Gastfreundschaft, sondern erzählt ihnen auch Geschichten aus der Bibel und gibt so ein einfaches Zeugnis seines Glaubens an den einen Gott, der vor zweitausend Jahren über denselben sandigen Wüstenboden gegangen ist.

Diese Arbeit ist nicht einfach. Die Einsamkeit lauert überall in den von der Sonne versengten Gebieten. Bibeln und andere Güter und Vorräte sind sehr rar. Aber Johans Wunsch, Christus zu verkündigen, ist größer als alle diese Hindernisse. Er hat eine Botschaft weiterzusagen, und die hält er für genauso wertvoll wie das lebenspendende Wasser, das er seinen Gästen ausschenkt.

Von den Beduinen weiß er, daß es in ihren Augen ein großes Verbrechen ist – schlimmer noch als Mord –, wenn man von einer Wasserstelle weiß, seinen Mitmenschen jedoch nichts davon sagt.

Nur wenige von uns werden jemals in einer Wüste leben, die so ist wie die, in der Johan sein Zelt aufgeschlagen hat. Und es werden wohl auch nicht viele unter uns sein, die das Heil in Jesus

Christus einer Gruppe von Wüstennomaden verkünden. Aber überall um uns herum, ganz gleich, wo wir wohnen oder arbeiten, gibt es durstige Männer und Frauen: die Nachbarin ein paar Häuser weiter, der Mann an der Tankstelle, der Junge, der die Zeitung bringt, die Sekretärin, die an der Schreibmaschine sitzt und Akten ablegt, ja, sogar die weit entfernt lebende Tante, die nur gelegentlich vorbeikommt und uns besucht.

Wenn diese Leute Jesus Christus nicht kennenlernen, dann werden sie sterben – regelrecht verdursten.

In Johannes 4 führt Jesus ein Gespräch mit einer durstigen Frau. Es war ein heißer, trockener Tag in einer Stadt am Rande der Wüste. Jesus saß auf dem Rand eines uralten Brunnens und redete mit der Frau über zwei verschiedene Arten von Durst, nämlich über den, den wir körperlich spüren, und den tieferen, innerlichen Durst, den die Seele hat.

„Jesus antwortete und sprach zu ihr: Wer von diesem Wasser trinkt, den wird wieder dürsten; wer aber von dem Wasser trinken wird, das ich ihm gebe, den wird in Ewigkeit nicht dürsten, sondern das Wasser, das ich ihm geben werde, das wird in ihm eine Quelle des Wassers werden, das in das ewige Leben quillt" (Johannes 4,13+14).

Die Frau ließ ihren Wasserkrug ungefüllt stehen und lief eilig zurück in die Stadt. Und doch war ihr Durst an diesem Tag gestillt worden wie nie zuvor. Sie hatte einen viel tieferen Brunnen entdeckt. Sie hatte die Quelle des lebendigen Wassers gefunden und wartete keinen Augenblick mehr, um jedem in der Stadt davon zu erzählen.

Kennen Sie die Quelle des lebendigen Wassers? Wenn ja, dann hindern Sie bitte keinen durstigen Menschen am Trinken. Das ist nicht nur eine Frage der Gastfreundschaft, es geht vielmehr um Leben und Tod.

Ein Wort zum Festhalten

Lesen Sie Johannes 7,37–39. Können Sie die Bedeutung dieser machtvollen Worte erfassen, wenn man das Klima bedenkt, in dem jene Menschen lebten, zu denen Jesus damals sprach? Der Überfluß oder der Mangel an Wasser war für sie eine Frage von Leben und Tod. Warum gebraucht Jesus hier wohl als Vergleich einen Strom und nicht einen See oder irgendein anderes Gewässer? Was sagt das über die Art und Qualität des Lebens, das er denen anbietet, die ihr Vertrauen auf ihn setzen?

Selbstmitleid

Haben Sie auch schon in Ihre Gefriertruhe gegriffen, die Pakkung mit dem Schokoladeneis herausgeholt und zu sich selbst gesagt: „Das habe ich jetzt aber wirklich verdient!"?

Oder machen Sie manchmal einen Einkaufsbummel und kaufen sich eine teure Bluse, nur weil Sie in letzter Zeit so viel Streß hatten oder weil Sie sich von Ihren Kindern oder Ihrem Mann unverstanden fühlen? Oder, wenn Sie ein Mann sind, ziehen Sie sich vielleicht tief in das Schneckenhaus des Schweigens zurück, geben einen Haufen Geld für Ihr Hobby aus oder widmen Ihre Aufmerksamkeit ganz und gar einem Fußballspiel?

Beschreibe ich hier vielleicht jemanden in Ihrer Familie? Jemanden, der eine genaue Liste mit Klagen führt und alles penibel abhakt? Wenn Sie alles zusammenrechnen, zeigt Ihnen die Endsumme, daß Sie im Leben immer schon zu kurz gekommen sind, nicht wahr? Damit – so meinen Sie – haben Sie ein verbürgtes Recht, sich selbst zu bemitleiden. Sie haben es sich verdient, sich elend zu fühlen, und das wird Ihnen niemand streitig machen!

Wundern Sie sich nicht – Sie haben in dieser Hinsicht viele Menschen zur Gesellschaft.

Selbstmitleid ist – so sagen wir – ein tröstliches Gefühl. Man kann so schlecht dagegen an, weil es scheinbar so leicht zu rechtfertigen ist. Unsere menschliche Logik baut sich eine innere Waage auf, und wenn wir all unsere kleinen Beschwernisse aufgehäuft und noch ein paar große Enttäuschungen oben draufgeworfen haben, dann scheint sich diese Waage gegen uns zu neigen. Dann fliehen die Damen unter uns zu den rührseligen Fernsehfilmen, oder sie essen sich rundherum voll, stürmen die Einkaufsstraßen oder weinen sich einfach gründlich aus. Und die Männer hauen dann mit der Faust auf den Tisch, treten das Gaspedal durch bis zum Bodenblech oder machen ein undurchdringliches, finsteres Gesicht.

Aber hinter dem allen steckt das reinste Selbstmitleid. Wie ich schon sagte: Wenn wir uns selbst leid tun, haben wir eine Menge Gesellschaft. Vielleicht sind Sie überrascht, daß Sie einige Leute aus dieser Gesellschaft sogar in der Bibel finden. Der große Prophet Elia beispielsweise kroch in einem hoffnungslosen Moment seines Lebens unter einen Wacholderstrauch in der Wüste und bat Gott, er möge ihm das Leben nehmen.

„Er sprach: Es ist genug, so nimm nun, HERR, meine Seele, ich bin nicht besser als meine Väter" (1. Könige 19,4).

Und später, als er immer noch im Selbstmitleid schwamm, sagte er zum Herrn:

„Ich habe geeifert für den HERRN, den Gott Zebaoth; denn Israel hat deinen Bund verlassen und deine Altäre zerbrochen und deine Propheten mit dem Schwert getötet, und ich bin allein übriggeblieben, und sie trachten danach, daß sie mir mein Leben nehmen" (1. Könige 19,10).

Können Sie das nachfühlen? „Herr, ich habe doch so viel für dich gearbeitet, aber ich bin anscheinend der einzige, der sich wirklich um alles kümmert. Allen anderen ist das egal, und alle sind gegen mich!"

Und wie war das mit Jona? Der Herr hatte ihn losgeschickt, in der Stadt Ninive aus Leibeskräften gegen die Sünde zu predigen. Wie Jona diese Feinde von Israel haßte! Er brannte förmlich darauf, daß Gott sie ein für allemal von der Erde vertilgen sollte. Aber dann verdarben die Bewohner von Ninive in letzter Minute alles, weil sie Buße taten und sich dem Herrn zuwendeten! In seiner Gnade entschloß sich Gott, sie vor dem Unheil zu bewahren, und darüber regte sich Jona maßlos auf:

„Das aber verdroß Jona sehr, und er ward zornig und betete zum HERRN und sprach: Ach, HERR, das ist's ja, was ich dachte, als ich noch in meinem Lande war... denn ich wußte, daß du gnädig, barmherzig, langmütig und von großer Güte bist und läßt dich des Übels gereuen. So nimm nun, HERR, meine Seele von mir; denn ich möchte lieber tot sein als leben... Und Jona ging zur Stadt hinaus und ließ sich östlich der Stadt nieder und machte sich dort eine Hütte, darunter setzte er sich in den Schatten, bis er sähe, was der Stadt widerfahren würde" (Jona 4,1–3+5).

Aber wenn jemand in der Bibel überhaupt das Recht auf Selbstmitleid gehabt hätte, dann doch wohl der Apostel Paulus. Im 2. Korintherbrief, Kapitel 11 und 12 findet sich eine lange Liste von Klagen. Der Apostel war von einer Schar von sogenannten Superheiligen schikaniert worden. Er gab und gab, und was war der Dank dafür? Nichts als Beleidigungen (siehe dazu 2. Korinther 11,1–15).

Das wäre schon schlimm genug gewesen. Aber es war erst der Anfang. Da seine Feinde ihn übertrumpfen wollten, redete Paulus schließlich von dem, was er erlebt hatte:

„Ich habe mehr gearbeitet, ich bin öfter gefangen gewesen, ich habe mehr Schläge erlitten, ich bin oft in Todesnöten gewesen. Von den Juden habe ich fünfmal erhalten vierzig Geißelhiebe weniger einen; ich bin dreimal mit Stöcken geschlagen, einmal gesteinigt worden; dreimal habe ich Schiffbruch erlitten, einen Tag und eine Nacht trieb ich auf dem tiefen Meer. Ich bin oft gereist; ich bin in Gefahr gewesen durch Flüsse, in Gefahr unter Räubern, in Gefahr unter Juden, in Gefahr unter Heiden, in Gefahr in Städten, in Gefahr in Wüsten, in Gefahr auf dem Meer, in Gefahr unter falschen Brüdern; in Mühe und Arbeit, in viel Wachen, in Hunger und Durst, in viel Fasten, in Frost und Blöße; und außer all dem noch das, was täglich auf mich einstürmt, und die Sorge für alle Gemeinden" (2. Korinther 11,23–28).

Diese ganz und gar widrigen Lebensumstände würden ausreichen, einen angeschlagenen Missionar zur Verzweiflung zu treiben. Aber wie reagierte Paulus? Nun, er gab dem Selbstmitleid nicht nach! In Kapitel 12,10 erklärt er:

„Darum bin ich guten Mutes in Schwachheit, in Mißhandlungen, in Nöten, in Verfolgungen und Ängsten, um Christi willen; denn wenn ich schwach bin, so bin ich stark."

Und so konnte er sprechen, weil vorher der Herr ihm gesagt hatte:

„Laß dir an meiner Gnade genügen; denn meine Kraft ist in den Schwachen mächtig" (2. Korinther 12,9).

„Na schön", sagen Sie jetzt, „das ist ja dann in Ordnung für Paulus. Aber wie ist das mit mir? Ist Selbstmitleid denn wirklich etwas so Schlimmes? Ist es tatsächlich so eine Beleidigung für Gott?"

Ja, zweifellos! Selbstmitleid ist eine Sünde und schneidet uns ab von der Gnade, die Gott uns nach seiner Zusage in ausreichendem Maße geben will. Wenn wir dem Selbstmitleid einmal erlaubt haben, sich in den geheimen Ecken unseres Herzens einzunisten, verbreitet es sein Gift durch unser ganzes Leben (Hebräer 12,15). Es färbt Ihre Sichtweise, verdreht Ihre Gedanken, entstellt Ihr Gesicht, verdunkelt Ihnen die Hoffnung und, was am allerschlimmsten ist, es hindert die Macht des Heiligen Geistes in Ihrem Leben. Ironischerweise hält es uns fern von dem, wonach wir uns am allermeisten sehnen – von der Liebe und dem Mitleid Gottes und der Menschen, die wir lieben.

Ich selbst habe gegen dieses entsetzliche Ungeheuer immer wieder angekämpft, und ich muß Ihnen sagen: das Selbstmitleid ist seinen Preis nicht wert – ganz gleich, wie angenehm wir uns dabei zunächst fühlen mögen.

Also denken Sie daran, wenn Sie das nächste Mal die Neigung verspüren, die Packung mit dem Extraklasse-Schokoladen-Pistazien-Sahneeis aus dem Gefrierschrank zu holen: Gottes Gnade ist genug. Und man wird noch nicht einmal dick davon!

Ein Wort zum Festhalten

Wenn Sie einen näheren Blick darauf werfen wollen, wie Jesus mit dem Selbstmitleid im Leben einer seiner Jünger umging, dann lesen Sie Johannes 21,20–23. Warum war Petrus so eifersüchtig auf Johannes? Wie vergrößerte das sein eigenes Selbstmitleid? Und, am allerwichtigsten, was antwortete Jesus darauf?

Machen Sie die folgenden Worte zu Ihrem Gebet: „Vater, wenn ich mich mit anderen vergleiche, macht das mein Elend nur noch größer. Ich habe sogar schon deinen guten Plan für mein Leben angezweifelt, wenn ich harte Zeiten durchmachen mußte. Hilf mir, richtig zuzuhören, wenn ich dich sagen höre: ‚Was geht es dich an? Folge du mir nach!' Und vor allem hilf mir, dir nachzufolgen."

Zur Familie gehören

Die unter uns, die das Wort Gottes lieben, finden darin immer wieder Menschen, in denen sie sich besonders gut wiedererkennen können.

Starke Gläubige, denen die Mission besonders am Herzen liegt, sehen in dem Apostel Paulus ihren Meister. Junge Pfarrer spüren eine enge Verwandtschaft mit Timotheus, der ein unerfahrener Pastor in einer Problemgemeinde war und außerdem noch einen empfindlichen Magen hatte. Unverheiratete Mädchen vertiefen sich in die Liebesgeschichte der Rut. Und geplagte Hausfrauen erkennen sich in Marta wieder, wünschen sich jedoch, sie wären mehr wie deren Schwester Maria. Jugendliche sehen sich im jungen David verkörpert, der in der Nacht viele einsame Stunden lang wachte. Und wenn die Kinder sich nicht schon zu den Kleinen zählen, die zu Jesu Füßen saßen und ihm zuhörten, fühlen sie vielleicht mit dem jungen Samuel mit, der schon als Kind seine Mutter und seinen Vater verlassen mußte und im Tempel lebte.

Ich kenne zwar nicht allzu viele biblische Geschichten von Menschen, die eine Wirbelsäulenverletzung hatten, aber da gibt es einen Namen, den ich noch aus meinen Sonntagsschulzeiten weiß – einen behinderten Menschen, in dem ich mich wiederfinden kann: es ist Mefi-Boschet, der Sohn des Jonatan.

Jonatan war wie sein Vater, der König Saul, im Krieg umgekommen. Früher waren er und David, der lange auf der Flucht vor Saul war, die besten Freunde gewesen – obwohl sie nach menschlicher Logik eigentlich die erbittertsten Rivalen hätten sein müssen. Als David nach dem Tod von Saul und Jonatan den Königsthron bestieg, fragte er sich, wie er das Andenken seines lieben Freundes ehren könne. Deshalb rief er Ziba, einen früheren Diener Sauls, zu sich in den Palast.

„Der König sprach: Ist da noch jemand vom Hause Sauls, damit ich Gottes Barmherzigkeit an ihm tue? Ziba sprach zum

König: Es ist noch ein Sohn Jonatans da, lahm an den Füßen. Der König sprach zu ihm: Wo ist er? Ziba sprach zum König: Siehe, er ist in Lo-Dabar im Haus Machirs, des Sohnes Ammiëls. Da sandte der König David hin und ließ ihn holen von Lo-Dabar aus dem Hause Machirs, des Sohnes Ammiëls. Als nun Mefi-Boschet, der Sohn Jonatans, des Sohnes Sauls, zu David kam, fiel er auf sein Angesicht und huldigte ihm. David aber sprach: Mefi-Boschet! Er sprach: Hier bin ich, dein Knecht. David sprach zu ihm: Fürchte dich nicht, denn ich will Barmherzigkeit an dir tun um deines Vaters Jonatan willen und will dir den ganzen Besitz deines Vaters Saul zurückgeben; du aber sollst täglich an meinem Tisch essen. Er aber fiel nieder und sprach: Wer bin ich, dein Knecht, daß du dich wendest zu einem toten Hunde, wie ich es bin? ... Und Mefi-Boschet, sprach David, esse an meinem Tische wie einer der Königssöhne" (2. Samuel 9,3–8+11).

Es ist nicht leicht, behindert zu sein, auch nicht in unseren Tagen, aber in der damaligen Zeit war es unendlich viel schwerer. Erstens gab es keine medizinische Hilfe, und zweitens hatte der Behinderte die schmerzliche Last des Mitleids und der Vorurteile seiner Mitmenschen zu tragen. Niemand kümmerte sich damals darum, daß Kranke und Behinderte am Leben so gut wie möglich teilnehmen konnten. Die Lahmen und Blinden wurden entweder in die hintersten Zimmer des Hauses verbannt, oder sie waren gezwungen, auf den Straßen zu betteln.

Eine solche Zukunft erwartete auch Mefi-Boschet, der an beiden Füßen gelähmt war.

Aber alles änderte sich, als König David diesen jungen Mann ausfindig machte und ihn vor seinen Thron rief. Lahm und als wertlos betrachtet, war er auch in seinen eigenen Augen ein peinlicher Anblick. Und jetzt wurde der Sohn Jonatans vom König gebeten, auf Dauer zu ihm zu kommen und jeden Tag an seinem Tisch zu essen!

Als ein Erbanwärter, der womöglich noch Ansprüche auf den Thron geltend machen konnte, verdiente der Nachkomme Sauls eigentlich nur die Verbannung. Doch jetzt wollte der neue König sogar mit ihm zusammen essen! Was hatte Mefi-Boschet denn getan, womit hatte er diese große Ehre verdient? Mit überhaupt nichts!

David selbst nannte den Grund für dieses außergewöhnliche und unerklärliche Mitgefühl: „Ich will Barmherzigkeit an dir tun um deines Vaters Jonatan willen“ (2. Samuel 9,7).

Wegen Davids großer Liebe zu Jonatan wurde Mefi-Boschet in der Gegenwart des Königs willkommen geheißen. Ob behindert oder nicht, er gehörte von nun an zur Familie und konnte all die Vorrechte der Königssöhne genießen.

Ist das nicht genau die Art, in der Gott mit uns umgeht? Wir waren von ihm entfremdet, verkrüppelt durch unsere Sünde. Unsere Behinderung war unser Unwissen und unsere Angst vor dem Gott, der wahrhaftig das Recht hatte, uns in seinem heiligen Zorn völlig zu vernichten. Paulus hat es so ausgedrückt:

„Auch ihr wart tot durch eure Übertretungen und Sünden, in denen ihr früher gelebt habt nach der Art dieser Welt, unter dem Mächtigen, der in der Luft herrscht, nämlich dem Geist, der zu dieser Zeit am Werk ist in den Kindern des Ungehorsams. Unter ihnen haben auch wir alle einst unser Leben geführt in den Begierden unseres Fleisches und taten den Willen des Fleisches und der Sinne und waren Kinder des Zorns von Natur wie auch die anderen“ (Epheser 2,1–3).

Wie Jonatan konnten wir bestenfalls von unserem König erwarten, daß wir für immer verbannt oder so schnell und schmerzlos wie möglich hingerichtet würden. Doch wegen Jesus sind wir eingeladen, sogar Söhne und Töchter Gottes zu werden.

„Denn in ihm hat er uns erwählt, ehe der Welt Grund gelegt war, daß wir heilig und untadelig vor ihm sein sollten; in seiner Liebe hat er uns dazu vorherbestimmt, seine Kinder zu sein durch Jesus Christus nach dem Wohlgefallen seines Willens, zum Lob seiner herrlichen Gnade, mit der er uns begnadet hat in dem Geliebten. In ihm haben wir die Erlösung durch sein Blut, die Vergebung der Sünden, nach dem Reichtum seiner Gnade, die er uns reichlich hat widerfahren lassen in aller Weisheit und Klugheit“ (Epheser 1,4–8).

„Seht, welch eine Liebe hat uns der Vater erwiesen, daß wir

Gottes Kinder heißen sollen – und wir sind es auch!" (1. Johannes 3,1).

Jesus hat dafür gesorgt, daß wir unseren Stuhl an den Tisch des Königs stellen dürfen. Wir sind bei ihm willkommen. Trotz unserer geistlichen Behinderungen, wie immer sie auch aussehen mögen, gehören wir jetzt zu seiner Familie. Wir haben keinen Grund mehr, uns zu fürchten. Der König hat uns in seinen engsten Familienkreis gerufen – als seine eigenen Söhne und Töchter.

Denken Sie daran, wenn Sie sich heute unwürdig fühlen, in die Gegenwart des Königs zu kommen, wenn Sie wie Mefi-Boschet spüren, daß Sie irgendwie gar nicht dorthin passen.

„Kommt trotzdem!" sagt der König. „Ganz gleich, welche Schwachheit oder Behinderung euch auch drückt. Kommt und eßt mit mir!"

Ein Wort zum Festhalten

An der Tafel des Königs speisen zu dürfen ist ein ganz besonderes Vorrecht. Gott hat ein großes Festessen vorbereitet, für seinen Sohn – den König – und auch für uns. Lesen Sie, was darüber in Offenbarung 19,6–10 geschrieben steht, und freuen Sie sich von Herzen, daß auch Sie auf der Einladungsliste stehen!

Die Finger der Liebe

Können Sie in Ihrem Gedächtnis eine Stimme hören, die etwa folgende Worte sagt?

„Ich weiß, daß es sehr weh tut, aber denk dran: Gott prüft das Leiden, das in dein Leben hineinkommt. Er filtert es durch die Finger seiner Liebe, und er gibt dir nur das, was sich zu deinem Besten auswirkt und was dich neu zu ihm hintreibt."

Sind solche Worte, die Ihnen einmal mit Freundlichkeit und echter Fürsorge zugesprochen wurden, in Ihr Denken eingedrungen, und haben sie sich dort festgesetzt – vielleicht durch eine dunkle Wolke voller Schmerzen und Kummer hindurch?

Es sind wohltuende Worte, und sie sind wahr. Es ist ein unschätzbarer Trost, wenn man weiß: Gott wird es nicht zulassen, daß die Nöte so auf uns einstürzen, als würde er von oben herab sorglos und reichlich Sand durch seine Finger rieseln lassen.

Wir wissen es besser. Wir wissen, daß er unsere Not kennt und daß er die Herrschaft über alles behält. Wir wissen, daß er sich um uns sorgt – viel mehr, als wir überhaupt begreifen können. Wir vertrauen zuversichtlich darauf, daß er mit allem fertig wird, was unser Leben angeht, daß er dies alles ausmißt, es sorgfältig prüft und durch das Sieb seiner Vorsorge und seines Schutzes hindurchlaufen läßt.

Wenn Sie das hören, spüren Sie richtig, daß Sie Gott vertraut und ganz nah sind, nicht wahr?

Führen wir diesen ermutigenden Gedanken noch ein ganzes Stück weiter: Es stimmt, Gott filtert alles, was uns begegnet, durch seine Finger. Aber haben Sie schon einmal darüber nachgedacht, daß Sie selbst einer von seinen Fingern sind?

Paulus behauptet das schlichtweg in 1. Korinther 12,27:

„Ihr aber seid der Leib Christi und jeder von euch ein Glied."

Das ist eine ganz neue Aussicht! Und wir reden nur davon, daß wir uns Gott vertraut und nahe fühlen! Näher kann man ihm nun wirklich nicht mehr kommen. Der Herr Jesus ist unser

Kopf, und die Gläubigen, auch Sie und ich, stellen auf der Erde seinen Leib dar. Es kann gar keine engere und innigere Verbindung geben.

In diesem ganz realen Sinne sind wir die Finger Gottes. Und das Bild von dem Sand der Leiden, der aus großer Höhe auf uns herunterrieselt und sich um uns her anhäuft, ist nicht ganz stimmig. Wir sind Gott nämlich viel näher.

Wir sind der Leib des Herrn. Wir bilden seine Hände und Füße und Augen und Ohren und auch seine Finger, so wie Paulus es dargestellt hat.

„Denn wie der Leib einer ist und doch viele Glieder hat, alle Glieder des Leibes aber, obwohl sie viele sind, doch ein Leib sind; so auch Christus... Denn auch der Leib ist nicht ein Glied, sondern viele... Nun aber hat Gott die Glieder eingesetzt, ein jedes von ihnen im Leib, so wie er gewollt hat... Ihr aber seid der Leib Christi und jeder von euch ein Glied" (1. Korinther 12,12+14+18+27).

Gott würde nie etwas tun, was seinem Körper schadet. Es ist töricht anzunehmen, er würde ihn absichtlich verletzen.

Und doch scheinen manche von uns so zu denken. Das zeigt sich in unseren Reaktionen und Einstellungen. Wenn wir verbittert und unbesonnen reagieren, geben wir der Welt um uns her zu verstehen, daß wir Gott nicht mehr vertrauen, sobald er in unserem Leben Schmerzen und Schwierigkeiten zuläßt. Wenn wir gegen die Nöte und Härten unseres Lebens wettern und uns beklagen, dann sagen wir damit in gewisser Hinsicht, daß Gott seinem eigenen Leib gedankenlos weh tut.

Um dieses falsche Denken zu korrigieren, müssen wir uns als eng verbundene Glieder des Leibes Christi sehen – ein Leib, dem Gott niemals etwas Schädliches antun würde. Der Geist Gottes kann uns diese Wahrheit lehren, wenn wir nur bereit sind, ihm zuzuhören.

Unser Vater läßt nicht nur unsere Sorgen und Rückschläge durch den Filter seiner Finger laufen – wir selbst sind diese Finger. Also lassen Sie es nicht zu, daß gedankenlose Stimmen oder der Satan selbst Ihnen etwas anderes erzählen!

Ein Wort zum Festhalten

Hier noch ein zusätzlicher Gedanke: Wenn Gott Nöte und Enttäuschungen durch seine Finger hindurchfiltert und wir diese Finger sind, dann ergibt sich daraus, daß einer für den anderen Verantwortung hat. Wenn Leiden und Mutlosigkeit Ihr Leben belagern, was kann ich da tun – als Finger von Jesus Christus –, um Sie zu schützen, das Böse von Ihnen fernzuhalten, Ihre Tränen abzuwischen, Ihre Hand zu halten oder Sie in den Arm zu nehmen? Und für wen könnten Sie heute der Finger des Herrn Jesus Christus sein?

Die Initiative ergreifen

Es ist eigentlich ganz gut, daß ich meine Hände nicht zu Fäusten ballen kann. Könnte ich es, würde ich wahrscheinlich manchmal mit den Fäusten auf verschiedene Ziele losgehen, wenn ich wütend werde. Zum Beispiel auf Ken, meinen Mann.

Aber nun nehmen Sie das nicht allzu ernst. Ich zweifle daran, daß unsere Meinungsverschiedenheiten jemals so handgreiflich werden würden, selbst wenn ich meine Hände gebrauchen könnte. Am schlimmsten war es zwischen uns bisher, als ich so ärgerlich auf Ken war, daß ich versuchte, seine Schienbeine mit meinem Rollstuhl zu rammen.

Zum Glück habe ich damals nicht getroffen. Und wenn ich es tatsächlich fertiggebracht hätte, ihm über die Zehen zu fahren, dann hätte er wahrscheinlich aus Rache die Luft aus den Reifen an meinem Rollstuhl gelassen.

All das sage ich nur, damit Sie wissen, daß mein Mann und ich so sind wie jedes andere Ehepaar auch. Wir streiten uns, aber wir versuchen, uns nicht zu zanken. Denn Zank ist wie glühende Lava voller böser Worte, die aus dem Mund quillt. Nein, wir führen vielmehr Auseinandersetzungen und beachten dabei sorgfältig einige grundlegende Regeln – beispielsweise, daß einer immer ausreden kann, ohne daß der andere ihn unterbricht, daß man sich gegenseitig zuhört und so weiter.

Doch auch wenn wir mit den allerbesten Absichten streiten, rennen wir immer noch gegen Grenzen an, gegen Haltungen und Einstellungen, die sich wie Hindernisse auftürmen. Ich werde dann starrsinnig und weigere mich, irgendwelche Kompromisse zu schließen. Oder ich hege Groll, weil ich das Gefühl habe, ich muß mehr nachgeben als Ken, damit dieser Konflikt überhaupt gelöst werden kann. Verstehen Sie, was ich meine?

Wenn Ken und ich in so einer Sackgasse stecken, sitzen wir manchmal minutenlang in kriegerischem Schweigen da. Und wenn ich dann so vor mich hin brüte, ärgere ich mich innerlich über die Anforderungen der Ehe. Ich merke, daß ich einen Widerwillen dagegen habe, nur ein kleines Stück mehr nachzugeben, als es unbedingt notwendig ist. Und ich spüre die Versuchung, mich aus der vollen Intensität meiner Beziehung zu Ken zurückzuziehen und mich auf die grundlegenden Notwendigkeiten zu beschränken.

Aber mitten in all diesen Halsstarrigkeiten ist Ken normalerweise der, der das Schweigen bricht und die Initiative ergreift. Unerklärlicherweise zeigt er mir wieder neu Vergebungsbereitschaft und Liebe. Und das bringt mich jedes Mal aus der Fassung. Es trifft mich, daß er mir zuvorkommt. Ken wartet nicht, bis ich reuig werde oder hoch und heilig verspreche, mich zu ändern. Er liebt mich eben, auch wenn ich manchmal aufbrausend und streitsüchtig bin. Und das bewirkt, daß ich ihn um so mehr liebe.

Und genau das hat auch Gott für uns getan. Der Vater hat nicht gezögert, Jesus auf die Erde zu schicken – vielleicht, bis wir eine Entschuldigung gestammelt hätten. Er hat vielmehr die Initiative ergriffen. Er erwartete nicht, daß wir „es endlich einsehen", uns zuerst einmal bessern und in unserer Art grundlegend ändern würden.

Nein, Gott ist uns zuvorgekommen. Jesus ist „für uns gestorben, als wir noch Sünder waren" (Römer 5,8). Solch einer Liebe kann ich nicht widerstehen. Es erstaunt mich, daß der Herr mich schon geliebt hat, lange bevor ich versprochen habe, ihm mein Leben zu schenken oder mich von Grund auf zu ändern. Und das Ergebnis: Ich stelle fest, daß ich Jesus Christus liebhabe, weil er uns zuerst geliebt hat (vgl. 1. Johannes 4,19).

Jesus hat uns gezeigt, was es heißt, die Initiative zu ergreifen! Das ist nicht nur ein Grundsatz, den Gott uns gegenüber anwendet; es ist auch ein Aktionsplan, wie wir selbst jedem Mitglied unserer Familie – und jedem in Gottes Familie – begegnen sollen.

Also brüten Sie nicht länger in Ihrem Eigensinn vor sich hin. Wenn das heilen soll, was Ihnen jetzt in Ihrem eigenen Leben oder in dem eines anderen Menschen weh tut, dann ergreifen Sie die Initiative – genau wie Jesus!

Ein Wort zum Festhalten

Wissen Sie von einer Wunde, die geheilt werden könnte, wenn Sie die Initiative ergreifen würden? Was sagt Ihnen Matthäus 5,23–24 darüber, wie sie sich in einer solchen Lage verhalten sollen? Soll man wirklich warten, bis der andere „es endlich einsieht"?

Aber ich bin doch so klein . . .

Letzte Woche haben Ken und ich unser Zelt unter großen, hochgewachsenen Mammutbäumen aufgeschlagen. In der Nähe rauschte ein Gebirgsbach vorbei, der wegen der Schneeschmelze im hohen Sierragebirge viel Wasser führte. Am Morgen war es kühl, fast kalt, aber das ließ uns den Duft der frischen Gebirgsforelle, die auf unserem Frühstücksfeuer brutzelte, um so verlokkender in die Nase steigen.

Wenn wir auf einem Zeltausflug sind, machen wir keine großen Umstände. Ich trage eine Flanellbluse und staubige Jeans, benutze keine Schminke und habe ein Kopftuch über den schmutzigen Haaren. Aber wir fangen unseren Tag immer früh an, damit wir viel Zeit zum Angeln haben oder für einen Wanderweg oder für ein Buch, das wir in der Sonne lesen.

An einem Vormittag haben wir ein Boot gemietet und sind auf einen See hinausgefahren, der voller Forellen ist. Allein die Landschaft war so herrlich, daß es einem den Atem verschlug. Ich kam mir so winzig vor, als wir in dem kleinen Ruderboot dahintrieben und von hocherhobenen Bergmassiven, weitem blauem Wasser und kräftigem Wind umgeben waren. Es war, als ob wir uns durch eine riesige Kathedrale bewegten, und ich hatte das Gefühl, als müßte ich flüstern.

Als wir durch die Stille ruderten, mußte ich plötzlich an Hiob denken. Auch er wird sich winzig klein vorgekommen sein an dem Tag, als der Allmächtige ihn zur Rede stellte.

„Wo warst du, als ich die Erde gründete? Sage mir's, wenn du so klug bist! Weißt du, wer ihr das Maß gesetzt hat oder wer über sie die Richtschnur gezogen hat? Worauf sind ihre Pfeiler eingesenkt, oder wer hat ihren Eckstein gelegt, als mich die Morgensterne miteinander lobten und jauchzten alle Gottessöhne?" (Hiob 38,4–7).

Als ich jetzt die hohen Gletscher sah, dachte ich daran, wie Gott Hiob über Eis und Schnee befragte.

„Bist du gewesen, wo der Schnee herkommt, oder hast du gesehen, wo der Hagel herkommt?“ (Hiob 38,22).

„Nein“, muß Hiob in seinem Herzen geflüstert haben, „diese Orte sind zu hoch für mich – viel höher, als daß ich sie je erreichen könnte. Ich bin klein und an die Erde gebunden.“

Und Gott fragte noch weiter:

„Kannst du deine Stimme zu der Wolke erheben, damit dich die Menge des Wassers überströme? ... Wer ist so weise, daß er die Wolken zählen könnte?“ (Hiob 38,34+37).

Ich sah den windgepeitschten Wolken zu, wie sie zwischen den Spitzen der Berge dahinzogen, und dachte mir, daß Hiob wohl damals geantwortet hat: „Nein, Herr, meine Stimme ist schwach, und meine Weisheit gering. Ich könnte nicht einmal anfangen, deine mächtigen Werke zu zählen.“

Und noch einmal sprach Gott zu seinem zitternden Diener:

„Fliegt der Falke empor dank deiner Einsicht und breitet seine Flügel aus dem Süden zu? Fliegt der Adler auf deinen Befehl so hoch und baut sein Nest in der Höhe?“ (Hiob 39,26+27).

Über diese Worte sann ich nach, als ich einem Adler zusah, der sein Nest in einer der Felsspalten verließ und nun über den See strich, um einen Fisch als Nahrung zu finden.

Die Berge, der Schnee, die Falken und die Adler, die Wolken und der Wind – wenn ich auf so großartige Weise der Schöpfung Gottes begegne, komme ich mir ganz klein vor, fast unbedeutend – so, wie auch Hiob sich gefühlt haben muß. Ja, ein Zeltausflug ins Hochgebirge erinnert mich immer an die maßlose Größe und Macht Gottes.

Doch bevor wir uns selbst nur noch als winzige, wertlose Pünktchen in Gottes unauslotbarem Universum sehen, sollten wir uns erinnern, daß es da noch etwas ganz anderes zu bedenken gibt:

So großartig die Berge und die stolzen Adler und die uralten Gletscher auch sind, wie mächtig das Panorama der windzerzausten Wolken, des Sees und des Himmels ist – ich bin doch nicht so klein, daß Gott sich nicht von all seiner Pracht und Herrlichkeit getrennt und sich erniedrigt hätte, um mich zu retten. Paulus hat das so beschrieben:

„Seid so unter euch gesinnt, wie es auch der Gemeinschaft in Christus Jesus entspricht: Er, der in göttlicher Gestalt war, hielt es nicht für einen Raub, Gott gleich zu sein, sondern entäußerte sich selbst und nahm Knechtsgestalt an, ward den Menschen gleich und der Erscheinung nach als Mensch erkannt. Er erniedrigte sich selbst und ward gehorsam bis zum Tode, ja, zum Tode am Kreuz" (Philipper 2,5–8).

Er wurde klein in den Augen der Welt, er wurde unbedeutend in den Augen der Menschen, er machte sich selbst geringer als die Engel, und das alles für mich – um mich emporzuheben. Sind Sie in letzter Zeit überschattet worden von einigen Gegebenheiten, die unermeßlich groß scheinen? Gibt es Zeiten, in denen Sie sich ducken wie Hiob und meinen, Sie wären winzig klein, ein absolutes Nichts? Bleiben Sie da nicht stehen. Lassen Sie sich nicht überwältigen. Erkennen Sie, daß derselbe Gott, der Sie rundherum überragt, sich selbst erniedrigt hat und Mensch geworden ist. Er hat gelebt und ist gestorben und aus dem Grab hervorgekommen – und das alles für Sie, um Sie emporzuheben. Daran ist wahrhaftig nichts Kleines oder Unbedeutendes.

Ein Wort zum Festhalten

Tun Sie heute einmal etwas, das ganz geringfügig scheint. Hören Sie eine Weile einer Unterhaltung zwischen zwei Schulkindern zu. Oder lesen Sie ein Kapitel in einem Kinderbuch. Ziehen Sie eine Spieluhr auf und summen Sie die Melodie mit. Freuen Sie sich von ganzem Herzen an kleinen, scheinbar unbedeutenden Dingen. Und falls Sie glauben, Sie stünden weit darüber, lesen Sie den Bericht in Matthäus 19,13+14. Jesus, der großartige Schöpfer des gesamten Universums, freute sich daran, mit Kindern Zeit zu verbringen und alltägliche Gespräche mit ihnen zu führen. War irgend jemand in seinen Augen zu klein und unbedeutend?

Zweifelhafte Wurzeln

Vor nicht allzu langer Zeit erforschten meine Schwestern und ich einen aufregenden Zweig unseres Familienstammbaums.

An einem kalten Wintermorgen überquerten wir die Brücke der Chesapeake-Bucht und bogen nach rechts ab auf die kleine Insel Kent. Wir waren mit einem alten Familienbuch und einer Karte bewaffnet und wollten das ursprüngliche Wohnhaus der Familie Eareckson suchen, das irgendwo am untersten Ende der Insel in der Nähe eines Baches liegen sollte. Nachdem wir bei ein paar Farmhäusern nachgefragt hatten, wurden wir schließlich auf einen einsamen Feldweg gewiesen.

Und da stand es dann, ein altes, zweistöckiges Backsteinhaus im Kolonialstil, umgeben von Bäumen und brachliegenden Feldern. Es wohnte niemand mehr darin.

Wir fuhren am Haus vorbei in das Feld hinein, das dahinter lag. Nach unserer Karte war ganz in der Nähe des Hauses der kleine Friedhof der Familie. Wo das Feld sich leicht am Horizont bog, machten wir eine große, weit ausladende Eiche aus, die von mehreren Büschen und Gestrüpp umgeben war. Das war wahrscheinlich die Stelle.

Kathy suchte mit einem Stock an der Baumwurzel den Boden ab und schob den Efeu und das dichte Gestrüpp beiseite, bis sie schließlich auf etwas Felsiges stieß. Und da fand sich tatsächlich ein moosbedeckter Stein mit einem roh eingemeißelten Namen: Benjamin Eareckson. Und darunter noch ein anderer: Elizabeth Eareckson.

Wir waren ganz aufgeregt; man hätte meinen können, wir hätten Gold gefunden! Ich kann das frohe Gefühl gar nicht beschreiben, das mich erfüllte, als wir jetzt diese Zweige an unserem Familienbaum entdeckt hatten.

Auf unserem Rückweg nach Baltimore erfanden wir lange Geschichten von Benjamin und Elizabeth, wie sie gegen die Elemente der Natur angekämpft hatten, die Grenze weiter vorgeschoben und die Flagge der Eareckson im amerikanischen Boden eingepflanzt hatten. Sie waren wahrscheinlich frühe Siedler aus Skandinavien gewesen. Vielleicht waren sie Bauern oder möglicherweise auch Fischer, da ihr Haus an einem Bach lag, der in die Bucht mündete. Sie müssen sich wohl auch mit den Indianern angefreundet und sich Geschichten mit den Austernhändlern erzählt haben. Ihre Söhne gingen wahrscheinlich nach Baltimore und wurden Schiffsbauer, oder sie zogen nach Washington und wurden Rechtsanwälte.

Ich platzte beinahe vor Stolz, und dabei kannte ich sie doch gar nicht! Mein Stolz ließ allerdings erheblich nach, als ich einige Monate später einen genauen Bericht über die Geschichte unserer Familie durchblätterte. Da entdeckte ich plötzlich, daß von Sklaven die Rede war. Benjamin Eareckson hielt nicht nur selbst welche, sondern vererbte sie auch testamentarisch an seinen Sohn. In einem Nachsatz hieß es zwar, daß die Familie Eareckson freundlich mit ihren Sklaven umging, aber ich war trotzdem tief getroffen. Niemand von uns ist wohl erfreut, wenn er an seinem Familienstammbaum plötzlich Mehltau entdeckt.

Manchmal frage ich mich, was der Herr Jesus wohl im Blick auf seine menschlichen Vorfahren fühlte. Haben Sie darüber schon einmal nachgedacht? Wenn man genau nachforscht, dann entdeckt man einige sehr auffallende Charaktere in dem Gezweig seines Familienbaums. Könige und Dichter sind dabei, Heilige und Sünder, Juden und Heiden.

Sehen Sie sich einmal die vier Frauen an, die außer Maria in seinem Stammbaum erwähnt sind.

Da gab es beispielsweise Tamar, die Witwe eines bösen Sohnes von Juda. Als Juda sich nicht an die übliche Sitte hielt und sie seinem nächstjüngeren Sohn nicht zur Frau gab, verkleidete sich Tamar als eine Hure und verführte ihren eigenen Schwiegervater.

Oder Rahab, nicht nur eine heidnische Kanaaniterin, sondern auch eine der bekanntesten Prostituierten in Jericho.

Und dann gab es da Rut, eine Ausländerin, eine Fremde im Volk Israel, die früher in Moab lebte – in einem Volk, auf dem der Fluch Gottes lag.

Oder Batseba, die dem lüsternen König David nachgab und mit ihm Ehebruch beging. Und als sie merkte, daß sie schwanger war, ließ David den Uria, ihren tapferen Mann, umbringen, und Batseba zog in den Königspalast. Der Stammbaum bei Matthäus weiß genau um diese Tragödie, und er setzt ungeschminkt hinzu: „David zeugte Salomo mit der Frau des Uria" (Matthäus 1,6).

Und doch fügte Gott alle diese Frauen in die Ahnenreihe des Königs aller Könige ein – ein Beispiel für seine Gnade, die auch moralische, rassische und nationale Grenzen überspringt.

Der Platz dieser Frauen im Stammbaum Jesu spricht von den Ausmaßen der Barmherzigkeit Gottes. Er zeigt, wie groß Gottes Vergebung wirklich ist, wie weit seine Gnade gespannt ist. Der Herr stand zu den Sündern, die Vergebung empfangen hatten – so sehr, daß er sie in die menschliche Ahnenreihe seines Sohnes aufnahm.

Was hat das nun Ihnen und mir zu sagen? Sie kommen sich vielleicht auch wie ein Ausgestoßener vor, wie ein Außenseiter. Vielleicht schämen Sie sich wegen des Hintergrunds und der besonderen Geschichte Ihrer Familie. Vielleicht tun Ihnen heute noch die Folgen vergangener Sünden und früheren Versagens weh. Sollte Gottes Barmherzigkeit wirklich auch für Sie erreichbar sein? Sollte er Sie tatsächlich lieben und Ihr Leben zu seiner Ehre gebrauchen können?

Fassen Sie neuen Mut aus den Geschichten der Tamar, Rahab, Rut und Batseba. Gott hat ihnen nicht nur vergeben, er hat sie hoch erhoben und ihnen einen Ehrenplatz im Stammbaum seines Sohnes gegeben.

Ganz gleich, wer Sie sind, wo Sie früher gewesen sind oder was Sie getan haben, Sie können ein Mitglied in Gottes königlicher Familie werden. Ganz gleich, wie Ihr persönlicher Hintergrund, wie Ihre Verwandtschaft oder Ihre Lebensgeschichte aussieht, Sie können einen ehrenvollen Posten im Dienst des großen Königs einnehmen. Und das genau ist Gnade.

Ein Wort zum Festhalten

Gott freut sich darüber, wenn auch Ihr Name im Stammbaum seines Sohnes steht. Sehen Sie sich dazu 1. Korinther 1,21 an. Wie sieht Gottes Haltung aus, wenn es um Ihre Erlösung geht? Warum ist er so froh, wenn er Sie zu seiner Familie zählen kann?

Vielleicht stellen Sie auch einmal ein paar Nachforschungen über Ihren eigenen Familienstammbaum an. Wie viele Verwandte haben Sie, die Sie kaum sehen? So mancher von ihnen weiß es vielleicht gar nicht, aber auch er braucht jemanden, der für ihn betet – am besten tun Sie es! Bringen Sie doch entfernte und nahe Verwandte im Gebet vor Gott, am besten schon heute! Durch Ihr Gebet könnten einige von ihnen schließlich auch ein Zweig am Familienstammbaum Jesu werden!

Waschen

Die junge Ehefrau lehnte sich zärtlich über ihren Mann, der im Rollstuhl saß. Er, durch einen Autounfall schwer hirnverletzt, hob seinen Kopf ein bißchen und lächelte. Die Frau strich seinen Kragen glatt und zog sein Hemd zurecht, während sie erzählte.

„Mir fiel es sehr schwer, mit Bobs Unfall fertig zu werden", sagte sie und sah ihren Mann liebevoll an. „Und das schlimmste war, wenn ich ihn waschen mußte, nicht wahr, mein Schatz?"

Er rollte leicht mit den Augen, als wollte er sagen: „Und ob!"

Sie richtete sich auf und kämpfte kurze Zeit mit den Tränen, als sie weitersprach. „Dann stand er in der Dusche und hielt sich an der Handtuchstange fest, während ich ihm den Rücken schrubbte. Und in das laufende Wasser mischten sich jedesmal meine Tränen. Er war immer mein großer, starker, gutaussehender Mann gewesen, und jetzt konnte er nichts mehr für mich tun, nun mußte ich alles für ihn tun – ja, er konnte sich nicht einmal mehr waschen."

Der Mann bewegte sich ein bißchen in seinem Rollstuhl, er konnte nicht sprechen, nur zuhören.

„Aber all das wurde anders, als ich erkannt habe, daß Jesus das gleiche... nein, viel mehr getan hat, als er mich von allem Schmutz in meinem Leben reingewaschen hat. Und heute sehe ich es als ein besonderes Vorrecht an, wenn ich Bob baden kann."

Ich hörte der Geschichte dieser Frau zu und dachte an meine eigenen demütigenden Erfahrungen mit dem Baden, seit ich gelähmt bin. Aber ich ließ mich auch daran erinnern, daß wir als gläubige Christen jeden Tag gewaschen werden. Der Apostel Johannes versichert uns: „Wenn wir aber unsere Sünden bekennen, so ist er treu und gerecht, daß er uns die Sünden vergibt und reinigt uns von aller Ungerechtigkeit" (1. Johannes 1,9).

In Johannes 13 wird beschrieben, wie unser Herr auf die Knie ging und seinen eigenen Jüngern die schmutzigen Füße wusch.

Und in Psalm 51 fleht David Gott an, daß er ihn säubern möge: „Wasche mich rein von meiner Missetat und reinige mich von meiner Sünde... wasche mich, daß ich schneeweiß werde... Schaffe in mir, Gott, ein reines Herz“ (Psalm 51,4+9+12).

Ich frage mich, ob David immer schon eine solche Einstellung hatte, ob er nicht manchmal Widerwillen spürte, von einem anderen gebadet zu werden – selbst wenn dieser andere Gott war. Er mag gedacht haben, daß die körperliche Reinigung etwas ganz Privates sei, was er lieber allein tun wollte. Schließlich könnte es ja peinlich werden, wenn jemand anders es übernehmen würde. Doch dann kam der Tag, an dem König David nicht mehr zögerte. Jetzt war er so befleckt, so gründlich beschmutzt mit Sünde und Schuld, daß er von seinem Thron stieg und auf die Knie fiel, laut zu Gott rief und um Reinigung bat.

Die Jünger verstanden, was Jesus tat. Zwar wollte Petrus es zunächst nicht an sich geschehen lassen, daß sein göttlicher Herr ihm die Füße wusch, doch als Jesus ihm deutlich sagte, was das für Folgen hätte, war er mehr als bereit dazu: „Spricht zu ihm Simon Petrus: Herr, nicht die Füße allein, sondern auch die Hände und das Haupt!“ (Johannes 13,9).

Die junge Frau mit dem hirnverletzten Mann hat ihre Einstellung zum Waschen in dem Moment geändert, als sie erkannte, was ihr Herr jeden Tag für sie tat. Gott wusch aus ihrem Leben sehr viel mehr Dreck und Schmutz weg, als sie je ansehen muß, wenn sie zum Waschlappen greift, um ihren Mann zu säubern.

Nun werden Sie vielleicht nicht in einem Pflegeheim leben und jeden Tag liegend gewaschen werden müssen. Sie liegen womöglich auch nicht zu Hause krank im Bett, so daß andere für diese privaten körperlichen Bedürfnisse sorgen müssen. Aber Sie brauchen trotzdem jemanden, der Ihren Schmutz abwäscht – jemanden, der Ihnen eine innere Reinigung schenken kann.

Wenn vom alltäglichen Kontakt mit dieser Welt Ihre Füße und Hände schmutzig geworden sind, dann lassen Sie sich von Gott reinigen – lassen Sie sich schneeweiß waschen und sich von ihm ein reines Herz schaffen.

Ein Wort zum Festhalten

Jesus hat während seines Dienstes hier auf Erden viel vom Reinigen und Waschen gesprochen. Ja, die Fußwaschung an seinen Jüngern war die letzte Tat seines Dienstes, bevor er ans Kreuz ging. Lesen Sie in Johannes 13,1–17 nach, was Jesus tat. Achten Sie dabei besonders auf die Worte unseres Herrn in den Versen 14–17. Wie können Sie einem Freund oder Verwandten „die Füße waschen"? Wie können Sie andere erfrischen und ihnen neue Kraft geben? Und wie sollte Ihre innere Haltung dabei aussehen?

Dreschen

Meine Freundin Bev hat neulich ganz eigenartige Ferien verlebt. Sie hat Gebirge und Seen schnöde links liegenlassen und ist mit ihrem Mann und ihren Kindern nach Nord-Dakota zu der Farm gefahren, von der ihre Familie stammt. Dort wollte sie bei der Weizenernte helfen. Können Sie sich vorstellen, wie es dort aussieht? Goldene Felder, so weit das Auge reicht, große Mähdrescher, ein altes Farmhaus, eine turmhohe Windmühle. Klingt das nicht alles nach herrlichen Ferienerlebnissen? Als Bev mir von ihren Erfahrungen erzählte, erinnerte sie mich allerdings auch daran, daß es ein Haufen Arbeit war – schwere, aber eben gute Arbeit, die der ganzen Familie Spaß machte.

Da ich nicht allzuviel von Weizen verstehe, habe ich sie gebeten, mir genau zu beschreiben, wie so eine Ernte vor sich geht. Und Bev berichtete, wie die großen Mähdrescher ratternd durch die Felder fahren, den Weizen abschneiden und in die Maschine stopfen. Der Kopf der Maschine, der einer rotierenden Messerklinge ähnelt, drischt dann die Weizenhalme. Die reifen Körner werden aus der Ähre geschüttelt, durch ein Rohr angesaugt und in einen großen Kasten an der Rückseite der Maschine befördert. Was noch übrigbleibt, das Stroh und die Spreu, wird wieder ausgestoßen und auf das Feld gestreut.

Seit meiner Unterhaltung mit Bev weiß ich, daß das biblische Wort für „Trübsal" mit dem Wort für „dreschen" verwandt ist. Das, was ich hier gerade von der Weizenernte beschrieben habe, ist ein Prozeß, dem sich auch Christen unterziehen müssen.

In Römer 5,3 sagt Paulus: „Wir wissen, daß Bedrängnis Geduld bringt." Wenn ich heute mit Ihnen eine Tasse Kaffee trinken würde, hätten Sie zu diesem Satz sicherlich einige sehr persönliche Worte beizutragen. Höchstwahrscheinlich sind riesige Mähdrescher im Laufe des vergangenen Jahres, ja vielleicht erst in der letzten Woche, über das Feld her geradewegs auch auf Sie zugekommen.

Trübsal und Bedrängnisse sind große, unausweichliche Nöte, die uns hin und her rütteln und drohen, uns kurz und klein zu schneiden. Wenn man gedroschen wird, ist das niemals einfach, nie angenehm. Aber in Römer 5 steht ja noch mehr: Die Geduld, die Frucht der Bedrängnis, ergibt eine Ernte von „Bewährung" (Römer 5,4) – also einen verläßlichen Charakter, der sich bewährt hat.

Gott sucht Wertvolles in Ihrer Seele. So wie der Farmer in Nord-Dakota den Weizen einfahren will, so will er das goldene Korn der Geduld, der Bewährung, des starken Charakters ernten. Und wie wird dieses Korn eingebracht? Nur durch Dreschen, durch Bedrängnisse und Trübsal. Der Bauer drischt ja auch nicht das Unkraut, nicht wahr? Damit würde er seine Zeit nie verschwenden! Er drischt vielmehr den Weizen und trennt damit die Körner von der Spreu – diese unbezahlbaren, gesegneten Körner.

Ich weiß, daß es schwer ist, sich die „Ergebnisse" und den „Ertrag" vorzustellen, wenn man durch viel Not hindurchgehen muß. Es ist schwer, sich mitten in der Bedrängnis vor Augen zu stellen, wie sehr Gott sich an der Ernte freut oder wieviel man selbst am Ende gewinnen wird. Aber hervorragendes geistliches Korn kann nur im Leben derer gefunden werden, die einen edlen Charakter haben – und der entsteht durch Dreschen.

Kurz bevor Jesus verraten wurde und am Kreuz sterben mußte, hat er zu Petrus gesagt: „Simon, Simon, siehe, der Satan hat begehrt, euch zu sieben wie den Weizen. Ich aber habe für dich gebeten, daß dein Glaube nicht aufhöre. Und wenn du dereinst dich bekehrst, so stärke deine Brüder" (Lukas 22,31+32).

Jesus sagte voraus, daß Petrus durch den großen Mähdrescher der Versuchung niedergemäht werden würde. Und er versprach keineswegs, Simon Petrus aus der Bahn dieser Not wegzunehmen. Er versicherte ihm aber, er habe dafür gebetet, daß Simons Glaube trotz aller Bedrängnis des Dreschens nicht versage. Christus wollte, daß ewige Frucht im Leben des Petrus wachsen würde – Geduld, Durchhaltevermögen und Bewährung.

In Johannes 15,16 sagt Jesus: „Nicht ihr habt mich erwählt, sondern ich habe euch erwählt und bestimmt, daß ihr hingeht und Frucht bringt und eure Frucht bleibt." Ich bin froh darüber, daß das Korn – die Frucht in unserem Leben – ewig bleiben wird.

Das Schlagen und Rütteln des Dreschens, der Trübsal und der Not lohnt sich eben doch.

Ein Wort zum Festhalten

Lesen Sie Römer 5,1–5 und fragen Sie sich, welches wunderbare Gut aus einem bewährten Charakter wächst. Und bitten Sie heute im Gebet Ihren Herrn, daß er Ihnen hilft, die Perspektive dieser Verse im Auge zu behalten, wenn Ihr Leben in der kommenden Woche unter Druck und Schwierigkeiten gerät.

Innere Schmerzen

Welche Schmerzen sind schlimmer, die körperlichen oder die seelischen?

Ich habe in dieser Frage eine ganz persönliche Meinung. Wie Sie habe auch ich schon beide Sorten von Schmerz durchgemacht. Körperliche Schmerzen können fast nach Graden gemessen werden. Manche Menschen haben da eine bemerkenswert hohe Toleranzschwelle. Andere haben gelernt, sich selbst abzulenken, etwa von dem Schmerz eines verstauchten Fußgelenks oder einer Quetschung am Oberschenkel. Und wenn es ganz schlimm kommt, erlauben uns bestimmte medizinische Mittel, die allzu heftigen Schmerzbotschaften an das Gehirn abzublokken.

Manchmal bringen wir es fertig, den körperlichen Schmerz einfach aus unseren Gedanken wegzuschieben, indem wir uns bewußt davon ablenken und unsere Zeit mit vielerlei Beschäftigung vollpacken. Auch die unter uns, die im Rollstuhl leben müssen, denken sich raffinierte Wege aus, wie sie ihre Lähmung zeitweise vergessen können.

Aber das innere, seelische Leiden, das ist eine ganz andere Sache! Tiefe Angst und Unruhe, Ärger, Verbitterung oder auch nur eine allgemeine seelische Dürre können uns regelrecht verfolgen. Und es ist nicht leicht, solche Gefühle einfach beiseite zu schieben.

Solche Art von Wunden – Schmerzen des Denkens, des Herzens und der Seele – bewirken eine innere Leere. Sie scheinen uns auf geistlicher Ebene in ein Vakuum zu versetzen. Einen körperlichen Schmerz können wir einem Arzt oder einer Krankenschwester beschreiben, aber innerer, seelischer Schmerz kann nur von Gott wirklich erkannt werden.

Ich glaube, Gott hat gute Gründe dafür, daß er diese Art von innerer Not zuläßt. Körperlicher Schmerz liegt beinahe außerhalb unser selbst, wir können ihn aus unseren Gedanken vertreiben. Aber seelischer Schmerz steckt mitten in unseren Gedanken und zwingt uns, uns mit dem Problem zu befassen. Gott läßt ihn vielleicht deshalb zu, weil er weiß, daß die reinigende Wirkung dieser Art von Leiden stärker sein kann als die aller anderen Schmerzen. Wir sind gezwungen, uns der Situation zu stellen.

Wenn ich dadurch, daß ich im Rollstuhl sitze, körperliche Schmerzen bekomme, kann ich das normalerweise abstellen. Vielleicht lege ich mich eine Weile hin und ruhe mich aus oder nehme Schmerztabletten. Aber wenn ich innere Schmerzen habe, weil ich mich beispielsweise mit meinem Mann gestritten habe oder eine Meinungsverschiedenheit mit einer Freundin im Büro hatte, dann kann ich das nicht einfach beiseite schieben. Dann bin ich unglücklich, die Sorgen nagen innerlich an mir. Und das zwingt mich, irgend etwas zu tun. Ich werde gedrängt, zu meinem Mann zu gehen und ihn um Verzeihung zu bitten oder den Konflikt an meiner Arbeitsstelle zu lösen.

Gott sagt, daß innere Pein eine reinigende Wirkung haben kann. In 2. Korinther 10,5 heißt es: „... wir nehmen gefangen alles Denken in den Gehorsam gegen Christus." Was für eine Möglichkeit! Die Angst, die Sorgen, sogar der Ärger und der Groll oder die Glaubensdürre können dazu benutzt werden, daß wir uns mit der Sache, die jetzt an der Reihe ist, wirklich auseinandersetzen. Und das bedeutet Gehorsam.

Vielleicht spüren Sie heute auch eine innere Wunde, die sich nicht beiseite schieben oder vergessen läßt. Wenn dieser Schmerz daher rührt, daß Sie in einer Situation stecken, über die Sie keine Kontrolle mehr haben, dann überlassen Sie sie jetzt gleich dem Herrn im Gebet. Tragen Sie nicht weiter allein daran. Petrus drängt uns doch: „Alle eure Sorge werft auf ihn; denn er sorgt für euch" (1. Petrus 5,7). Wenn der Schmerz allerdings eine Erinnerung an noch nicht bekannte Sünde ist, an einen ungelösten Konflikt oder eine trotzige Einstellung, dann gehen Sie dem Problem gleich an die Wurzel. Befassen Sie sich ernsthaft damit und verharren Sie keine Minute länger in Ihrem seelischen Leid, wenn es nicht notwendig ist.

Die Klinik in Ihrer Stadt bietet vielleicht hochtechnisierte

Möglichkeiten an, um mit körperlichen Schmerzen fertig zu werden, aber nur Jesus Christus kann Ihnen ein neues Herz und ein reines Gewissen bieten. Er sagt:

„Den Frieden lasse ich euch, meinen Frieden gebe ich euch. Nicht gebe ich euch, wie die Welt gibt. Euer Herz erschrecke nicht und fürchte sich nicht“ (Johannes 14,27).

Ein Wort zum Festhalten

Es gibt jemanden, der in Ihren Schmerz eindringen kann. Es ist ein einsamer Mann, der Mann der Sorgen und Schmerzen, der mit Kummer sehr vertraut ist. Legen Sie ein Lesezeichen an diese Stelle, damit Sie das folgende Kirchenlied schnell wiederfinden, falls in den kommenden Tagen der Schmerz an Ihre Tür klopft:

„Du großer Schmerzensmann, vom Vater so geschlagen,
Herr Jesu, dir sei Dank für alle deine Plagen;
für deine Seelenangst, für deine Band und Not,
für deine Geißelung, für deinen bittern Tod.

Dein Kampf ist unser Sieg, dein Tod ist unser Leben;
in deinen Banden ist die Freiheit uns gegeben;
dein Kreuz ist unser Trost, die Wunden unser Heil,
dein Blut das Lösegeld, der armen Sünder Teil.

O hilf, daß wir auch uns zum Kampf und Leiden wagen
und unter unsrer Last des Kreuzes nicht verzagen;
hilf tragen mit Geduld durch deine Dornenkron,
wenn's kommen soll mit uns zum Blute, Schmach
und Hohn.“

Gottes Angesicht suchen

Als kleines Mädchen habe ich einmal heimlich ein Kästchen geöffnet, das meiner Mutter gehörte, und ihr Tagebuch herausgenommen. Ich kann nicht mehr sagen, ob ich damals schon so alt war, daß ich lesen konnte – jedenfalls kann ich mich nicht erinnern, irgend etwas Schockierendes über meine Mutter aus diesem Buch erfahren zu haben. Aber ich weiß noch gut, welche Aufregung mich überfiel, als ich im Wohnzimmer gut versteckt hinter dem Klavier hockte und vorsichtig Seite um Seite umblätterte. Es war, als ob ich einen verbotenen Schatz in meinen Händen hielt.

Nachdem ich fertig war, legte ich das Tagebuch behutsam in das Kästchen zurück – genau so, wie es dagelegen hatte. Dann ging ich zum Spielen nach draußen, aber die ganze Zeit dachte ich an das Tagebuch meiner Mutter. Bei dem Gedanken, daß ich beim Abendessen mit ihr zusammensein würde, fühlte ich mich immer unwohler.

Da läutete Mama auch schon die Glocke an der hinteren Eingangstür zum Zeichen, daß wir essen wollten, und wir Kinder kamen herbeigelaufen. Ich versuchte eifrig, die Gesellschaft am Eßtisch mit aufgeregtem Geplapper zu unterhalten und mich so normal zu geben wie möglich.

Schließlich fragte meine Mutter, was denn eigentlich los sei. Und wissen Sie, was dann geschah? Ich konnte ihr einfach nicht mehr ins Gesicht sehen. Sie schaute mir einen Moment lang in die Augen, und dann blickte ich schnell auf meinen Teller. Die Schuld hinderte mich daran, meine Mutter offen anzuschauen und ihre Fragen zu beantworten.

Diese kleine Geschichte wiederholt sich im Leben von Tausenden von Kindern und Millionen von Erwachsenen. Ob man einem anderen offen in die Augen sehen kann, ist immer schon ein Test für Wahrhaftigkeit gewesen.

Gott weiß das. In 2. Chronik 7,14 sagt er: „Wenn dann mein

Volk, über das mein Name genannt ist, sich demütigt, daß sie beten und mein Angesicht suchen und sich von ihren bösen Wegen bekehren, so will ich vom Himmel her hören und ihre Sünde vergeben und ihr Land heilen."

Ich liebe diesen Vers geradezu! Ganz besonders die Worte, die davon reden, Gottes Angesicht zu suchen. Um wieder Blickkontakt mit meiner Mutter zu haben, mußte ich erst bereinigen, was geschehen war. Ich habe gelernt, daß Gott von mir erwartet, auf die gleiche Art sein Angesicht zu suchen. Er will Blickkontakt mit mir haben, ich soll mit einem klaren, aufrichtigen Blick auf ihn schauen – ohne Schuld, Hinterlist oder Sünde. Aber das bedeutet, die Sünde zu bekennen – und das ist meine Verantwortung. Es hat gar keinen Zweck, meine Gebete mit einer Menge krampfhaftem Geschwätz zu füllen und zu versuchen, dem Herrn etwas vorzumachen oder mich selbst zu belügen.

Wenn es Ihnen heute schwerfällt, dem Herrn geradewegs ins Gesicht zu sehen, dann wissen Sie, daß Sie etwas zu bekennen haben. Gott will, daß Sie sein Angesicht suchen. Denn es gibt nichts Besseres als den Blickkontakt mit unserem liebevollen Vater.

Ein Wort zum Festhalten

Haben Sie auch so gern dieses durch und durch saubere Gefühl, einem anderen Menschen offen in die Augen sehen zu können? Dann gibt es keine Unsicherheit oder Angst. Man spürt nur die Klarheit und Durchsichtigkeit des puren Vertrauens. Die Freude fließt aus Ihrem Herzen in das Herz Ihres Freundes, den Sie anschauen. Es ist genauso, wenn wir beim Beten in das Angesicht Gottes sehen. Der Blickkontakt ist bei jeder Beziehung immer noch der beste Test für Vertrauen und Klarheit. Schlagen Sie einmal die drei folgenden Bibelstellen auf, die von Gottes Angesicht reden: Psalm 27,8+9; Psalm 31,17; Psalm 67,2. Und dann lesen Sie noch das frohe Wort der Ermahnung in 1. Johannes 3,2+3. Eines Tages werden wir Gott von Angesicht zu Angesicht sehen! Fühlen Sie sich durch und durch sauber, wenn Sie heute zu Gott beten?

Maria oder Marta?

„Jesus aber hatte Marta lieb und ihre Schwester und Lazarus" (Johannes 11,5).

Zweifellos waren sie eine ganz normale Familie. Und wie in den meisten Familien gab es Unterschiede zwischen den einzelnen Mitgliedern. Maria, so scheint es, war diejenige von den dreien, die am meisten an den Himmel dachte. Sie war es, die auf Jesu Reden hörte, die seine Füße mit kostbarem Parfüm salbte und mit ihren Haaren trocken rieb. Alles, was er sagte, nahm sie ernstlich auf.

Marta hatte ihre eigene Art, in der sie versuchte, dem Herrn zu gefallen. Sie hielt das Haus in Ordnung, hastete hin und her und sah überall nach dem Rechten, lief zum Einkaufen und hantierte dann fleißig in der Küche, um die Mahlzeiten zuzubereiten. Und obwohl sie durch all ihr geschäftiges Tun oft abgelenkt und besorgt war, so sah sie das doch wahrscheinlich als die beste Art von Tätigkeit an.

Ja, die Familienmitglieder waren schon sehr verschieden. Lazarus hatte möglicherweise ernste Probleme mit seiner Gesundheit. Marta wurde vom Herrn sanft getadelt, weil sie sich durch die vielen Kleinigkeiten des Haushalts und der Gastfreundschaft so leicht von der Gemeinschaft mit ihm ablenken ließ. Die nachdenkliche Maria dagegen wurde von Jesus gelobt. Sie, so sagte er, hatte das „gute Teil erwählt" (Lukas 10,38–42).

Und doch steht in Johannes 11,5, daß Jesus sie alle drei liebhatte.

Das ist eine gute Nachricht! Nicht nur für die, die stark sind, sondern auch für die schwächeren Mitglieder in der Familie des Glaubens. Es ist ja möglich, daß Sie zu der letzteren Gruppe gehören.

„Ich?" sagen Sie womöglich. „Nein, ich bin wirklich kein großer Heiliger. Ich bin weder Paulus noch Johannes, und ich bin gewiß keine Maria. Mir fällt es schwer, die Bibel zu verstehen.

Ich erfasse anscheinend Glaubensdinge nicht auf die Art, wie andere es tun. Ich mag nicht laut beten. Es kommt mir so vor, als ob ich in meinem christlichen Leben recht schwach bin, und manchmal frage ich mich, ob Jesus an mir wirklich so viel liegt wie an denen, die alles immer gut und glatt hinkriegen."

Wenn Sie sich selbst so einschätzen und sich vielleicht eher für eine Marta halten, dann fassen Sie sich ein Herz. Denn wie eine Mutter alle ihre Kinder liebt, auch die schwächlichen und weniger begabten, so kümmert sich Jesus um die, die schwach im Glauben sind, die mit schweren Lasten und Versuchungen zu kämpfen haben, die sich mit nagenden Zweifeln und Ängsten herumschlagen und die sich durch den Streß des Alltags immer wieder von ihrem Leben mit Gott ablenken lassen.

Welche Ermutigung ist es doch, zu wissen, daß Gott uns alle liebhat!

Wenn Sie eher eine Maria sind, eine wirkliche Säule des Glaubens, dann denken Sie bitte an die Anweisung in Römer 14,1: „Den Schwachen im Glauben nehmt an."

Viele unter uns tun das nämlich nicht. Wir sind sehr schnell bei der Hand, diejenigen zu kritisieren und zu verurteilen, die sich unsicher vorwärts tasten, ins Stolpern geraten und irgendwie nicht dahin kommen, daß alles in ihrem Leben zusammenpaßt. Und nur wenige von uns sind bereit, denen zu helfen, die schwach im Glauben sind.

Sie sind vielleicht eine echte Maria – Sie können das 3. Kapitel des Jakobusbriefes auswendig, leiten eine Bibelgruppe und stehen jeden Morgen um halb sechs auf, um Ihre Stille Zeit zu halten. Oder aber Sie sind eher eine Marta, die nach einem anstrengenden Tag ins Bett fällt und nur noch schnell entschuldigend ein kurzes Abendgebet murmelt, während sie schon in den Schlaf sinkt.

Was Sie auch sind und wie Sie auch immer in die Familie Gottes hineinpassen – ob stark oder schwach –, Sie sollen wissen, daß Jesus Sie liebhat. Er hat zu seinen Füßen eine ganz bestimmte Stelle, wo Ihr Name steht, nur für Sie reserviert.

Und er ist bereit, eine engere, bessere Beziehung zu Ihnen zu knüpfen – jederzeit, wann immer Sie wollen.

Ein Wort zum Festhalten

Familien sind immer ein kompliziertes Gebilde, und die Beziehungen untereinander sind verwickelt und ineinander verwoben. Manche Mitglieder fallen in einer Krise ganz aus, andere erkennen dann ihre Aufgabe und nehmen sich der Sache an. Es kann geradezu faszinierend sein, sich näher anzusehen, welche Beziehungen Familienmitglieder untereinander haben. Denken Sie beispielsweise an Schwestern – wie sie miteinander reden, wie sie Probleme angehen, wie sie miteinander lachen, weinen oder aufeinander böse werden. Um die Beziehung zwischen Maria und Marta genauer zu betrachten, sollten Sie sich heute die Zeit nehmen, Johannes 11,17–44 zu lesen. Achten Sie darauf, wie verschieden die beiden Schwestern den Tod ihres Bruders und auch das lange Warten auf den Herrn aufnehmen. Welche von beiden scheint da stärker zu sein? Welche übernimmt die Verantwortung? Und von welcher wird gesagt, daß sie weint? Stellen Sie sich einmal vor, Sie wären selbst an dieser Szene beteiligt, vielleicht als jemand aus der weiteren Verwandtschaft. Wie würden Sie reagieren?

Die Schöpfung meines Vaters

Wenn wir zusammen mit meinen Eltern zum Zelten fahren, ist es wunderbar, meinen Vater zu beobachten, der inzwischen schon ein älterer Mann ist. Während die anderen sich unermüdlich mit den Zelten und Gaskochern, den Eisboxen und Petroleumlampen beschäftigen, geht er schweigend in den Wald und sammelt Holzklötze.

Nach einiger Zeit kommt er zurück, einen ganzen Arm voller Klötze: Stücke vom knorrigen Mammutbaum finden sich da, Wacholder oder vielleicht ein Stück Tannenholz, das durch Wind und Wetter gehärtet wurde. Er schichtet seine Beute neben einem Stein auf, der ihm als Sitzgelegenheit dienen kann. Dann setzt er sich hin, holt sein Schnitzmesser heraus und fängt an, die verkrustete Rinde und die abgestorbenen, vertrockneten Zweige von den Klötzen zu entfernen. Er kratzt den Schmutz ab und schneidet sorgfältig alles weiche oder faule Holz aus den Ritzen der Stümpfe.

Leute, die an unserem Zeltplatz vorübergehen, haben sich schon oft gefragt, warum dieser Mann von schmutzigen, alten, grauen Holzstücken so fasziniert ist. Doch er arbeitet unbeirrt weiter daran – offenbar hat er von Anfang an etwas ganz Besonderes damit vor.

Ich habe mich oft selbst über diese Arbeit meines Vaters gewundert. Manche Stücke, die er sich aussucht, sehen wirklich aus, als wären sie überhaupt nicht mehr zu gebrauchen. Witterungseinflüsse haben sie verkrümmt und beschädigt, und Insekten haben sie angenagt.

Aber Vater arbeitet unerschütterlich weiter. Im Handumdrehen hat sich ein großer Berg von Rinde, Dreck und Zweigen vor seinen Füßen angesammelt. Und plötzlich liegt ein Stück ansehnliches Holz in seinen Händen, glänzend von dem Öl, das an seinen Fingern ist, und ganz glatt von dem Schnitt seines Messers. Jetzt, wo die Rinde rundherum abgeschabt ist, wird eine wundervolle Maserung sichtbar. Und diese schönen Stücke werden dann zu Lampen, Tischchen, Kisten oder Hockern weiterverarbeitet.

Einmal habe ich selbst auch etwas getan, als ich Vater bei seiner Arbeit zusah. Ich machte eine Kohleskizze von ihm, wie er sich mit seinem Messer abmüht und an einem Stück Holz schnitzt. Unter den fertigen Entwurf schrieb ich: „Die Schöpfung meines Vaters".

Ich wollte mit dieser Kohlezeichnung zugleich den Gedanken zum Ausdruck bringen, daß unser himmlischer Vater bei jedem seiner Kinder eifrig daran arbeitet, durch das Schnitzmesser seines Wortes etwas Schönes in uns hervorzubringen. Der Heilige Geist schält die verkrusteten, toten Schichten unserer alten Natur ab. Er schneidet die faulen Stellen der eingeschliffenen Sünde heraus und entfernt die toten oder sterbenden Zweige an uns, die keine Frucht bringen, und schabt die kranken oder beschädigten Schichten an uns ab. Seine Arbeit schafft ein verändertes Herz, das durch sein scharfes Wort und seine geschickten Hände zu etwas Schönem umgeformt worden ist. Paulus schreibt:

„Ist jemand in Christus, so ist er eine neue Kreatur; das Alte ist vergangen, siehe, Neues ist geworden" (2. Korinther 5,17).

Und: „Denn wir sind sein Werk, geschaffen in Christus Jesus zu guten Werken" (Epheser 2,10).

Es gibt keinen unter uns, der nicht das schwere Gewicht seiner alten, verkrusteten Natur spürt. Wir sehnen uns danach, daß hartnäckige Sünden abgestreift werden und wertlose Beschäftigungen und tote, erdgebundene Dinge sich von uns schälen wie eine alte Schlangenhaut.

Gott kann das durch sein Wort tun. Ja, gewiß, der Schnitt seines Messers ist scharf und tut oft weh. Und in unserer Torheit und Angst wollen wir manche dieser toten, fruchtlosen Zweige seinem Schnitt nicht aussetzen. Aber Gott arbeitet mit Entschlossenheit an uns weiter und hat dabei offensichtlich etwas ganz Besonderes im Sinn – nämlich das Bild Jesu Christi in uns.

Ein Wort zum Festhalten

Stellen Sie sich das vor: In Jesus Christus sind Sie in Ihrem Innern schon eine nagelneue Person! Nicht nur eine neu aufgelegte, aufgepäppelte Version von dem, was sie früher waren, mit einigen großen Pflastern versehen, die das alte Ich notdürftig flicken. Sie haben nicht nur eine neue Seite im alten Buch aufgeschlagen. Nein, Sie sind eine Neuschöpfung und leben in einer kraftvollen Einheit mit Jesus!

Lesen Sie dazu Römer 6,11. Was heißt es, sich selbst so anzusehen, so zu betrachten, daß man für die Sünde abgestorben, aber für Gott lebendig ist? Um diese Gedanken besser zu erfassen, lesen Sie einmal das ganze 6. Kapitel im Römerbrief. Und in Kolosser 2,9–13 finden Sie weitere aufregende Einsichten!

Die Gnade im Schaufenster

Der Stein aus Jade war wundervoll – glatt, glänzend und sehr schön bearbeitet. Das Licht fing sich in zarten Goldketten, die es voll und weich zurückwarfen. Und durchscheinende Opale erstrahlten in ihrer Fassung mit einem milchigen Feuer.

Ja, ich muß es gestehen: Ich habe einen Schaufensterbummel gemacht. Einen Moment nur wollte ich vor den Auslagen des Juweliergeschäfts stehenbleiben, aber die kunstvolle Schönheit dieser edlen Steine hielt mich doch ein bißchen länger auf.

Die Diamanten, die auf schwarzem Samt lagen, brachen das Licht in vielen farbigen Blitzen. Es schien, als ob der Gegensatz zwischen dem schwarzen Untergrund und den funkelnden Steinen sie noch leuchtender hervorstrahlen ließe. Kein anderer Stoff hätte so gewirkt – kein blauer, grauer oder rosafarbener. Samt in der Farbe der Mitternacht lieferte den allerbesten Kontrast.

Nein, ich habe keinen Diamanten gekauft. Aber als ich zu meinem Auto rollte, dachte ich noch lange über die Auslagen in diesem Schaufenster nach. Denn sie sind ein weiteres treffendes Beispiel dafür, wie Gott in unserem Leben wirkt.

Es scheint, als ob die Gnade unseres Herrn am besten auf dem Hintergrund unserer dunklen, ja schwärzesten Momente hervorstrahlen kann. Irgendwie zeigt sich seine Gnade um so herrlicher, wenn wir sie gerade im Leben derer am Werk sehen, die leiden müssen.

Paulus hat einen ähnlichen Gedanken niedergeschrieben:

„Denn Gott, der sprach: Licht soll aus der Finsternis hervorleuchten, der hat einen hellen Schein in unsere Herzen gegeben... Wir haben aber diesen Schatz in irdenen Gefäßen, damit die überschwengliche Kraft von Gott sei und nicht von uns" (2. Korinther 4,6a+7).

Ich weiß nicht, wie häufig Sie am Schaufenster eines Juweliergeschäfts stehenbleiben. Ich bin auch nicht sicher, ob Sie jemals darüber nachgedacht haben, warum die Edelsteine gerade auf diese Weise ausgestellt werden. Aber könnte es sein, daß Sie das Gefühl haben, als wäre Ihr Leben von schwarzer Dunkelheit verhängt? Vielleicht können Sie gerade jetzt nicht erkennen, welchen Sinn und Zweck der dunkle Vorhang der Mutlosigkeit oder des bedrückenden Kummers erfüllt. Doch so schwierig dieser Gedanke auch zu verstehen sein mag: Gott will vielleicht Ihr Leben eine Zeitlang als Schaufenster benutzen. Er möchte, daß es eine Umgebung bildet, in der er seine Gnade besonders wirkungsvoll ausstellen kann, so daß alle Menschen sie sehen können.

Der Kontrast zwischen Ihrem Leiden und der Gnade Gottes soll den Blick der Vorübergehenden gefangennehmen. Ihr Leben wird beiseite genommen und abseits der übrigen Schmucksteine und Unterlagen ausgebreitet. Gläubige und ungläubige Menschen werden dann von Ihnen angezogen. Und all das nur, um den dunklen Untergrund zu betrachten? Nein, ganz und gar nicht! Vielmehr, um sich über die Schönheit und das Strahlen der Gnade Gottes in Ihrem Leben zu wundern.

Sie werden entdecken, daß die Macht Gottes sich gerade dann am besten erkennen läßt, wenn sie im krassen Gegensatz zu Ihrer eigenen Schwäche steht.

Ein Wort zum Festhalten

Kontraste – eine schwarze Nacht läßt den Mond heller strahlen, neben tiefvioletten Schwertlilien erscheinen gelbe Narzissen viel leuchtender, und vor einem dunkelgrauen Himmel schimmert reifer Weizen golden.

Die Bibel spricht in 2. Korinther 4,7–12 von solchen Gegensätzen. Denken Sie über die Worte des Paulus nach, und dann überlegen Sie einmal folgendes: Die unschätzbar wertvolle Botschaft des Heils ist von Gott ausgerechnet Ihnen, einem schwächlichen und fehlbaren Menschen, anvertraut worden. Sie tragen einen kostbaren Schatz in Ihrem Leib, in einem schwachen und vergänglichen Behälter. Wie bringt Ihr Leben das Licht und die Macht Jesu in Ihnen am besten zur Geltung?

Gedankenspiele

Ich habe manchmal Schwierigkeiten mit dem Beten. Möglicherweise können Sie das gut nachempfinden.

Sagen wir einmal, ich bin ungehorsam gewesen, vielleicht war ich sehr nachlässig im Lesen des Wortes Gottes oder bin mürrisch mit meinem Mann umgegangen. Oder ich war ganz einfach schlecht gelaunt, habe mich gelangweilt und bin innerlich ausgetrocknet.

Ich weiß wohl, daß Beten ein großer Teil der Lösung für solche Probleme ist. Also fange ich an, mit Gott zu reden. Aber dann stoße ich auf ein ganz bestimmtes Problem: kaum habe ich angefangen zu beten, da schalten sich auch schon meine Gedanken ein und beginnen mit einem Spielchen ...

„Vater, du bist voller Barmherzigkeit und Güte. Ich muß dir recht geben: was ich diesem Menschen gesagt habe, war nur eine Halbwahrheit, nein, es war eine Lüge. Danke, daß du mir das vergibst. Ich bin froh, daß das nun alles hinter mir liegt und daß ich neu beginnen kann ..."

Na, nun mal langsam! Gott will wohl noch ein bißchen Buße sehen, bevor er dir aus diesem Schlamassel heraushilft.

„Ja, nun ..." ich weiß, daß du treu und gerecht bist, Herr, und mir meine Sünden vergibst ..."

Ja, das stimmt schon, aber es tut dir nicht genug leid, nicht wahr?

„Doch, meine Sünde tut mir ehrlich leid."

Na, dann muß man aber ein bißchen mehr gefühlsmäßige Beteiligung sehen! Wie lange ist es denn her, daß du ein paar Tränen wegen deiner Sünden vergossen hast? Wieviel ist dir nun wirklich daran gelegen?

„Es ist mir sogar sehr viel daran gelegen! Gott, du hast mir gesagt, ich soll meine Sünde eingestehen, und das habe ich getan. Ich bekenne, daß ich vielleicht nicht über diese Sünde weinen kann, aber ..."

Ach, was hat das schon für einen Zweck mit dir? Wahrscheinlich ist Gott es gründlich leid, daß du mit deinem christlichen Lebenswandel im-

mer so lässig umgehst, so als ob das irgendein unbedeutendes Spielzeug für dich wäre. Und deswegen hat er sich sicher schon längst von dir abgewendet. Wenn das alle Gewissensbisse sind, die du in dir zusammentrommeln kannst, dann kannst du es gleich vergessen!

Klingt Ihnen das irgendwie vertraut? Und Sie wissen so gut wie ich: Wenn Sie sich lange genug mit solchen Gedankenspielchen herumgeschlagen haben, werfen Sie das Handtuch und hören auf zu beten und sind mutloser als zuvor.

Wenn mir das passiert, tue ich mein Bestes, um mich an zwei wichtige Verse aus dem Buch Jesaja zu erinnern. Vielleicht ist es gut, wenn Sie sich diese Verse auch merken.

In Jesaja 30,18 lesen wir:

„Darum harrt der HERR darauf, daß er euch gnädig sei, und er macht sich auf, daß er sich euer erbarme; denn der Herr ist ein Gott des Rechts. Wohl allen, die auf ihn harren!"

Das ist ein Lieblingsvers von mir, wenn ich mich beim Beten entmutigt fühle. Daß Gott ein Gott des Rechts ist und sich doch gleichzeitig danach sehnt, uns Gnade und Mitgefühl zu zeigen, ist ein wunderbar tröstlicher Gedanke. Und dann gibt es noch Jesaja 45,19:

„Ich habe nicht im Verborgenen geredet an einem finstern Ort der Erde; ich habe nicht zu den Söhnen Jakobs gesagt: Sucht mich vergeblich!"

Wenn wir uns aufrichtig Barmherzigkeit wünschen, dann ist Gott bereit, sich finden zu lassen. Es braucht keine Katz-und-Maus-Spielchen zu geben, wenn wir uns ihm im Gebet nähern.

Wenn wir ihn suchen, wird es nicht vergeblich sein – das verspricht er uns. Wenn wir uns Gnade wünschen, dann will er sie uns auch geben. Und wenn wir Trost brauchen, dann erhebt er sich, um uns sein Mitgefühl zu zeigen.

Wenn Sie heute beten, dann denken Sie an diese unerschütterlichen Wahrheiten. Schieben Sie die Gedankenspielchen beiseite und dringen Sie durch zu ihm – zu unserem Gott voller Mitgefühl und Liebe.

Ein Wort zum Festhalten

„Wir können vielleicht einen Gott verstehen, der Sündern vergibt, die auf allen vieren zu ihm kriechen und um Gnade betteln", sagt Ken Taylor, „aber ein Gott, der den Sündern nachläuft, um ihnen Vergebung anzubieten, muß eine ganz außerordentliche Liebe haben!" Genau das ist die Liebe, die Jesus dazu drängte, auf unsere Erde zu kommen, nach verlorenen Menschen zu suchen und sie zu retten. Das ist die außerordentliche Liebe, die Gott auch Ihnen entgegenbringt. Wenn Ihre Gebete eine Falle für „Gedankenspielchen" werden, wenn Sie sich weit weg von Gott fühlen, dann verzweifeln Sie nicht. Schöpfen Sie Trost aus den Worten in Lukas 15,3–10. Gott sucht nach Ihnen!

Gott legt letzte Hand an

Ich kann mich noch genau erinnern, wie es bei meiner ersten Schallplattenaufnahme zuging. Tagelang hatte ich geprobt, damit mir alle Lieder völlig geläufig waren.

Und richtig aufregend fand ich den Gedanken, nun endlich einmal alles zusammen vom Band zu hören – Geigen, Klavier, Hörner und Harfen. Alle Tonspuren würden zu einem wunderschönen Klang zusammengemischt!

Um eine Vorstellung davon zu bekommen, wie so etwas vor sich geht, war ich schon einige Tage vorher im Aufnahmestudio anzutreffen – nur, um mir anzuhören, wie die Musiker die Orchestermusik einspielten. Sie kamen in einem kleinen Studio zusammen. Es waren Mitglieder eines Musikerverbandes, und manche von ihnen gehörten zu den besten Profis unseres Landes.

Der Arrangeur legte ihnen die Partiturblätter vor, und – ob Sie es nun glauben oder nicht – nach nur einer einzigen Probe waren sie bereit für die Aufnahme.

Ich war total verwundert, daß diese Leute einfach so hereinspazierten und ein Stück sehr komplizierter Musik – voller Kreuze und B, gespickt mit Mollklängen und verminderten Akkorden – ohne weiteres vom Blatt spielen konnten.

Der Klang, den sie zustande brachten, ließ mir den Atem stokken. Es war unbeschreiblich schön.

Aber wissen Sie, was passierte, als die Musiker das Ganze auf Band aufgenommen hatten? Viele von ihnen standen auf und machten Pause, wanderten durch die Räume des Aufnahmestudios und tranken eine Cola oder einen Kaffee. Sie schienen völlig unbeeindruckt von der Schönheit der Musik, die sie gerade erzeugt hatten. Nur einer oder zwei von ihnen nahmen sich überhaupt die Zeit, die Aufnahme vom Band anzuhören.

Ich wollte es gar nicht glauben! Wie konnten diese Menschen etwas so Schönes schaffen und dann unbeteiligt weggehen, es noch nicht einmal in seiner endgültigen Form anhören wollen?

Seit diesem Erlebnis habe ich darüber nachgedacht, welche Freude Gott wohl daran haben muß, wenn er etwas Schönes in uns schafft. In Philipper 1,6 steht dazu: „Der in euch angefangen hat das gute Werk, der wird's auch vollenden bis an den Tag Christi Jesu.“

Mit anderen Worten: Gott wird das gute Werk weiterentwikkeln, das er in Ihrem Herzen und Ihrem Leben angefangen hat. Er wird es vervollkommnen, zur Vollendung bringen.

Denn Gott geht nicht von seiner Schöpfung fort. Er macht keine Kaffeepause. Er ruht sich nicht zwischen zwei Arbeitseinsätzen aus, genüßlich irgendein Erfrischungsgetränk schlürfend. Nein, er behandelt das Werk seiner Hände niemals lässig. Und er erschafft etwas Schönes in uns, etwas noch viel Schöneres als eine klangvolle Symphonie.

Für ihn sind wir nicht einfach eine von vielen Aufgaben, die erledigt werden müssen. Sein Ansehen steht auf dem Spiel, und das Bild seines Sohnes ist sein Vorbild. Gott will bei dem, was er an uns tut, Vollkommenheit erreichen – er will als Ergebnis Vollendung in Jesus Christus.

Gott findet immer wieder neue Wege, wie er Sie verbessern, verändern und verfeinern kann – nach der Partitur, die er für Sie im Kopf hat. Er ist auch heute in Ihrem Leben am Werk. Er macht nicht etwa gerade Pause, auch wenn Ihr wankender Glaube oder Ihre zagenden Gefühle Ihnen das manchmal weismachen wollen.

Er wird immer in der Nähe bleiben. Er wird da sein, wenn es darum geht, letzte Hand an sein Werk zu legen. Wenn die Tonspuren Ihres Lebens zusammengespielt werden, wird er beim Mischen und Aussortieren beteiligt sein. Und am Tage seines Sohnes Jesus Christus wird er sich die ganze Aufnahme anhören. Und der ganze Himmel wird staunen, wenn er sieht und hört, welches wunderbare Werk Gott in Ihrem Leben geschaffen hat.

Ein Wort zum Festhalten

Es wird erzählt, daß bei der Uraufführung von Händels „Messias“ in London König Georg II. von dem Halleluja-Chor so bewegt war, daß er sich erhob und bis zum Schluß des Stückes stehenblieb. Und natürlich standen mit ihm auch alle anderen Zuhörer auf. Seit der Zeit hat es fast jedes Publikum so gemacht, wenn diese Musik aufgeführt wurde.

Händel hat gesagt, daß ihm bei der Komposition dieses Chores war, als könnte er den ganzen Himmel offen vor sich sehen und den großen Gott selbst. Es ist schon ein erhebender Moment, wenn diese Töne erklingen!

Gott hat auch Sie vor Augen, wenn er – wie ein großartiger Komponist – die Partitur seines Reiches schreibt. Sie sind ein Teil seiner Gedanken, wenn er die verschiedenen Stimmen zu einer großen Symphonie zusammenmischt. Wollen Sie gerne hören, wie das klingt? Dann lesen Sie Offenbarung 5,11–14 und stellen Sie sich vor, wie auch Sie in den Chor der Millionen von Engeln mit einstimmen. Und wie wäre es jetzt mit Händels „Messias“? Wenn Sie eine Aufnahme davon besitzen, legen Sie sie doch auf und singen Sie mit! Auch das ist eine herrliche Art, Gott zu loben.

Freunde

Ich saß am Kaffeetisch meiner Freundin und kämpfte innerlich mit mir, ob ich ihr etwas von der Niedergeschlagenheit erzählen sollte, die mich schon seit mehreren Tagen fest im Griff hatte. Ich entschloß mich endlich, ihr mein Herz auszuschütten, und sagte, ich müßte ihr von einem Problem erzählen. Ob sie wohl Zeit hätte, mir zuzuhören?

„Aber klar", erwiderte sie und stand auf, um den pfeifenden Teekessel vom Herd zu nehmen. Als sie den Tee eingoß, holte ich tief Luft und fing an, ihr meine Schwierigkeiten zu schildern.

„Nimmst du Milch?" unterbrach sie mich.

„Eh ... ja", antwortete ich.

„Also, was hast du gerade gesagt?" fragte sie und nippte an ihrem Tee.

Ich fuhr in meiner Geschichte fort. Als ich gerade mittendrin war, klingelte das Telefon. Die Tochter meiner Freundin rief aus dem Nebenzimmer: „Mama! Papa ist dran. Er will dich vom Büro aus sprechen."

Sie seufzte: „Da werde ich wohl hin müssen. Ich bin gleich wieder da."

Ich saß da und wartete und sah gelegentlich auf die Uhr. Je länger es dauerte, desto stärker fühlte ich mich zurückgesetzt und verletzt. Als meine Freundin in die Küche zurückkam, erzählte sie noch eine ganze Weile munter von ihrem Telefongespräch.

„Soll ich deinen Tee noch einmal warm machen?" fragte sie, bevor sie sich wieder hinsetzte.

Jetzt war ich mit Seufzen an der Reihe. Nein, ich wollte keinen Tee mehr. Ich wollte nur, daß sie mir zuhörte. Aber mittlerweile war ich gar nicht mehr so sicher, ob ich überhaupt noch weitererzählen sollte.

Sie haben so etwas sicher auch schon erlebt. Sie müssen Kummer oder eine Zeit der Einsamkeit durchleiden, und Sie wollen gerne einem Freund oder einer Freundin davon erzählen. Doch wenn Sie dort anrufen, werden Sie immer wieder unterbrochen – oder aber Ihre Freundin ruft nie zurück. Oder, was noch schlimmer ist, Sie haben einen Freund beiseite genommen, um ihm etwas von dem zu beschreiben, was Sie in letzter Zeit durchgemacht haben, und jetzt haben Sie den deutlichen Eindruck, daß er abgelenkt ist und nur halb zuhört. Sie schaffen es kaum, ihm in die Augen zu sehen, und als Antwort erhalten Sie nur ein paar unbestimmte, dahingemurmelte Worte.

Sie sehnen sich nach einem guten, besonnenen Rat und bitten ihn um seine Meinung, aber sie ernten nur ein Schulterzucken oder auch ein freundliches Schulterklopfen nach dem Motto: „Kopf hoch, es wird schon wieder werden!"

Und dann fragen Sie sich insgeheim: „Kümmert sich überhaupt jemand darum, was ich gerade durchmache? Hört mir überhaupt jemand zu?"

Selbst Jesus hat das erleben müssen. In Matthäus 20,17–28 wird es uns beschrieben. Er war mit seinen Jüngern auf dem Weg nach Jerusalem. Es sollte seine letzte Reise auf Erden sein. Und er wußte genau, was ihn erwartete: Verrat, ein schändliches Gerichtsverfahren, grausame Erniedrigung, brutale Folter. Ein blutiges Kreuz, ein einsamer Tod an einem dunklen Nachmittag. Die Sünden der ganzen Welt und aller Zeiten würden auf seinen Schultern abgeladen werden – er würde den totalen Abbruch der Gemeinschaft mit seinem Vater erleiden.

Der Schrecken all dieser Dinge muß sich mit jedem Schritt schwerer auf sein Herz gelegt haben.

Schließlich blieb er stehen und drehte sich zu seinen Freunden um. Er schüttete ihnen sein Herz aus und sagte ihnen genau, was mit ihm geschehen würde, wenn er schon bald durch die Stadttore von Jerusalem ging.

Und wir klagen darüber, daß uns niemand zuhört! Sehen Sie nur, wie es Jesus ging: die Jünger überhörten nicht nur seine bekümmerten Worte, sondern drehten sich sogleich um und fingen an, darüber zu streiten, wer von ihnen denn im kommenden Königreich der Größte sein würde, wer als absolute Nummer eins herauskommen und den heißbegehrten Platz direkt neben dem Thron ergattern würde. Ja, die Mutter zweier seiner Jünger trat zu Jesus, um ihn zu bitten, daß er sich in dieser Sache für ihre Söhne entscheiden solle. Es ist einfach unglaublich!

Da war kein freundliches Wort, kein hilfreicher Rat; es gab kein aufmerksam zuhörendes Ohr, kein mitfühlendes Herz für den Herrn. Die Jünger, abgelenkt und nur mit ihrem eigenen Ehrgeiz beschäftigt, hörten nur mit halbem Ohr hin.

Das ist vielleicht das Einsamste an der Einsamkeit: wenn man weiß, daß niemand anders einen wirklich versteht oder sich auch nur darum kümmert, was man durchmachen muß – wenn man weiß, daß die Last der Schmerzen auf den eigenen Schultern liegenbleibt.

Doch so ist es manchmal, nicht wahr? Freunde sind nicht immer für uns da. Und wenn sie da sind, mögen sie doch nicht immer Ihre Not wirklich verstehen. Ein anderer Freund ist vielleicht gerade zu beschäftigt – mit Recht – oder aber er ist nicht zu erreichen.

Und da stehen Sie nun und müssen alles allein tragen.

Wie gut, daß Jesus auch so etwas durchgemacht hat! Er versteht uns. Er weiß, was für ein Gefühl es ist, wenn Freunde nicht helfen können oder sich nicht um uns kümmern. Deshalb ist er derjenige, der uns Anteilnahme schenkt. Sein Blick weicht Ihnen nicht aus. Er überhört Ihren Hilferuf nicht, läßt sich nicht ablenken. Sein Herz fühlt mit Ihrem Herzen, auch mitten in allen Schmerzen.

In der Bibel heißt es: „Es gibt Freunde, die hangen fester an als ein Bruder“ (Sprüche 18,24).

Ich selbst habe niemals einen Bruder gehabt, aber ich habe diesen Freund. Er heißt Jesus, und er hört mir zu und kümmert sich um mich.

Ein Wort zum Festhalten

Es bricht mir schier das Herz, wenn ich an die gefühllosen Jünger denke, die taub waren, als Jesus dringend Hilfe brauchte. Wenn ich damals dabei gewesen wäre – so stelle ich mir gerne vor –, hätte ich die Hand meines Herrn ergriffen, ihm in die Augen geblickt und gesagt: „Bitte, erzähl mir alles.“ Dafür sind doch Freunde schließlich da! Aber behandle ich und behandeln Sie den Herrn denn wirklich wie einen geschätzten und geliebten Freund? Denken Sie an all das, was zu einer Freundschaft gehört: an vertrauliche Gespräche, an Opfer von Zeit, Bedürfnissen und Wünschen, an das Reden über Freuden und Sorgen, an Liebe und Gemeinschaft. Jesus kommt für seine Seite der Freundschaft mit Ihnen voll und ganz auf, wie es in Johannes 15,15 steht. Wenn Sie diese Worte und dann vielleicht noch das ganze Kapitel lesen, fragen Sie sich dabei einmal: „Wie kann ich für Jesus ein besserer Freund werden?“

Wir sind nicht allein

Kennen Sie dieses Gefühl, daß Sie eigentlich der einzige sind, der alles zusammenhält?

Niemand scheint sich um die Dinge Sorgen zu machen, die Sie beschäftigen. Wenn nicht Sie diesen Anruf erledigen oder jenen Brief schreiben würden, wer dann? Der zweite Vorsitzende ist sehr zufrieden, daß er sich im Glanz der Erfolge sonnen kann, aber die Arbeit überläßt er gerne Ihnen. Der Hund würde glatt verhungern, wenn Sie ihm nicht zu fressen gäben. Die Katze würde verzweifeln, weil sie nie mehr aus dem Haus käme. Der Goldfisch würde in einer trüben, giftigen Brühe ersticken. Der Abfalleimer in der Küche würde überlaufen, wenn Sie nicht immer drängen würden, daß er ausgeleert wird. Ja, Sie haben den Verdacht, daß das ganze Haus (beziehungsweise die Kirchengemeinde, das Büro, die Bibelgruppe oder die Fahrgemeinschaft) zusammenbrechen würde, wenn Sie nicht die Fäden in der Hand behielten.

Doch Sie sind nicht allein. Nein, Sie haben jemanden an Ihrer Seite, der mehr als nur seinen Anteil an der Last mitträgt.

Sehen Sie mit mir ins 9. Kapitel des Johannesevangeliums. Jesus redet dort nicht nur mit seinen Jüngern, sondern auch mit einem Mann, der von Geburt an blind war. Seine Jünger fragen:

„Meister, wer hat gesündigt, dieser oder seine Eltern, daß er blind geboren ist?

Jesus antwortete: Es hat weder dieser gesündigt noch seine Eltern, sondern es sollen die Werke Gottes offenbar werden an ihm" (Johannes 9,2+3).

Und dann sagt Jesus einen sehr merkwürdigen Satz:

„Wir müssen die Werke dessen wirken, der mich gesandt hat, solange es Tag ist; es kommt die Nacht, da niemand wirken kann" (Johannes 9,4).

Mit wem redet Jesus da? Ich bin nicht ganz sicher – hat er vielleicht direkt den blinden Mann angesehen und zu ihm gesagt: „Wir, wir beide, müssen die Werke dessen tun, der mich gesandt hat."?

Ich stelle mir das so vor, daß Jesus den Blinden daran erinnert hat, daß er mit seiner Behinderung und seiner Verzweiflung nicht allein war. Die Werke Gottes sollten jetzt gleich an ihm gezeigt werden. Nach dem Willen Jesu sollte dieser Mann wissen, daß Gott selbst ihm zur Seite stand und an seiner Last mittrug.

Jesus heilt dann den blinden Mann, aber ich denke, schon die Worte des Herrn müssen ihn über die Maßen aufgewühlt haben. Jesus stellte sich neben ihn, um das Werk Gottes an ihm zu tun. Er hatte ihn ausgesucht und zu ihm gesagt: „Wir beide, mein Freund, müssen die Werke Gottes tun, und zwar gemeinsam."

Das läßt mich ehrfürchtig staunen! Jesus will, daß ausgerechnet ich ihm helfe, damit die Werke Gottes getan werden! Ich bin nicht allein. Ich muß nicht unter großem Druck nachgeben. Es lastet nicht alles auf meinen schwachen Schultern.

Christus steht bei mir – so, wie er an jenem Tag neben dem blinden Mann stand. Und er steht auch heute bei Ihnen. Besonders, wenn Sie das Gefühl haben, Sie müßten sich verzweifelt bemühen, alle Fäden in der Hand zu behalten. Es wird ohne Sie nicht alles zusammenbrechen. Jesus sagt auch zu Ihnen: „Wir, wir beide müssen die Werke Gottes tun."

Jesus und Sie, Sie beide zusammen. Sie können gar keinen besseren Beistand finden!

Ein Wort zum Festhalten

Wenn Sie eine Vorstellung davon haben möchten, wie der Herr seinen Anteil an Ihrer Last trägt, dann lesen Sie Matthäus 11,28–30. Jesus dachte bei diesen Worten an ein doppeltes Joch, bei dem zwei Ochsen sich das Gewicht der Last teilen. Dabei war es auch üblich, einen jüngeren mit einem älteren, stärkeren Ochsen, der mehr Erfahrung hatte, zusammen in ein Joch zu spannen. Wenn Sie Ihren schweren, frustrierenden Arbeitsplan zusammen in einem Joch mit Jesus Christus „durchpflügen", welcher von Ihnen beiden wird dann das meiste Gewicht zu tragen haben? Und woher kommt die Ruhe, von der hier die Rede ist?

Erleuchtet, aber nicht entzündet

Ich bin sicher, Sie kennen auch jemanden, der dem Reich Gottes schon ganz nah gekommen ist. Ja, Sie haben vielleicht sogar angenommen, daß dieser Mensch ein Christ sei. Denn er kannte die richtigen Worte, die richtigen Lieder, den richtigen Tonfall, den richtigen Gesichtsausdruck – alles, was bei Christen üblich ist. Er konnte manche Bibelverse auswendig hersagen, mit Ausdruck beten und vielleicht sogar anderen Menschen von Jesus erzählen.

Aber dann war er unerklärlicherweise plötzlich nicht mehr zu sehen.

Auf einmal ist er wie vom Erdboden verschwunden, das heißt, er kommt nicht mehr in den Gottesdienst und zu den Gemeindeveranstaltungen.

Und wenn Sie ihn heute fragen würden, ob seine Hingabe damals echt war oder nicht, würde er vermutlich mit den Schultern zucken und sagen, daß ihm das jetzt ganz egal sei.

Ich kannte so einen Menschen, als ich noch zur Schule ging. Wir fuhren zu derselben christlichen Freizeit und redeten über Jesus Christus. Er schrieb etwas in meine Bibel und ich etwas in seine. Wir beteten zusammen und sprachen miteinander über Vertrauen und Gehorsam.

Ich weiß nicht, was genau passiert ist, aber irgendwo auf dem Weg wendete er sich von Jesus ab. Wenn ich heute an diesen jungen Mann zurückdenke, dann fallen mir Worte aus dem Hebräerbrief ein. Da ist die Rede von Leuten, „die einmal erleuchtet worden sind und geschmeckt haben die himmlische Gabe und Anteil bekommen haben am heiligen Geist und geschmeckt haben das gute Wort Gottes und die Kräfte der zukünftigen Welt und dann doch abgefallen sind“ (Hebräer 6,4–6a).

Es ist mir unerklärlich und erschreckt mich, daß ein Mensch Jesus Christus und dem Himmel so nahe sein und sich dann doch einfach umdrehen und fortgehen kann.

Aber in der Heiligen Schrift steht, daß das geschehen kann. Sehen Sie sich nur das Gleichnis von den Samenkörnern in Matthäus 13 an. Die jungen Triebe erstickten unter den Dornen, oder sie trockneten in der dünnen Krume auf dem harten, felsigen Boden aus. Aber in beiden Fällen gab es zunächst eine Art von Erfolg, ein Zeichen, daß der Same fast, nur noch nicht ganz, Wurzeln geschlagen hatte. Wie kann das sein?

Man kann es ungefähr – wenn auch nicht ganz genau – mit dem Anzünden einer Kerze vergleichen. Wenn Sie ein brennendes Streichholz in die Nähe eines Kerzendochts halten, sieht es beinahe so aus, als würde die Kerze brennen, nicht wahr? Das Wachs bekommt Glanz, wird durchscheinend und ein bißchen heller. Und um den Docht her ist so etwas wie ein leuchtender Hof. Man könnte sagen, die Kerze ist erleuchtet.

Aber sie ist noch nicht entzündet. Die Flamme ist dem Docht zwar sehr nahe gekommen, aber er brennt noch nicht selbst. Und genauso ist ein großer Graben zwischen dem „Erleuchtetsein“, wie es in Hebräer 6 beschrieben wird, und dem tatsächlichen Brennen, dem Entzündetsein vom Heiligen Geist. Und dieser Abgrund ist letztlich so groß wie der zwischen Himmel und Hölle.

Also lassen Sie mich noch einmal fragen: Kennen Sie jemanden, der sich wieder von Gott abgewendet hat? Und hat Sie das dazu gebracht, daß Sie die Gewißheit Ihres eigenen Heils ernsthaft in Frage stellen? Bitte machen Sie sich nicht solche Gedanken! Es gibt tatsächlich Menschen, die erleuchtet sind, die alle Anzeichen eines engen Kontakts mit dem Geist Gottes aufweisen. Aber enger Kontakt spielt eben nur eine Rolle, wenn es um Handgranaten geht oder um ein Pferd, das ausschlägt. Er hat aber nichts zu bedeuten, wenn es darum geht, ob mein Name im Lebensbuch des Lammes aufgeschrieben ist.

Ja, manche Leute sind von Gott erleuchtet worden. Aber nur Christen sind wirklich von Gottes Geist entzündet. Und wenn sie einmal brennen, kann nichts in der ganzen Welt dieses Feuer wieder auslöschen.

Ein Wort zum Festhalten

Wenn Sie dieses Kapitel gelesen haben, sind Sie möglicherweise plötzlich unsicher geworden, ob Sie selbst entzündet sind oder nicht. Vielleicht wissen Sie nicht genau, ob Sie wirklich ein Kind Gottes sind. Legen Sie Ihre Zweifel beiseite – ein für allemal. Bitten Sie Gott darum, daß er Ihnen alle Ihre Sünden vergibt. Und nehmen Sie die Tatsache an, daß der Herr Jesus Christus selbst am Kreuz die Strafe für Ihre Sünden getragen hat. Und dann bitten Sie ihn, nicht nur Ihr Heiland, sondern auch Ihr Herr zu sein. Und glauben Sie daran, daß er Ihnen seinen machtvollen Geist gibt, der Ihnen hilft, Gott zu vertrauen und zu gehorchen.

Und nun holen Sie eine von Ihren schönsten Kerzen heraus und zünden Sie sie an. Haben Sie die Gewißheit, daß Sie wirklich entzündet sind – daß Sie entfacht sind, und nicht nur erleuchtet? Sehen Sie sich dazu 2. Petrus 1,5–11 an. Und freuen Sie sich darauf, daß Sie eines Tages einen reichen und herzlichen Empfang im ewigen Reich Gottes erleben werden!

Verachtete Erkenntnisse

Der blinde Mann spürte die Wärme und Kraft in der Hand des Zimmermanns. Er war zu dem gekommen, den sie Jesus nannten, weil er geheilt werden wollte. Und jetzt gingen die beiden, Hand in Hand, zum Rande des Dorfes.

Ja, da war die vertraute kleine Senke im Weg. Und dort hörte er das Rascheln in den Blättern des Olivenhains. Jetzt blieben sie stehen. Der Rabbi drehte sich um und sah ihn wohl an. Was würde geschehen?

Jesus tat Speichel auf die Augen des Blinden!

Für mich gehört das zu den seltsamsten Dingen, die Jesus je getan hat, wenn er sich einem kranken oder behinderten Menschen zuwandte. In Markus 8 wird uns dieser ganze Vorgang erzählt.

„Und er nahm den Blinden bei der Hand und führte ihn hinaus vor das Dorf, tat Speichel auf seine Augen, legte seine Hände auf ihn und fragte ihn: Siehst du etwas? Und er sah auf und sprach: Ich sehe die Menschen, als sähe ich Bäume umhergehen. Danach legte er abermals die Hände auf seine Augen. Da sah er deutlich und wurde wieder zurechtgebracht, so daß er alles scharf sehen konnte" (Markus 8,23–25).

Nicht die eigentliche Heilung ist hier so erstaunlich. Schließlich hat Jesus viele solcher Wunder getan. Merkwürdig ist die Art und Weise, wie er dieses Wunder vollbrachte. Der Herr tat diesem Mann doch tatsächlich Speichel auf die Augen!

Er benutzte weder Myrrhe noch Weihrauch, die in jenen Tagen übliche Heilmittel waren, auch keine Pulver oder Tabletten – nein, einfach nur Spucke.

Nun verbinden wir natürlich den Speichel eines Menschen mit verächtlichen oder unappetitlichen Geschehnissen. Spucke, da sind wir uns alle einig, ist ziemlich eklig. Es ist sogar erniedrigend, wenn die Spucke von jemand anderem uns trifft. Und dann auch noch auf den Augen!

Aber dies war nicht der Speichel eines gewöhnlichen Menschen. Und vielleicht hatte Jesus ja sogar vor, uns mit dieser eigenartigen Heilmethode etwas beizubringen – möglicherweise hat er uns dabei eine wichtige Lektion zu lehren.

Überlegen Sie einmal folgendes: Es ist möglich, daß Gott Sie gerade durch eine Erkenntnis segnen will, die Sie früher gründlich verachtet haben.

Lassen Sie mich das näher erklären. Als ich nach meinem Unfall im Krankenhaus lag, stand einmal eine wohlmeinende christliche Freundin an meinem Bett und sagte:

„Denk immer daran, Joni: Gott ist allmächtig, und er hat alles in der Hand."

Damals kam es mir vor, als hätte mir diese Freundin auf die Augen gespuckt. Ich fühlte mich angewidert von dem Gedanken, daß Gott alles in der Hand hatte – mir drehte sich dabei der Magen um. Ich verachtete aus ganzem Herzen eine Lehre, die mir sagte, daß Gott meinen schlimmen Unfall hätte verhindern können, aber sich dazu entschieden hatte, es nicht zu tun.

Das machte einen noch kränker, das war doch einfach undenkbar!

Aber mit der Zeit sollte ich entdecken, daß dies eine erstaunliche Lehre war, die einen heilenden Einfluß auf mich hatte. Was zu einem früheren Zeitpunkt widerwärtig war, wurde auf wunderbare Weise später mein größter Trost. Als die Monate und Jahre vergingen, brachte ich es allmählich fertig, Gott dafür zu preisen, daß er alles in seiner Hand hatte, daß es auch in meinem Leben keine Zufälle gab, daß alle Dinge zueinander paßten und letzten Endes zu meinem Besten dienten – daß Gott seine Gründe hatte, lauter gute Gründe, die ich nur noch nicht kannte.

Es ist durchaus möglich, daß Gott Sie gerade durch die Erkenntnis segnen wird, die Sie früher verachtet haben – oder durch die Person, die ihren Widerwillen erregte, durch die Wendung der Ereignisse, gegen die Sie sich auflehnten, durch Lebensumstände, die Sie verabscheuten.

Haben Sie heute das Gefühl, als hätte Gott Ihnen auf die Augen gespuckt? Fühlen Sie sich verraten, angewidert, vielleicht sogar versucht, Ihren Herrn dafür zu verachten, daß er in Ihrem Leben so furchtbare Dinge zugelassen hat? Denken Sie daran, gerade sie könnten Ihnen Heilung bringen – so schwer es Ihnen jetzt auch fällt, das zu glauben oder auch nur hinzunehmen.

Lassen Sie Gott Zeit. Ihre Lebensumstände erscheinen Ihnen vielleicht im Moment so sinnlos wie umherwandelnde Bäume. Aber wenn Gott Ihr Leben einmal angerührt hat, wird er es auch weiterhin berühren.

Und die Spucke aus seinem Mund könnte gerade das Mittel sein, das Ihnen die Augen öffnet.

Ein Wort zum Festhalten

Fühlen Sie sich verwirrt, ja verraten durch eine ganze Serie von traurigen Lebensumständen? Jeder der folgenden Bibelverse ist wie ein Löffel voll starker, bitterer Medizin, die einen heilenden Einfluß auf Ihr Leben haben kann. Auf den ersten Blick werden die drei Verse schwer auszuloten sein, doch lassen Sie diese Worte wie eine Dosis Arznei wirken – als einen heilenden Balsam, der mithilft, die Verwirrung und das Gefühl des Betrogenseins zu besänftigen und mit der Zeit ganz aufzulösen:

„Siehe, selig ist der Mensch, den Gott zurechtweist, darum widersetze dich der Zucht des Allmächtigen nicht" (Hiob 5,17).

„Kommt, wir wollen wieder zum HERRN, denn er hat uns zerrissen, er wird uns auch heilen, er hat uns geschlagen, er wird uns auch verbinden" (Hosea 6,1).

„Es ist gut für mich, daß du mich gedemütigt hast, damit ich deine Gebote lerne" (Psalm 119,71).

Als Gott stehenblieb

Der Mann spürte die Erregung, noch bevor er die Geräusche hörte. Irgend etwas, irgend jemand kam da die Hauptstraße herunter. Dann hörte er den Lärm einer goßen Menge Menschen, die sich aus den Stadttoren herausdrängte. Es war wie eine Welle, die über ihm zusammenschlagen wollte. Und jetzt waren sie ganz nahe bei ihm.

„Was ist da los?" rief er. „Was kommt da?"

Und eine Stimme antwortete ihm aus der Dunkelheit, aus der andauernden, alles umfassenden Dunkelheit, die er schon von jeher kannte. „Jesus von Nazareth kommt hier gleich vorbei!"

Da fing er an zu schreien. Er schrie, als gelte es sein Leben; er schrie, daß er dachte, sein Hals müßte zerspringen.

„Jesus! Sohn Davids! Erbarme dich meiner!"

Aus der Dunkelheit traf ihn eine Ohrfeige, dann ein Fußtritt. Ärgerliche, schneidende Worte fuhren ihn an:

„Still, du Dummkopf!"

„Halt's Maul!"

„Ruhe!"

„Bring doch einer mal den Mann da zum Schweigen!"

Aber er achtete nicht darauf, überhaupt nicht. Er schrie nur noch lauter.

„Sohn Davids, erbarme dich meiner!!"

Und Jesus aus Nazareth blieb stehen und befahl, daß man den Mann zu ihm bringen sollte. Als das geschehen war, fragte er ihn: „Was willst du von mir? Was soll ich für dich tun?" Ich habe diese Geschichte, die in Markus 10 erzählt wird, immer schon besonders gemocht. Denn es hat viele Zeiten in meinem Leben gegeben, wo ich mich genauso gefühlt habe wie Bartimäus, der blinde Bettler vor den Toren Jerichos.

Irgendwie bin ich manchmal ziellos geworden und von dem Weg abgekommen, auf den Gott mich gestellt hat. Ich habe gesündigt, vielleicht bewußt, vielleicht aus Gedankenlosigkeit.

Und ich fühle mich weit entfernt von Gott. Mir ist, als wäre ich in einer großen Menschenmenge verloren, an die Seite der Straße gedrängt, und als würde ich in der Dunkelheit umhertasten, um mich zurechtzufinden. Ich will wieder zum rechten Weg zurückfinden, aber manchmal schäme ich mich zu sehr oder bin zu mutlos, um mich Gott im Gebet zu nähern.

Dann bilde ich mir in meiner Dummheit ein, Gott sei irgendwo anders beschäftigt und müsse sich auf die Gebete von anderen Menschen konzentrieren, die aufrichtiger und für sein Reich viel wertvoller sind als ich.

Wenn die Dinge so weit gekommen sind, dann steht mir plötzlich der arme Bartimäus vor Augen, verloren und ohne Ziel. Und manchmal – wenn ich auch nicht laut schreie – möchte ich dann die Worte flüstern:

„Jesus, Sohn Davids, erbarme dich meiner."

Und auf irgendeine Weise verstummt dann das Hasten und Raunen der Menge. Und der Herr hört meinen Ruf.

Ich liebe geradezu diese zwei kleinen Worte, die beschreiben, wie der Herr sich daraufhin verhielt: Jesus „blieb stehen..." (Markus 10,49).

Der Herr hörte wirklich mit allem auf, was er gerade tat. Der Gott des Universums stand still und holte den armen Bettler zu sich heran – einfach deswegen, weil der um Barmherzigkeit gebeten hatte.

Ich habe mich schon öfter gefragt, warum der Herr von diesem einen Mann so bewegt war. Es gab bestimmt noch mehr Bettler in der großen Menschenmenge, die genauso verloren und ziellos waren. Aber dieser Mann hatte eben aus Leibeskräften geschrien. Er wollte Barmherzigkeit. Und er glaubte aufrichtig daran, daß Jesus ihn erlösen konnte.

Es ist nötig, daß ich mich daran erinnere, wenn ich von dem Weg abgekommen bin, auf den Gott mich gestellt hat, wenn ich gedankenlos die Wahrheit übersehen habe.

In Hebräer 4,16 steht, daß wir „mit Zuversicht zu dem Thron der Gnade" kommen dürfen, denn dann werden wir Barmherzigkeit empfangen. Und danach werden wir die Gnade finden, die uns in unserer Zeit der Not und Trübsal helfen wird.

Wir brauchen keine Angst zu haben, daß Jesus gerade irgendwo anders im Universum beschäftigt ist oder nur die Gebete einiger „Superheiliger" hört. Wenn Sie eine tiefe Glaubensnot spüren oder das Gewicht von Schuld und Gewissensqualen auf Ihren Schultern lastet, dann denken Sie daran, daß Jesus von Nazareth gerade jetzt vorübergeht.

Rufen Sie laut nach Barmherzigkeit! Und Gott wird bei Ihnen stehenbleiben.

Ein Wort zum Festhalten

In einem Wörterbuch werden Sie unter dem Stichwort „Barmherzigkeit" etwa folgendes finden: „Verzicht darauf, einem Feind zu schaden oder ihn zu bestrafen... Freundlichkeit zeigen in einem viel größeren Maß, als normalerweise erwartet werden kann... mitfühlend handeln oder Erleichterung von Leiden schaffen." Eine andere Geschichte von Gottes Barmherzigkeit denen gegenüber, die sie am meisten brauchen, steht in Matthäus 9,9–13. Wenn Sie diese Verse lesen, stellen Sie sich dazu folgende Fragen:

1. Was hat unser Herr gemeint, als er sagte, er wäre gekommen, den Kranken zu helfen und nicht den Starken?
2. Wie hat Gott mir in dieser Woche unerwartete Freundlichkeit gezeigt?
3. Wie kann ich einem meiner „Feinde" heute Barmherzigkeit erweisen? Oder wie kann ich heute einem Menschen, der leidet, mein Mitgefühl zeigen?

Gottes bestes Geheimnis

In einem Wörterbuch kann man lesen, daß ein „Geheimnis" etwas ist, was das normale Verständnis übersteigt, etwas Dunkles, Unsichtbares, Verborgenes, dem Wissen Verhülltes.

Paulus verrät uns im Philipperbrief ein eigenartiges „Geheimnis" – nämlich, warum er in jeder Situation zufrieden sein kann:

„... denn ich habe gelernt, mir genügen zu lassen, wie's mir auch geht. Ich kann niedrig sein und kann hoch sein, mir ist alles und jedes vertraut: beides, satt sein und hungern, beides, Überfluß haben und Mangel leiden" (Philipper 4,11 + 12).

Haben Sie sich auch schon einmal gefragt, worin dieses Geheimnis eigentlich besteht? Ich habe mir sagen lassen, daß das ursprüngliche griechische Wort für „genügen lassen" dasselbe ist, das Paulus auch in 2. Korinther 12,9 gebraucht, wo es heißt: „Laß dir an meiner Gnade genügen."

Vielleicht lag das Geheimnis des Zufriedenseins für Paulus einfach darin, daß er gelernt hatte, sich auf Gottes Gnade zu verlassen.

Denn das ist wirklich ein Geheimnis, dieses Wirken der Gnade in unserem Leben! Es geht über unser Verständnis, es ist vor unseren Augen verborgen, es ist schwer zu erklären, unmöglich haargenau zu erläutern, schwierig zu begreifen.

Susan, eine Freundin von mir, hat in der letzten Zeit unerträgliches Leid durchmachen müssen, als ihre Ehe plötzlich und unerwartet zerbrach. Auch jetzt noch, ein Jahr später, sucht sie mühsam die Scherben zusammen – die wenigen Dinge, die ihr Mann ihr übriggelassen hat, nachdem er alle seine Treueversprechen wegen einer anderen Frau gebrochen hat. Ich habe Susan beobachtet, wie sie durch diese qualvollen Monate hindurchgegangen ist und gegen Abscheu und Widerwillen angekämpft hat. Aber Gott hat sie auf erstaunliche Weise gestärkt. Ja, sie hat mir erst neulich wieder gesagt, am schwersten sei zu erklären, wie die Gnade Gottes trotz allem in ihrem Leben gewirkt habe.

Für sie selbst und für uns, die wir die Tragik miterlebt haben, war die stärkende, bewahrende und aufrichtende Macht der Gnade Gottes wahrhaftig ein Geheimnis, ein wunderbares Rätsel, das sich niemand von uns wirklich erklären konnte.

Wir konnten nur sagen, daß Gottes Gnade an ihr wirkte. Sie war für Susan genug. Ihr genügte Jesus.

Paulus hat das Geheimnis der Zufriedenheit gelernt, und meine Freundin Susan ist dabei, es zu lernen. Wie steht es mit Ihnen? Kämpfen Sie heute gegen Unzufriedenheit, Enttäuschung, Frustration oder blanken Ärger an? Halten Sie einen Moment inne, um Ihr Herz zu beruhigen und auf das beste Geheimnis zu lauschen, das Gott zu bieten hat. Es heißt Gnade und klingt etwa so:

Schöpfen Sie neue Hoffnung. Finden Sie neuen Halt. Gott ist genug!

Ein Wort zum Festhalten

Hier gibt es noch mehr Geheimnisse über die Gnade zu entdekken!

Schlagen Sie Epheser 2,8+9 auf und lernen Sie, daß die Gnade eine ________________ Gottes ist.

Dann lesen Sie Titus 2,11. Für wen ist die Gnade bestimmt? Für ________________.

In 2. Petrus 3,18 steht, daß Sie in der Gnade Gottes ________________ sollen.

Und was verlangt Gott von uns, damit wir die Gnade empfangen können? Das lesen wir in 1. Petrus 5,5: ________________.

Es gibt allerdings auch eine Warnung, und die finden wir in Hebräer 12,15. Man kann die Gnade nämlich auch ________________.

Wer leidet am meisten?

Ein Vater hat sein Kind immer wieder gewarnt, daß es die Finger von den Flaschen und Behältern lassen soll, die hoch oben im Schrank stehen. Aber eines Tages ist es doch passiert. Der Vater kommt in den Raum und sieht voller Entsetzen seinen kleinen Jungen blaß und bewußtlos am Boden liegen.

Irgendwie hat der Junge es fertiggebracht, das oberste Fach zu erreichen und den Deckel von einer alten Flasche mit Insektenvertilgungsmittel aufzudrehen...

Der Notfallwagen kommt, und nach ein paar angstvollen Augenblicken gelingt es dem Sanitäter, das Kind wiederzubeleben. Doch in den folgenden Tagen entfaltet sich die ganze Tragödie. Die Ärzte sagen, daß der kleine Junge nie mehr ganz gesund werden wird. Er bleibt auf Dauer geistig behindert.

Jetzt sagen Sie mir: Wer wird wohl Ihrer Meinung nach am meisten darunter leiden?

Der kleine Sohn? Sicherlich, er ist durch den Unfall geschädigt worden, und zwar furchtbar. Aber auf eine eigenartige Weise, fast wie durch eine geheime Bewahrung, wird er niemals die Folgen seines Tuns in ihrer ganzen Tragweite verstehen können. Er hat keinen Begriff davon, wie das Leben hätte sein können, wenn er seinem Vater nicht ungehorsam gewesen wäre.

Und was ist mit dem Vater? Ich stelle mir vor, daß er derjenige ist, der am meisten unter der Sache leidet. Er wird immer wieder denken: „Ich habe es ihm doch so oft gesagt, auch nachdem ich die Flaschen ganz nach oben gepackt und hinten in den Schrank geschoben hatte. Warum hat er nur nicht gehört?“

Der Vater wird den Schmerz über den Ungehorsam seines Sohnes für den ganzen Rest seines Lebens tragen. Er muß das Leid auf sich nehmen, ihm sind die Konsequenzen dieses schlimmen Geschehens ständig bewußt.

Wir wollen diese Geschichte einmal auf unser Verhältnis zu Gott beziehen. Wem wohl bereitete damals im Paradies der

Sündenfall den tiefsten Schmerz? Adam und Eva? Sie müssen furchtbar gelitten haben, als sie die Folgen ihres Ungehorsams zu spüren begannen. Wie konnten sie überhaupt erfassen, was es bedeutete, daß ihre Söhne und Töchter im langen Ablauf der kommenden Zeitalter niemals mehr so ein Leben führen würden, wie sie es zu Anfang getan hatten?

Unsere Ureltern waren von der Sünde schwer beeinträchtigt, aber sie waren sich wahrscheinlich kaum im klaren darüber, welche Folgen ihre tragische Entscheidung haben würde:

Mord, Schmerzen, Betrug, Raub, Krieg, Abtreibung, Atomkrieg, Homosexualität, Umweltverschmutzung, Hungersnot, Krankheit, Ehescheidung, Inzest, Sorgen, Angst, Grausamkeit, Katastrophen, Ungerechtigkeit, Habgier... nein, sie konnten das nicht alles wissen, was noch kommen sollte. Sie hatten nicht einmal die Anfänge davon begriffen.

Und wir begreifen es auch nicht. Wir sind geblendet durch unsere gefallene Menschennatur und haben nur einen schattenhaften Begriff davon, welche Folgen unser Ungehorsam und unsere Entscheidung zur Sünde in unserem eigenen Leben und im Leben unserer Mitmenschen haben.

Aber wie ist das mit Gott, unserem Vater? Er versteht alles, er ist sich über alles vollkommen im klaren. Er sieht nicht nur, was jetzt ist und was in Zukunft sein wird, sondern auch, was alles hätte sein können. Er kennt die vollen Auswirkungen unserer dauerhaften Schädigung durch die Sünde.

Und bereitet ihm das Schmerzen? Macht sich der Herr des Universums Gedanken über die Sünde der Menschen und die schrecklichen Auswirkungen, die sie selbst über sich gebracht haben? In der Heiligen Schrift steht, daß Gott darüber bekümmert ist – tiefer, als Sie und ich überhaupt ermessen können.

„Als aber der HERR sah, daß der Menschen Bosheit groß war auf Erden und alles Dichten und Trachten ihres Herzens nur böse war immerdar, da reute es ihn, daß er die Menschen gemacht hatte auf Erden, und es bekümmerte ihn in seinem Herzen" (1. Mose 6,5+6).

„Da jammerte es ihn, daß Israel so geplagt wurde" (Richter 10,16).

„Wie kann ich dich preisgeben, Ephraim, und dich ausliefern, Israel? ... Mein Herz ist andern Sinnes, alle meine Barmherzigkeit ist entbrannt" (Hosea 11,8).

„Und als Jesus nahe hinzukam, sah er die Stadt und weinte über sie und sprach: Wenn doch auch du erkenntest zu dieser Zeit, was zum Frieden dient! Aber nun ist's vor deinen Augen verborgen... Jerusalem, Jerusalem, die du tötest die Propheten und steinigst, die zu dir gesandt werden, wie oft habe ich deine Kinder versammeln wollen wie eine Henne ihre Kinder unter ihre Flügel, und ihr habt nicht gewollt!" (Lukas 19,41+42; 13,34).

„Und betrübt nicht den heiligen Geist Gottes, mit dem ihr versiegelt seid für den Tag der Erlösung" (Epheser 4,30).

Unser himmlischer Vater trägt, genau wie der Vater des kleinen Jungen, den Schmerz des klaren Bewußtseins über unsere Lage. Er überblickt alles, was wir nicht wissen können, und er empfindet dabei Kummer.

Und doch – es liegt ein deutlicher Hoffnungsschimmer über diesen düsteren Überlegungen. Denn es gibt eine wunderbare Medizin: das Blut, das Jesus Christus am Kreuz vergossen hat, ist ein Gegenmittel gegen den schrecklichen Schaden der Sünde. Obwohl wir niemals vor den Folgen unserer Schuld fliehen können, können wir doch wieder Gesundheit erlangen. Die tödlichen Auswirkungen können abgewendet werden. Wir dürfen in einem gewissen Sinne zurück ins Paradies.

Ja, es tut weh, wenn uns bewußt wird, daß wir dem Herzen Gottes Leid zugefügt haben. Es tut weh, zu erkennen, daß wir ihm auch weiterhin Kummer machen, wenn wir uns von seinem Ratschlag abwenden und unsere eigenen Wege gehen. Doch die Bibel sagt uns: „Wenn wir aber im Licht wandeln, wie er im Licht ist, so haben wir Gemeinschaft untereinander, und das Blut Jesu, seines Sohnes, macht uns rein von aller Sünde" (1. Johannes 1,7).

Wir, die wir dem Herzen Gottes solchen Kummer zugefügt haben, können ihm Freude bereiten und in seiner Gemeinschaft bleiben, wenn wir seine Heilung annehmen und seinem Sohn nachfolgen.

Ein Wort zum Festhalten

Sehen Sie einmal in einem Wörterbuch unter dem Stichwort „Gift“ nach. Sie werden dort erfahren, daß es sich um eine Substanz handelt, die schon in kleinen Mengen eine Krankheit oder den Tod verursachen kann.

Haben wir auch nur den leisesten Begriff davon, daß unser Ungehorsam wie ein Gift wirkt – nicht nur in unserem eigenen Leben, sondern auch in dem von anderen Menschen? Hebräer 12,15 liest sich wie die Diagnose und der Ratschlag eines Arztes: „Seht darauf, daß nicht jemand Gottes Gnade versäume; daß nicht etwa eine bittere Wurzel aufwachse und Unfrieden anrichte und viele durch sie unrein werden.“

Stellen Sie in diesem Sinne eine Selbstdiagnose. Welches Gift gibt es in Ihrem Leben, gegen das man Gottes Gnade als Gegenmittel einsetzen sollte? Bitten Sie Gott im Gebet darum, daß er bei Ihnen seinen heilenden Balsam anwendet – seine Liebe und Gnade.

Das Leben könnte so schön sein, wenn ...

Wovon träumt ein Mensch, der an Händen und Füßen gelähmt ist? Von einem Marathonlauf? Von einer rauschenden Ballnacht? Oder von einer Bergbesteigung?

Nicht unbedingt. Viele von uns haben ihre Tagträume schon beträchtlich heruntergeschraubt.

Das Leben wäre so herrlich, wenn ich nur an den Füßen gelähmt wäre, dann könnte ich doch wenigstens meine Hände gebrauchen!

Ich kann Ihnen gar nicht sagen, wie oft ich das schon gedacht habe. Es gibt Zeiten, in denen ich mir selbst leid tue, wo ich mit einem großen Minderwertigkeitskomplex zu kämpfen habe. Dann sehe ich die Menschen vor mir, die nur ihre Beine nicht gebrauchen können. Die können sich wenigstens selbst aus ihrem Rollstuhl ins Bett hieven, sich Dinge aus dem Kühlschrank holen, in der Küche das Geschirr abwaschen, schnell mal die Post durchsehen... Und dann wollen sich die alten Gefühle des Schmerzes und der Verzweiflung wieder in mein Herz hineinschleichen.

Behinderte, die ihre Hände noch gebrauchen können, die haben es gut! Ja, wirklich, solche Gedanken habe ich, wenn mein Selbstwertgefühl am Boden liegt.

Aber ich glaube, damit stehe ich nicht allein. Auch Menschen, die einen gesunden Körper haben, machen den gleichen Fehler. Wir sehen auf andere, die uns attraktiver, schlauer, reicher oder gesünder scheinen, Menschen, die überall im Leben ganz oben stehen. Und wenn wir dann wieder auf uns selbst blicken, sehen unsere kleinen Mängel allmählich wie große Mißbildungen aus.

Zum Glück hält die Bibel einen guten Rat für Leute wie mich bereit, wenn wir über uns selbst mutlos werden. In Kolosser 2,9+10 sagt uns Paulus: „Denn in ihm [in Christus] wohnt die ganze Fülle der Gottheit leibhaftig, und an dieser Fülle habt ihr teil in ihm." Mit anderen Worten: in Gott sind wir vollkommen.

Auch Petrus redet davon. Er schreibt in seinem zweiten Brief: „Alles, was zum Leben und zur Frömmigkeit dient, hat uns seine göttliche Kraft geschenkt" (2. Petrus 1,3).

Wenn wir diese erstaunliche Erkenntnis einmal begriffen haben, werden unsere kleinen oder auch großen Unzulänglichkeiten zur Erinnerung daran, wie vollkommen wir in Jesus Christus sind. Der Minderwertigkeitskomplex lockert seinen Griff. Die schlechte Meinung von uns selbst verblaßt wie ein böser Traum.

Und dann bin ich wieder zufrieden – zufrieden, behindert und nicht gesund zu sein, zufrieden auch, an Händen und Füßen gelähmt zu sein.

Und damit das so bleiben kann, webe ich immer wieder die Aussage von 2. Korinther 12,9 in den Stoff meines Denkens ein:

„Und er hat zu mir gesagt: Laß dir an meiner Gnade genügen; denn meine Kraft ist in den Schwachen mächtig. Darum will ich mich am allerliebsten rühmen meiner Schwachheit, damit die Kraft Christi bei mir wohne."

Das ist wahr. Weil ich meine Hände nicht gebrauchen kann, brauche ich Jesus und seine Gnade nur noch mehr. Vielleicht werden manche Rollstuhlfahrer, die gesunde Hände haben, ein bißchen zu selbstbewußt, ein bißchen zu sicher, weil sie ihre Arme und Hände und Finger noch gebrauchen können. Vielleicht sind manche von ihnen versucht, sich nicht voll und ganz auf Gott und seine Kraft zu verlassen.

Aber wenn man die Hände nicht benutzen kann? Nun, Gott weiß, daß ich eine Extraportion Gnade brauche, weil ich mir nicht selbst aus dem Rollstuhl helfen, mir keine Dinge aus dem Kühlschrank holen und auch die Post nicht schnell durchsortieren kann.

Eines schönen Tages wird es wohl auch in meinen Dickschädel eindringen, daß ich nicht glücklicher wäre, wenn ich nur an den Beinen und Füßen gelähmt wäre. In Gott bin ich vollkommen. Die Fülle Jesu Christi wohnt in mir. Und deshalb fehlt mir nichts. Tatsächlich habe ich alles, was man auf Erden überhaupt gewinnen kann. Die Kraft Jesu Christi liegt auf mir gerade wegen meiner Gebrechlichkeit. Deshalb will ich mich fröhlich rühmen, daß ich an Händen und Füßen gelähmt bin.

Denn besser als vollkommen kann man gar nicht sein.

Ein Wort zum Festhalten

Gibt es etwas, das Ihnen wirklich fehlt? Sind Sie davon überzeugt, daß Gott Sie wahrhaftig mit allem versorgt, was Sie brauchen? Verlassen Sie sich darauf, daß Sie in ihm vollkommen sind? Wenn es da auch nur den Schatten eines Zweifels gibt, dann schlagen Sie Psalm 23 auf, und lesen Sie den allerersten Vers. Ich weiß, den haben Sie schon hundertmal gelesen, aber es wird Ihnen trotzdem helfen, wenn Sie es heute noch einmal tun. Und dann denken Sie sich mindestens fünf verschiedene Möglichkeiten aus, zu sagen: „Der Herr ist mein Hirte, mir wird nichts mangeln."

Was kann man Anklägern erwidern?

Stellen Sie sich einmal vor, man würde über Sie herfallen und zu Unrecht beschuldigen. Sie sollen wegen eines schrecklichen Vergehens angeklagt werden, mit dem Sie überhaupt nichts zu tun haben. Erdichtete Anklagepunkte werden hinter vorgehaltener Hand in Ihrem Büro herumerzählt. Bösartiges Geschwätz macht überall die Runde. Die Leute flüstern und stoßen sich heimlich an, wenn Sie kommen, und zeigen Ihnen die kalte Schulter.

Was würden Sie zu denen sagen, die zu solchen schlimmen Vorgängen einfach schweigen?

Sagen wir mal, Sie sollen wegen dieser Anklagen zu Ihrem Chef kommen. Ihre Feinde haben inzwischen noch mehr Lügen über Sie ausgestreut und damit auch Ihre besten Freunde in ihrer guten Meinung über Sie wankend gemacht. In der Kantine sehen die Leute weg und grüßen Sie nicht mehr. Sie sind von allen verlassen; keiner steht Ihnen zu Ihrer Verteidigung bei.

Welche Worte würden Sie jetzt an die anderen richten? Nicht nur an Ihre Ankläger, sondern auch an Ihre Freunde. Wie würden Sie sich vorkommen, was würden Sie jetzt tun?

Dasselbe könnte natürlich auch in der Schule passieren. Sie sind plötzlich der Mittelpunkt eines Streits im Klassenzimmer. Und Ihre Kumpel? Die verabschieden sich. So unschuldig, wie Sie auch sind, Ihre Freunde wollen nichts mehr mit Ihnen zu tun haben.

Wie stellen Sie sich dazu? Ärgern Sie sich? Sind Sie wütend oder verbittert? Schwören Sie Rache?

Viele von uns sind schon in solchen Situationen gewesen – vielleicht nicht in ganz so schlimmen, aber doch in ähnlichen.

Jesus fand sich genau in dieser mißlichen Lage wieder. Gerade jene Nacht, in der er das vertrauteste Mahl mit seinen Jüngern einnahm, war die Nacht des Verrates. Er wußte, daß sein Verräter mitten unter ihnen saß. Und er wußte auch, daß seine Kritiker in diesem Moment wilde Anklagen gegen ihn erfanden, daß einige Menschen alle möglichen falschen, verleumderischen Dinge gegen ihn vorbringen würden. Ja, er wußte sogar, daß auch seine liebsten Freunde, Petrus und Johannes, ihn im Stich lassen würden, als wäre er ein Aussätziger. Noch in dieser Nacht würden sie ihn verlassen.

Was konnte er in einem solchen Augenblick sagen? Was sollte er tun?

In Johannes 13,4 steht: „Er stand vom Mahl auf, legte sein Obergewand ab und nahm einen Schurz und umgürtete sich." Und dann fing er an, seinen Jüngern die Füße zu waschen!

Finden Sie das nicht auch geradezu unglaublich? Diese Jünger, denen er jetzt demütig diente, waren genau dieselben, die nur Stunden später nicht einmal mehr in seiner Nähe gesehen werden wollten. Und Jesus wußte das genau.

Aber die Geschichte hat noch eine besondere Begebenheit: Jesus wusch nämlich auch Judas die Füße. Haben Sie darüber schon einmal nachgedacht?

Jesus war sich darüber im klaren, was Judas vorhatte, er kannte seine Heuchelei, seinen bösen Plan, ihn zu verraten. Er wußte, daß im verborgenen einiges vorging.

Was hätten Sie getan, wenn Sie der Herr gewesen wären? Ich hätte wahrscheinlich Judas beim Kragen gepackt und gesagt: „Hör zu, ich bin dir schon lange auf die Schliche gekommen. So kommst du mir auf keinen Fall davon!" Und dann hätte ich ihm einen saftigen Kinnhaken gegeben.

Und was tat Jesus? Er wusch diesem Mann die Füße!

Und als ob das nicht schon genug wäre, ermahnt uns Christus auch noch: „Ein Beispiel habe ich euch gegeben, damit ihr tut, wie ich euch getan habe... Wenn ihr dies wißt – selig seid ihr, wenn ihr's tut" (Johannes 13,15+17).

Ich kann nun nicht sagen, wie sich das alles in Ihrer Lage auswirken würde. Ich weiß auch nicht im einzelnen, welchen Weg Gott Sie führen wird und was Sie nach seinem Willen tun sollen. Aber die Heilige Schrift läßt keinen Zweifel daran, welche innere Einstellung Ihres Herzens angesichts von Ungerechtigkeit und Betrug gefordert ist – daß Sie demütig und nicht zornig reagieren.

Können Sie das fertigbringen? Können Sie denen die Füße waschen, die gerade dabei sind, Sie zu hintergehen? Können Sie denen liebevoll dienen, die Sie zu Unrecht verurteilen oder fälschlich beschuldigen?

Doch, das können Sie. Denn was immer Sie nach Gottes Willen tun sollen – er wird Ihnen die Kraft dazu geben.

Möge Gott Ihnen die Gnade schenken, in Demut zu reagieren – wie Jesus es tat.

Ein Wort zum Festhalten

Jesus hat uns ein Vorbild gegeben, von dem 1. Petrus 2,23 spricht. Wie können wir ihm darin folgen? Die entsprechende Anweisung ist kurz und treffend in 1. Petrus 3,8+9 formuliert.

Gott auf die Fersen treten

Wandern Sie gerne? Nein, Sie brauchen nicht gleich ein Vertreter des „Zurück-zur-Natur" sein, auch kein Bergsteiger mit Sternenglanz in den Augen. Aber ein Sonntagsspaziergang die Dorfstraße entlang oder ein Gang durch den Park im Oktober, wenn man so schön durch die raschelnden Blätter laufen kann, das ist doch was Feines, oder?

Als ich noch gehen konnte, war Wandern eins der schönsten Dinge für mich. Und gleich hinter unserer Farm begann glücklicherweise ein riesiger Naturpark. Da gab es zahllose Flußläufe, denen man folgen konnte, und Wege, die es zu erforschen galt.

Mein Vater war ein großer Wanderer. Und schon als wir erst fünf oder sechs Jahre alt waren, liefen meine Schwestern und ich im Gänsemarsch hinter ihm her, wenn er uns über die Wanderwege führte. Wir wußten nie, wohin es ging, aber wenn Papa sich darum kümmerte und vor uns tapfer ausschritt, waren wir überzeugt, daß ein spannendes Abenteuer auf uns wartete.

Weil ich immer besonders gespannt darauf war, was es gleich hinter der nächsten Kurve oder hinter dem nächsten Hügel zu sehen gab, trat ich meinem Vater oft auf die Fersen oder stieß ihm ab und zu in den Rücken. Ich hätte es nie gewagt, vor ihm herzulaufen, ich wußte nur, daß er immer auf einer heißen Spur war. Er hatte ganz besondere Ziele! Und wenn ich mich stets dicht hinter ihm hielt, konnte ich mit ihm Schritt halten und auch nicht die winzigste Kleinigkeit verpassen, die er uns zeigen wollte.

Es war schon seltsam: auch wenn mein Vater ein erfahrener Wanderer war, schien er sich doch nie über uns Mädchen zu ärgern, wenn wir ihm so dicht auf den Fersen folgten. Und selbst wenn wir ihm gelegentlich auf die Füße traten oder ihm in den Rücken rannten, wenn er unvermittelt stehenblieb, so freute er sich wohl doch über unseren Eifer, daß wir so dicht bei ihm blieben, zusammenhielten und ihm in seiner Spur folgten.

Wünschen Sie sich diese Art von Begeisterung auch in der Nachfolge Jesu? Wäre es nicht herrlich, wenn wir unser christliches Leben immer als großes Abenteuer ansehen könnten?

Wenn ich in Psalm 119,133 lese: „Laß meinen Gang in deinem Wort fest sein", dann stelle ich mir das gerne so vor, als ob ich mit Jesus als Bergführer auf einer abenteuerlichen Wanderung wäre. Und wissen Sie was? Da möchte ich auch so dicht folgen, daß ich dem Herrn dauernd auf die Fersen trete und ihm in den Rücken stoße, weil ich so gespannt bin, was wohl hinter der nächsten Anhöhe liegt.

Nein, ich will keinen Umweg um Gott machen, und ich will ihm nicht schon vorauslaufen. Ich will in meinem christlichen Wandel dicht hinter ihm bleiben. Ich möchte wissen, daß die Spur noch ganz frisch ist. Und ich will nichts verpassen, was er mir vielleicht zeigen und erklären will.

David hat gesungen: „Meine Seele hängt an dir; deine rechte Hand hält mich" (Psalm 63,9).

Und was sagt unser himmlischer Vater dazu, daß wir ihm so dicht auf den Fersen sind? Er hat sein Vergnügen daran! Nichts könnte ihn mehr freuen, als wenn wir, seine Kinder, den Wunsch haben, nahe bei ihm zu sein. Es macht ihn froh, wenn wir zusammenhalten und ihm auf unserem Weg folgen.

„Du tust mir kund den Weg zum Leben. Vor dir ist Freude die Fülle und Wonne zu deiner Rechten ewiglich... Ich gehe oder liege, so bist du um mich und siehst alle meine Wege" (Psalm 16,11; Psalm 139,3).

Nun will ich Sie noch einmal fragen: Was halten Sie vom Wandern? Und außerdem: Wie betrachten Sie den Weg, den Sie durchs Leben ziehen?

Wollte Gott, daß wir alle dem Herrn Jesus immer wieder auf die Fersen träten und ihm hin und wieder in den Rücken stießen! Es wäre wunderbar, wenn wir es uns zum Ziel setzen würden, ihm und seiner Führung so dicht und eifrig zu folgen.

„Von dem HERRN kommt es, wenn eines Mannes Schritte fest werden, und er hat Gefallen an seinem Wege. Fällt er, so stürzt er doch nicht; denn der HERR hält ihn fest an der Hand" (Psalm 37,23+24).

Lassen Sie uns heute besonders darauf achten, daß wir Gott dicht auf den Fersen bleiben!

Ein Wort zum Festhalten

Was meinen Sie wohl, was bedeutet es, Gott auf den Fersen zu folgen? Um eine Vorstellung davon zu bekommen, sollten Sie Sprüche 3,5+6 lesen. Verstehen Sie, was der Satz bedeutet: „Gedenke an ihn in allen deinen Wegen."? Wenn Sie an Gott denken, dann treten Sie ihm schon auf die Fersen. Und wenn Sie Gott ganz dicht auf den Fersen bleiben wollen, dann bedeutet das:

- ihm *sofort* zu gehorchen,
- ihm *voll und ganz* zu vertrauen,
- *augenblicklich* zu beten, wenn eine Sorge aufsteigt,
- und *schnell* zu reagieren, wenn der Heilige Geist auf etwas aufmerksam macht.

Fallen Ihnen noch weitere Verhaltensweisen ein, die zu einer ganz dichten Nachfolge gehören? Wenn Sie heute auf Ihrem Lebensweg an Kurven und Ecken und Gabelungen kommen, dann denken Sie an den Herrn. Und vergessen Sie sein Versprechen nicht: „Er wird dich recht führen."

Die kommenden Herrlichkeiten

Ich denke gerne an die stillen, eisigen Abende zurück, die ich als Kind erlebte. Wenn ich spät noch einmal hinausging, spürte ich den knirschenden Schnee unter meinen Füßen und sah durch die kahlen Zweige einen ganzen Baldachin von strahlenden Sternen.

Allein bei dieser Vorstellung wird mir jetzt ganz kalt! Vielleicht bin ich ein bißchen kälteempfindlicher geworden, seit ich in Südkalifornien lebe.

Doch vor langer Zeit und weit von hier entfernt, an einem dieser Winterabende auf unserer Farm, zogen meine Schwester und ich uns warm an und gingen hinaus, um uns den herrlichen nächtlichen Himmel anzusehen. Es war einer jener Abende, an dem die Luft vor Klarheit funkelt und der Himmel geradezu in Flammen zu stehen scheint von Gottes Licht und Herrlichkeit.

Ich erinnere mich so gut an diesen Abend, weil Jay und ich damals über den Himmel und die Ewigkeit sprachen. Als unser Atem in der eisigen Nachtluft kleine weiße Wolken bildete, fielen uns die Worte aus Jakobus 4,14 ein:

„Was ist euer Leben? Ein Rauch seid ihr, der eine kleine Zeit bleibt und dann verschwindet."

Das Problem ist nur, wir denken meist nicht daran, daß unser Dasein hier auf der Erde nur „eine kleine Zeit" dauert. Wenn die Lebensumstände uns nicht mit der Nase darauf stoßen, daß wir sterblich sind, neigen wir dazu, uns so zu verhalten, als ob dieses Leben immer weitergehen würde.

Aber so ist es nun einmal nicht. Dieses Leben geht nicht in Ewigkeit so weiter, und es ist auch nicht das beste Leben, das uns zuteil werden kann. Die guten Dinge hier auf Erden sind nur Abbilder von den besseren Dingen, die wir eines Tages im Himmel kennenlernen werden.

Es ist so ähnlich wie mit meinen Bildern. Ich fahre in die Landschaft hinaus, male und entwerfe Naturszenen – Beispiele für Gottes schöne Schöpfung. Ich gebrauche dabei die besten Methoden, die ich nur kenne, ich versuche, das Panorama, das vor mir liegt, so gut wie irgend möglich einzufangen. Aber diese Zeichnungen sind höchstens ein schwacher, skizzenhafter Versuch, das widerzuspiegeln, was ich sehe. Mit den begrenzten Möglichkeiten von Pinseln und Palette nähere ich mich dem bloß an, was Gott in einer unendlichen Vielfalt von Farben gemalt hat. Meine Bilder werden immer durch die Ränder der Leinwand begrenzt bleiben. Sie können niemals die ganze Fülle der grenzenlosen Kunstwerke Gottes über und unter mir und um mich herum wiedergeben.

Diese Erde, die wir kennen, ist nur eine grobe Skizze, eine Art vorläufiger Entwurf von der Herrlichkeit, die eines Tages offenbar werden wird.

Es ist so, als ob man vor dem Essen heimlich einen winzigen Löffel von der Suppe aus dem Topf stibitzt. Dann hat man noch längst keine Mahlzeit genossen, aber man hat einen kleinen Vorgeschmack von dem, was einen erwartet, wenn man sich an den Tisch setzt. Es ist Gottes Art, Ihnen durch die glücklichsten, frohesten Augenblicke in Ihrem irdischen Leben für viel größere Freuden Appetit zu machen, für größere Erfüllungen, die Sie später erleben werden.

Also wollen wir uns nicht allzusehr in dieser Welt festsetzen, nicht allzusehr zufrieden sein mit den schönen Dingen, die es hier auf Erden gibt. Sie sind ja nur die Vorschau auf die kommenden Herrlichkeiten. Der Hauptfilm kommt erst, es dauert nur noch ein paar Augenblicke!

Ein Wort zum Festhalten

Lesen Sie den 90. Psalm, um die Perspektive zu gewinnen, die Mose hatte. Er sah, wie kurz unser Leben ist, und worum betete er deshalb in Vers 12? Schreiben Sie sich diesen Vers heute auf ein Blatt Papier und nehmen Sie sich Zeit, um darüber nachzudenken. Bitten Sie den Herrn, daß er Ihnen seine Perspektive von der Zeit und vom Leben gibt, wenn Sie versuchen, aus den Gelegenheiten des heutigen Tages das Beste zu machen.

Mehr, als das Auge erfassen kann

Der Physiklehrer erklärte seiner Klasse, wie wohlgeordnet diese Welt ist – voller Pläne und Muster. Und um diese Aussage zu belegen, machte er ein Experiment, das wenigstens ein Mädchen aus seiner Klasse niemals vergessen sollte.

Dieses Mädchen war ich. Und ich habe von der Unterrichtsstunde damals folgendes behalten:

Zunächst nahm der Lehrer ein flaches Metallstück und streute Salz auf seine Oberfläche. Das Stück war an einer Stange, ebenfalls aus Metall, festgeschweißt, so daß das Ganze einem aufgespannten Regenschirm ähnlich sah. Der Lehrer hielt die Stange mit der Metallplatte, und wir alle drängten uns um ihn, um zu sehen, was als nächstes passieren würde.

Dann nahm er einen Geigenbogen und strich damit sanft am Rand der Platte entlang. Ein Ton erklang durch den Klassenraum. Und da passierte etwas auf der vibrierenden Metallplatte: es war unglaublich, aber die Salzkristalle fingen an, sich in kleine Muster zu ordnen. Es waren lauter winzige Vierecke!

Danach strich er den Bogen in einem anderen Winkel, und es ergaben sich neue Muster – vollendete kleine Sechsecke –, mit denen die Kristalle auf den veränderten Klang reagierten.

Wir kamen aus dem Staunen nicht mehr heraus! Unser Lehrer lächelte nur, er brauchte dieser Lektion nichts hinzuzufügen. Selbst die Musik hatte also eine Art mathematisches Muster in sich und eine sichtbare Ordnung – woran wir von uns aus nie gedacht hätten, ja, was wir uns nicht einmal hätten träumen lassen. Das erinnert mich an ein Wort des Paulus an die Korinther:

„Was kein Auge gesehen hat und kein Ohr gehört hat und in keines Menschen Herz gekommen ist, was Gott bereitet hat denen, die ihn lieben" (1. Korinther 2,9).

Dieses kleine Beispiel war nun sogar etwas, was meine Augen sehen und meine Ohren hören konnten, und es wird noch lange Zeit in meinem Herzen bleiben.

Können Sie sich denken, wie unglaublich es sein wird, wenn wir Jesu Angesicht schauen und Dinge zu sehen und zu hören bekommen, von denen wir hier auf der Erde noch nicht einmal träumen können? Glaubensdinge, ja, aber auch Wissen um die Ordnung und die Pläne in dieser Welt – Physik und Musik und Geometrie. Wir werden von Dingen erfahren, die Einstein selbst in seinen kühnsten Überlegungen nicht eingefallen sind.

Das alles und noch viel, viel mehr hat Gott vorbereitet für die, die ihn lieben. Hier und jetzt erinnern mich diese Gedanken daran, wie voll und ganz ich mich auf die Weisheit und den Rat des Heiligen Geistes verlassen muß, während ich mich durch die weltlichen Tätigkeiten meines Alltags hindurchbewege. Jeder Tag meines Lebens hat einen Bezug zur Ewigkeit, den wir uns in unserem begrenzten Denken kaum auch nur ansatzweise vorstellen können.

Es gibt wahrhaftig viel mehr im Leben, als unser Auge sehen und unser Ohr hören kann!

Ein Wort zum Festhalten

Bei den Menschen, die zu unserem himmlischen Vater gehören, können naturwissenschaftliche Experimente immer wieder neu ein Gefühl der Ehrfurcht und des Staunens wecken. Denn was sich da zeigt, sind ja nicht nur interessante Muster aus der Natur, sondern Entwürfe eines großen Meisters! Lesen Sie dazu einmal Hiob 28,20–28. Was sagt Hiob hier über die Weisheit aus? Worin besteht die Weisheit? Schreiben Sie sich Hiob 28,28 gleich auf einen Notizzettel und lesen Sie die Worte heute noch ein paarmal durch.

Gnade – aber nur für heute

An manchen Tagen ist mit mir nicht viel los. Das Leben im Rollstuhl bringt es mit sich, daß selbst ganz normale Tage ab und zu wie eine große Last erscheinen. Meine schwachen Schultermuskeln tun weh, weil sie meinen schweren Kopf aufrecht halten müssen. Mein Rücken ermüdet, weil er die ganze Zeit in ein und derselben Stellung verbringen muß. Und mein Hals bekommt einen Krampf, weil ich immer zu den Leuten hinaufsehen muß, die um mich herum stehen.

An solchen Tagen frage ich mich, wie ich es überhaupt fertiggebracht habe, zwanzig Jahre mit meiner völligen Lähmung zu leben.

Über solche Gedanken habe ich neulich vor einer Gruppe von Gefangenen gesprochen, die in einem Hochsicherheitstrakt untergebracht waren. Siebzig oder achtzig Männer, die in diesem Gefängnis Christen geworden waren, waren dort beisammen. Man hatte mich gebeten, ihnen ein paar mutmachende Worte zu sagen. Ich sah diesen Brüdern in die Augen und sprach von der stärkenden Gnade unseres Herrn Jesus – wie seine Macht sich gerade in unserer Schwachheit zeigt. Die Männer nickten und stimmten mit einem kräftigen „Amen" zu.

Ich fragte einige von ihnen, wieviel Zeit sie noch absitzen müßten. Bei manchen waren es nur ein paar Monate, bei anderen noch viele Jahre. Ich konnte eher mit denen fühlen, die noch zwanzig oder gar dreißig Jahre Gefängnis vor sich hatten.

Und dann erzählte ich ihnen etwas sehr Persönliches. Ich sagte ihnen zögernd, wie flau mir manchmal wird, wenn ich daran denke, weitere zwanzig oder gar dreißig Jahre im Rollstuhl leben zu müssen. Viele der Gefangenen nickten schweigend. Ich blickte auf meinen Rollstuhl und sagte, daß es auch für mich eine Art Schloß und Riegel gäbe, mit denen ich ständig leben müßte. Und es ist erschreckend, an weitere zwanzig Jahre dieses eingegrenzten Lebens zu denken.

Zweifellos wird diesen Männern auch ein bißchen flau in den Knien, wenn sie an die Jahrzehnte denken, die sie noch hinter Gittern und Stacheldraht zubringen müssen. Auch wenn sie sich mit ihren Lebensumständen abgefunden haben, ist es hart, vor einer Zukunft voller Begrenzungen und Einengungen zu stehen.

Bevor ich wieder abfuhr, erzählte ich ihnen ein einfaches und doch besonderes Geheimnis, das mir hilft, der Zukunft mit Zuversicht entgegenzusehen: Gott erwartet gar nicht von mir, heute schon das anzunehmen, was in zwanzig Jahren einmal geschehen wird.

Und Gott schenkt mir auch jetzt noch keine Gnade für diese ungewissen zukünftigen Jahre. Er schenkt mir keine Gnade für die Kopfschmerzen, die ich nächstes Jahr habe, auch nicht für den Kummer, der im nächsten Monat auf mich zukommt. Ja, er gibt mir nicht einmal Gnade für das, was der morgige Tag mit sich bringen wird. Gott schenkt mir seine Gnade nur für heute. Er erwartet einzig und allein von mir, daß ich *diesen* Tag in seiner Kraft lebe, mich auf seine Weisheit verlasse, meine Stärke aus seiner Gegenwart und Macht beziehe.

Und das erwartet er auch von Ihnen – daß Sie einen Tag nach dem anderen leben und sich auf heute konzentrieren, daß Sie jede Stunde nutzen und das Beste aus dem gegenwärtigen Augenblick machen, daß Sie im Überfluß seiner Gnade leben. Er erwartet nicht, daß Sie die Lasten der nächsten Woche oder des nächsten Monats, erst recht nicht die des nächsten Jahres heute schon bewältigen. Ganz gleich, ob Sie Schmerzen haben oder im Gefängnis oder im Krankenhaus sind, ob Sie eine schwierige Ehe zu ertragen haben, in einer verheerenden finanziellen Situation leben oder eine schlimme Familienkrise durchstehen müssen – machen Sie durch Gottes Gnade das Beste aus dem heutigen Tag! Und überlassen Sie Gott getrost die Zukunft.

„Darum sorgt nicht für morgen, denn der morgige Tag wird für das Seine sorgen. Es ist genug, daß jeder Tag seine eigene Plage hat“ (Matthäus 6,34).

Ein Wort zum Festhalten

Lesen Sie Hebräer 4,16. Und dann schauen Sie sich den Vers anhand der folgenden sechs Fragen einmal genauer an:

- An wen ist der Vers geschrieben?
- Was wird hier versprochen?
- Wo finden wir Gnade?
- Wann empfangen wir sie?
- Warum wurde sie uns geschenkt?
- Wie können wir bitten?

Das Geheimnis des Lobes

Streit am Sonntagmorgen

Es ist fast schon vorauszusagen. In der Hetze am Sonntagmorgen, wenn wir aufstehen, das Frühstück hinunterschlingen, die Notizbücher, Gesangbücher und Bibeln zusammensuchen und auch noch bei unserem Auto den Motor warmlaufen lassen müssen, wird bestimmt einer von uns beiden ärgerlich.

Ken und ich merken es nicht immer sofort, wenn zwischen uns etwas nicht stimmt. Aber wenn in unserem Kleinbus an einem sonnigen kalifornischen Morgen frostiges Schweigen herrscht, ist offensichtlich, daß einer von uns Ärger oder Groll im Herzen hat. Ja, wir können dann sogar Kirchenlieder singen oder ein Stück aus der Bibel vorlesen, was wir üblicherweise tun, um uns auf den Gottesdienst vorzubereiten – es klingt steif und ein bißchen reserviert.

Und schließlich platzt einer von uns heraus: „Was ist eigentlich los?"

„Nichts", kommt dann die Antwort. „Ich dachte, mit dir wäre irgendwas los."

Wenn wir dann in der Kirche sitzen, schmilzt der Ärger meist dahin. Dann entschuldigen wir uns beide und versichern uns, daß wir einander liebhaben. Aber oft geraten wir doch wieder in Schwierigkeiten, wenn wir auf dem Heimweg versuchen, genau herauszufinden, was die Unstimmigkeit eigentlich verursacht hat.

Als ich neulich einmal allein mit dem Auto fuhr, stellte ich das Radio ein und geriet in eine Sendung von James Dobson zum Thema christliches Familienleben. Eine Gruppe von Müttern wurde gerade über ihre Erfahrungen mit dem Sonntagmorgen in der Familie befragt. Da wurde ich natürlich hellhörig!

Zu meiner Überraschung – und zu meiner Erleichterung – sagte James Dobson, daß er und seine Frau ihre schlimmsten Streitigkeiten immer sonntags auf dem Weg zur Kirche gehabt hätten. Und er meinte, das sei eine Taktik des Satans, der dem

Gläubigen ausgerechnet am Morgen kurz vor dem Kirchgang besonders zu schaffen macht.

Als ich in unsere Einfahrt einbog und Ken zur Hintertür kam, um mich zu begrüßen, sagte ich: „Stell dir mal vor: James Dobson hat gerade im Radio gesagt, daß die Sonntage für ihn und seine Frau oft die Tage waren, an denen sie am ehesten ins Stolpern kamen. Ist das nicht schön zu hören?" Über Kens Gesicht breitete sich langsam ein überraschtes Lächeln. „Tatsächlich?" fragte er.

Manchmal meinten wir, wir wären die einzigen Leute auf der Welt, die solche Spannungen ausgerechnet am Sonntagmorgen erleben. Wir haben zwar keine Kinder, aber dennoch gibt es viel zu tun: Ken muß mir helfen, bis ich angezogen im Rollstuhl sitze, und dann muß er sich selbst zum Kirchgang fertigmachen. Da bleibt keine Zeit mehr, um aufzuräumen, keine Zeit für ein gemütliches Frühstück. Nur Eile, Hetze, Rennen!

Manchmal, wenn wir eine Auseinandersetzung hatten, waren wir fast versucht, umzukehren und wieder nach Hause zu fahren. Aber wir wissen, daß die Anbetung Gottes am Sonntagmorgen einen festen Platz haben sollte. Darum ist es für uns am wichtigsten, die Sache zu klären, bevor Ken mich durch die Eingangstür der Kirche schiebt – auch wenn jetzt noch einer über den anderen verärgert ist.

Das kann bedeuten, daß wir auf dem Parkplatz der Kirche ein paar Minuten im Auto sitzenbleiben und beten oder einen Bußpsalm lesen. Manchmal fehlen uns die rechten Worte, und wir besinnen uns auf Römer 8,26+27:

„Desgleichen hilft auch der Geist unsrer Schwachheit auf. Denn wir wissen nicht, was wir beten sollen, wie sich's gebührt; sondern der Geist selbst vertritt uns mit unaussprechlichem Seufzen. Der aber die Herzen erforscht, der weiß, worauf der Sinn des Geistes gerichtet ist; denn er vertritt die Heiligen, wie es Gott gefällt."

In dieser Stille vor dem Herrn finden Ken und ich wieder zur Demut.

Und nur so können wir recht vor Gott treten. Denn wenn wir Gott loben und anbeten, tun wir das Selbstloseste, was uns überhaupt möglich ist. Denn wahres Loben und Anbeten erlaubt uns keine Beschäftigung mit uns selbst. Wir müssen aus unseren eigenen Klagen und Wünschen und aus unserem Ärger heraustreten und uns ganz auf die Größe Gottes konzentrieren.

Vielleicht unternimmt der Teufel deshalb solche Anstrengungen, uns gerade am Sonntagmorgen in Streit zu verwickeln. Er haßt das Lob Gottes, er verachtet unsere Anbetung des Herrn. Und er wird alles mögliche unternehmen, um unser Vorhaben zu durchkreuzen. Der Feind Gottes siegt, sobald wir zulassen, daß wir selbst im Mittelpunkt unseres Denkens stehen und uns in Klagen verstricken, anstatt uns auf den Herrn zu konzentrieren.

Ich will damit nicht sagen, daß Ken und ich uns jetzt sonntags immer mit Samthandschuhen anfassen. Aber wenn gelegentlich am Sonntagmorgen zwischen uns Spannung aufsteigt, ist uns bewußt, daß wir nicht so sehr einen Kampf untereinander austragen als vielmehr gegen die Mächte der Finsternis. Mein Mann ist niemals mein Feind; mein Feind ist immer der Teufel. Jetzt, wo wir wissen, daß Satan am Sonntag eine Extralegion mit Überstunden einsetzt, verstehen wir besser, worum der Kampf eigentlich geführt wird. Wie Paulus sind wir wachsam, „damit wir nicht übervorteilt werden vom Satan; denn uns ist wohl bewußt, was er im Sinn hat" (2. Korinther 2,11).

Nun, bald ist wieder Sonntag. Sind Sie wachsam, vorbereitet, gerüstet für das, was kommt? Wir wollen dem Feind Gottes nicht erlauben, daß er uns das Vorrecht der Anbetung raubt.

Ein Wort zum Festhalten

Es gibt einige wichtige und wirkungsvolle Möglichkeiten, wie Sie Auseinandersetzungen am Sonntagmorgen verhindern können. Und damit kann man sogar schon am Samstagabend beginnen:

1. Legen Sie die Kleider für den nächsten Morgen zurecht.

2. Decken Sie, soweit möglich, schon am Abend den Frühstückstisch.

3. Lesen Sie ein paar Lob- und Anbetungspsalmen, bevor Sie sich zur Ruhe legen. Gott kann in der Nacht an Ihrem Herzen,

an Ihren Gedanken und Gefühlen arbeiten. Sehen Sie sich dazu nur einmal Psalm 16,7 an.

4. Gehen Sie ein bißchen früher zu Bett!

5. Und wenn Sie am Sonntagmorgen aufwachen, bleiben Sie noch einen stillen Augenblick betend liegen, bevor Sie aufstehen.

Ich kann nicht genug davon erzählen

Als ich an meinem Buch „Auf neuen Wegen“ arbeitete, gab es darin einen Abschnitt, den ich ganz besonders gern schrieb. Sie können es sich sicher schon denken: es war das Kapitel, in dem es um meinen Mann geht.

Es machte mir riesigen Spaß, mit meiner Freundin zusammen am Computer zu sitzen und Ken Tada zu beschreiben: wie er aussah, als ich ihn das erste Mal sah, wie er redete, wie er lächelte, wie er sich gab, wie er Racquetball spielte. Die Geschichte unserer ersten Treffen konnte ich ohne Mühe fließend wiedergeben. Und in allen Einzelheiten von unserer Hochzeit zu erzählen, war eine reine Freude für mich. Ich brauchte kein Lexikon, um passende Eigenschaftswörter zu finden. Nein, ich hätte noch stundenlang weitermachen können.

Und manchmal hörte ich wirklich nicht mehr auf. Meine Freundin mußte ab und zu sagen: „Ja, also, Joni, meinst du nicht, du hast jetzt lange genug von Kens Muskeln gesprochen?“ Oder: „Joni, das ist mittlerweile das vierte Mal in diesem Kapitel, daß du sagst, wie gut Ken aussieht.“

Ist das nicht sonderbar? Ich konnte einfach nicht genug Gutes von meinem Mann erzählen.

Ich wette, bei Ihnen ist das genauso, wenn es um die Menschen geht, die Sie lieben. Sie möchten gerne, daß andere wissen, daß dieser Mensch etwas ganz Besonderes ist – ob es sich nun um Ihren Ehepartner, Ihren Freund, Ihr Kind, Ihre Nichte, Ihren Neffen oder Ihr Enkelkind handelt. Und am schönsten ist es, wenn Sie jemanden finden, der Ihren lebhaften Beschreibungen aufmerksam lauscht. Das vervielfacht Ihr Vergnügen geradezu.

Hören Sie sich einmal an, wie der Autor des Hebräerbriefes von seinem besten Freund, von Jesus, erzählt. Es ist, als hätte ihn jemand gefragt: „Von Jesus Christus scheinst du ja wirklich viel zu halten. Wer ist das denn eigentlich? Warum bist du so begeistert von ihm? Kannst du ihn ein bißchen näher beschreiben?“

Und ob er das konnte! Wenn er erst einmal einen Zuhörer gefunden hatte, dann mochte er gar nicht wieder aufhören. Sehen Sie sich dazu die ersten vier Verse im Hebräerbrief an.

Der Autor springt gleich mitten in die Sache hinein und sagt, Gott hat Jesus „eingesetzt zum Erben über alles" (Hebräer 1,2). Von Anfang an räumt der Schreiber dem Herrn die Stellung ein, die ihm gebührt – über alle Dinge.

Aber das ist erst der Anfang. Als nächstes werden wir daran erinnert, daß Gott durch Jesus die ganze Welt geschaffen hat.

Nun kommt der Schreiber langsam in Fahrt und erklärt, daß Jesus der „Abglanz seiner [Gottes] Herrlichkeit" ist (Hebräer 1,3). So wie das Strahlen der Sonne nicht von der Sonne selbst getrennt werden kann, so kann Jesus auch nicht von der Herrlichkeit des Vaters getrennt werden; er ist Gott selbst.

Aber Jesus hat nicht nur teil an der Herrlichkeit Gottes, er ist auch „das Ebenbild seines Wesens". So wie ein Siegel in heißem Wachs einen deutlichen Eindruck hinterläßt, ist Jesus das genaue Abbild von Gottes Charakter und Wesen.

Nun kann der Schreiber nicht mehr aufhören. Die gewaltigsten Beschreibungen fließen aus seiner Feder. Er legt dar, daß Jesus „alle Dinge mit seinem kräftigen Wort trägt" – daß der, durch den die Welt geschaffen wurde, sie auch erhält.

Aber es geht gleich eilig weiter: Jesus Christus ist mehr als irgendeine ehrfurchtgebietende, weit entfernte Gottheit. Er hat unseren hilflosen Zustand gesehen und ist unser Retter geworden. „Er hat vollbracht die Reinigung von den Sünden" durch das Opfer seines Lebens am Kreuz. Durch seinen Tod hat Jesus die unermeßlich hohe Strafe für unsere Sünden bezahlt und jede gerechte Forderung des heiligen Gottes erfüllt.

Und als das Werk der Erlösung vollbracht war, „hat er sich gesetzt zur Rechten der Majestät in der Höhe."

Die Tinte fließt schnell aus der Feder auf das Pergament, und der Schreiber des Hebräerbriefes macht immer weiter: Kapitel 1, 2, 3 und 4... Jesus, immer wieder Jesus.

Wie ist das mit Ihnen? Suchen Sie auch Zuhörer, möchten Sie auch weiter und immer weiter von dem Herrn Jesus erzählen und davon, was er für Sie bedeutet?

Wenn Sie feststellen müssen, daß Sie nicht genug Eigenschaftswörter finden, um den Herrn zu beschreiben, dann möchte ich Sie gerne mit dem Autor des Hebräerbriefes bekanntmachen. Es tut mir leid, daß ich Ihnen nicht seinen Namen sagen kann, aber er war so begeistert von seinem Thema, daß er ganz vergessen hat, sich selbst vorzustellen. Vielleicht können Sie beide ja heute ein paar Minuten zusammen verbringen.

Denn es gibt nichts, was dieser begeisterte Schriftsteller lieber hätte als einen aufmerksamen Zuhörer.

Ein Wort zum Festhalten

Suchen sie sich heute abend, bevor Sie ins Bett gehen, ein stilles Eckchen, und setzen Sie sich bequem mit Ihrer Bibel zurecht. Nehmen Sie sich eine Viertelstunde Zeit, um gründlich über die folgenden Beschreibungen Jesu nachzudenken, und danken Sie ihm mit Ihren eigenen Worten dafür, daß er dies alles ist:

- ein Stern (4. Mose 24,17)
- der Mann der Schmerzen (Jesaja 53,3)
- einer, der uralt ist (Daniel 7,9)
- ein Knecht (Matthäus 12,18)
- der Heilige Gottes (Markus 1,24)
- das aufgehende Licht aus der Höhe (Lukas 1,78)
- ein Lehrer (Johannes 3,2)
- der „Ich bin" (Johannes 8,58)
- ein Fels (1. Korinther 10,4)
- die unaussprechliche Gabe (2. Korinther 9,15)
- der Eckstein (Epheser 2,20)
- unsere Hoffnung (1. Timotheus 1,1)
- der Mensch Jesus Christus (1. Timotheus 2,5+6)
- der Erbe über alles (Hebräer 1,2).

Die erste Reaktion

Weil ich meine Hände nicht gebrauchen kann, ist in meinem Büro immer Teamarbeit notwendig, um etwas zu tippen. Wenn Francie und ich uns dann gemeinsam an den Computer setzen, können ihre Finger meist kaum so schnell mitkommen, wie meine Gedanken sprudeln. Ich spreche, und sie tippt. Genau auf diese Art habe ich auch dieses Buch geschrieben.

Heute morgen hat das beispielsweise richtig gut geklappt. Aus irgendeinem Grund sprudelten die Einfälle nur so. Die richtigen Bibelstellen fielen mir auf Anhieb ein. Und die Sätze paßten aneinander wie die Teile eines Puzzles. Es fügte sich alles wunderbar zusammen. Ich war so erfreut über die Ergebnisse, daß ich Francie bat, den Text auszudrucken. Sie fragte mich, welchen Knopf sie denn drücken müßte. „Den da", sagte ich und war meiner Sache ganz sicher.

Und dann, im Bruchteil einer Sekunde – wisch! Es war die falsche Taste! Die Arbeit eines ganzen Vormittags verschwand auf Nimmerwiedersehen!

Ich biß mir auf die Lippen. In diesem Moment hätte ich gerne laut und bitter geklagt. Aber anstatt jetzt eine Schimpfkanonade loszulassen, die ich später vielleicht bereuen würde, schrie ich einfach los. Ja, wir beide sahen uns an und schrien laut auf.

Schreien paßt vielleicht nicht so zu Ihrer persönlichen Art, aber wenn Sie ein lehrreiches Experiment machen wollen, habe ich einen Vorschlag für Sie: wenn Sie das nächste Mal unerwartet eine unangenehme Überraschung oder eine Enttäuschung erleben oder auf Ärgernisse stoßen, dann versuchen Sie einmal, sich all die Ausrufe oder Schimpfworte zu merken, die dann aus Ihrem Munde kommen. Ich habe das letzte Woche versuchsweise getan und war erstaunt, wie schnell ich meine Klagen in Worte fassen kann. Nicht in wirklich ordinäre oder schlimme Ausdrücke, das paßt nicht so zu meiner Erziehung. Aber jedesmal, wenn irgend etwas schiefging, mußte ich anscheinend doch etwas sagen, das meinem Widerwillen oder meiner Frustration Ausdruck gab.

Versuchen Sie es gelegentlich einmal! Vielleicht sind Sie wie ich sehr überrascht darüber, wie Ihre erste Reaktion auf unliebsame Ereignisse ausfällt.

Ich habe vor kurzem über dieses Thema nachgedacht, als ich in der Apostelgeschichte las. Petrus und Johannes waren ins Gefängnis geworfen worden. Daran war nichts Ungewöhnliches. Denn so, wie wir mit Schwierigkeiten bombardiert werden, gehörten bei den Aposteln die Gefängnisaufenthalte zu dem alltäglichen Ungemach.

Am nächsten Tag wurden die beiden vor die religiöse und politische Obrigkeit Israels geschleppt und streng ermahnt. Man sagte ihnen, daß es für sie schlimme Folgen haben werde, wenn sie weiterhin im Namen Jesu Christi lehren würden. Und die Behörden meinten das ernst. Hier sprachen immerhin dieselben Leute, die Jesus gekreuzigt hatten.

Und wie sah die Reaktion der Christen in jener frühen Gemeinde aus, als Petrus und Johannes zu ihnen zurückgekehrt waren und all das berichtet hatten? In Apostelgeschichte 4,24 lesen wir, was sie zuallererst dazu sagten:

„Als sie das hörten, erhoben sie ihre Stimme einmütig zu Gott und sprachen: Herr, du hast Himmel und Erde und das Meer und alles, was darin ist, gemacht.“

„Herr“, hören wir sie sagen – nicht etwa „Nein, nicht das noch!“, „Au verflixt!“, „Das darf doch nicht wahr sein!“ oder „Warum passiert das ausgerechnet uns?“ Nein, wir hören nichts dergleichen. Statt dessen rufen sie die Freude über ihre Glaubensüberzeugung laut hinaus – daß Gott Herr aller Dinge ist, daß Gott allmächtig ist, daß er einen Plan und einen Zweck verfolgt und daß sie nur eines tun müßten, nämlich, diese wunderbare Wahrheit anzuerkennen. Mit einem Satz: sie beten Gott an.

So drücken die Verse 27 und 28 aus, daß die Obrigkeiten sich zwar gegen Jesus verschworen haben, aber sich doch letztlich dazu versammeln, „zu tun, was deine Hand und dein Ratschluß zuvor bestimmt hatten, daß es geschehen solle.“ Und die Gemeinde beendet ihr Gebet mit einer Bitte um Zuversicht und

Mut, damit sie die Botschaft von Jesus Christus treu weiterverkündigen kann.

Wir wollen ehrlich sein: Wie oft sind in der vergangenen Woche solche Worte über Ihre Lippen gekommen? Oder auch aus meinem Mund? Nur zwei Beispiele: Sie sind in letzter Minute eifrig mit den Vorbereitungen fürs Essen beschäftigt und jonglieren auf dem Weg zum Tisch mit Tellern, Ketchupflaschen und Salz und Pfeffer, und ausgerechnet da klingelt das Telefon. Oder, weil Sie sowieso schon so spät dran sind, fahren Sie eine hervorragend ausgeklügelte Abkürzung zu Ihrer Arbeitsstelle, und ausgerechnet da geraten Sie mitten in den Berufsverkehr.

Ja, hier geht es um Weisheit: ganz gleich, wie ärgerlich die Sache im Augenblick ist, wie verrückt einen die Umstände machen, um welches Problem es auch geht – wir müssen lernen, unsere Zunge im Zaum zu halten und erst einmal zu denken, bevor wir reden. Die allerersten Worte, die in einer solchen Lage aus Ihrem Mund kommen, sagen wirklich etwas aus über die Art und Weise, wie Sie mit Versuchungen fertig werden.

Wir wollen uns von den Aposteln Petrus und Johannes für den Rest dieser Woche den Ton angeben lassen: wenn Sie mit dem falschen Fuß aufstehen, die falsche Straße zur Arbeit fahren oder auf den falschen Knopf drücken, dann seien Sie im gleichen Moment bereit zu einem Wort der Anbetung.

„Herr, mein Gott, tu, was du willst. Du bist Herr der Lage. Schenk mir den Mut, diese Sache zu tragen und deinen Namen mit Zuversicht anzurufen."

Ein Wort zum Festhalten

Betrachten wir es realistisch. Kommen Worte, die weniger nett sind, von Ihren Lippen, wenn sich Ihr ganzer Tag allmählich verheddert? Und gibt es auch noch andere unschöne Dinge, die Sie tun, wenn Sie furchtbar enttäuscht sind – mit der Faust auf den Tisch schlagen, gegen eine Wand anrennen oder auf Ihr Steuerrad eindreschen? Sehen Sie sich Daniel 6,6–12 an, um einen Blick auf einen Mann zu werfen, dessen erste Reaktion anscheinend immer die richtige war. Als Daniel von dem schrecklichen Erlaß des Königs erfuhr, was tat er da zuallererst? Sie lesen es in Vers 11. Man muß bedenken, daß Daniel so betete, daß die ganze Stadt ihn sehen konnte. Was meinen Sie, was er in dieser Situation gedacht und gesagt hat?

Machen Sie einen guten Handel! Tauschen Sie die nicht so netten Worte und Taten gegen Worte des Dankes und Taten des Gehorsams aus!

Am Mittwoch nach Palmsonntag

„Und sie brachten die Eselin und das Füllen und legten ihre Kleider darauf, und er setzte sich darauf. Aber eine sehr große Menge breitete ihre Kleider auf den Weg, andere hieben Zweige von den Bäumen und streuten sie auf den Weg. Die Menge aber, die ihm voranging und nachfolgte, schrie: Hosianna dem Sohn Davids! Gelobt sei, der da kommt in dem Namen des Herrn! Hosianna in der Höhe!" (Matthäus 21,7–9).

Die Leute riefen voller Freude ihr Hosianna und teilten so allen mit, daß sie glaubten, Jesus sei der kommende König. Der würde die römischen Bedrücker endlich aus der Heiligen Stadt hinauswerfen! Er würde sie von der schrecklichen Last der Steuern befreien. Er würde ihnen zu essen geben, für sie sorgen, sie schützen und ihnen ihre nationale Würde wieder zurückgeben.

Aber als die Woche langsam weiterging, änderte sich die Stimmung der Menge.

Warum stürmte der Nazarener denn nun nicht voran? Sicher, er heilte und lehrte weiter im Tempel. Aber er hielt sich im Hintergrund, zog sich jede Nacht in ein nahes Dorf zurück und verbrachte viel Zeit mit seinen Jüngern außerhalb der Stadtmauern. Wann nahm er die Dinge denn endlich in die Hand? Warum verbrachte er seine Zeit nicht mit den „richtigen" Leuten – mit den gewieften politischen Typen, die am längeren Hebel saßen?

Es ist eigentlich kein Wunder, daß die Leute bis zur Mitte der Woche allmählich unzufrieden wurden. „Vielleicht ist dieser Mann doch nicht so, wie es aussah", mögen sie wohl gedacht haben. „Vielleicht hat er uns die ganze Zeit nur was vorgemacht. Wahrscheinlich hat er gar nicht den Mumm, hier wirklich etwas Gutes auf die Beine zu stellen."

Und der Rest ist Geschichte: die Menge wandte sich plötzlich gegen Jesus und schrie, daß er gekreuzigt werden sollte – keine Woche, nachdem sie seinen Einzug in die Stadt so überschwenglich gefeiert hatte.

Ich frage mich manchmal: Sind wir eigentlich so viel anders als diese Leute?

Wenn wir hochgespannte Erwartungen hegen, wenn wir meinen, wir hätten Gottes Plan schön ordentlich vor uns liegen, wenn wir uns davon überzeugt haben, daß es die Aufgabe des Königs sei, uns das Leben leichter zu machen, uns die Lasten abzunehmen und unseren täglichen Streß zu mildern – meinen Sie nicht auch, daß unsere Lobgesänge dann ein bißchen leer klingen?

Was passiert denn, wenn die Freudenschreie vom Palmsonntag an einem grauen Montag langsam verhallen? Was geschieht, wenn es inzwischen Mittwoch geworden ist und alle unsere Pläne zersplittert sind wie ein Schiffsrumpf am Felsenriff? Können wir dann immer noch Hosianna singen? Oder wenden wir uns verbittert und ärgerlich gegen Gott, weil er die lange Liste unserer Erwartungen nicht erfüllt hat?

Wir wollen doch sichergehen, daß wir Jesus für das loben, was er tatsächlich ist – nicht für das, was er nach unserer Meinung sein sollte.

Ein Wort zum Festhalten

Psalm 103 ist ein großartiges Beispiel dafür, Gott wirklich für das zu loben, was er ist. Achten Sie darauf, wie der Psalm beginnt und endet. Und bitten Sie Gott jetzt gleich, daß er Ihnen selbst dazu hilft, ihn aus tiefstem Herzen heraus zu loben. Und dann bedenken Sie die Verse 2 bis 5 ganz persönlich. Überlegen Sie sorgsam, welche Wohltaten Gott an Ihnen getan hat – wie er Ihnen Ihre Sünden vergeben hat, Sie gesund gemacht hat, als Sie krank waren, und Sie wieder aufgehoben hat, als Sie am Boden zerstört waren. Und dann sorgen Sie dafür, den Psalm 103 immer schnell zur Hand zu haben, wenn traurige und düstere Montage, Mittwoche oder Donnerstage auf Sie zukommen.

Das Netz noch einmal auswerfen

Es war wieder mal Dürrezeit bei mir. Die Bibel kam mir so anregend vor wie das Telefonbuch von Los Angeles. Mein Beten schien eine Übung in Zwecklosigkeit. Ja, mir war, als würden meine Gebete höchstens einen Meter hoch steigen. Ich wäre ja glücklich gewesen, wenn sie es bis zur Zimmerdecke geschafft hätten.

Und meine christlichen Freunde ließen sich ausführlich darüber aus, was sie lernten, wie sie innerlich wuchsen und was Gott ihnen alles gesagt hatte. „Ist der Herr nicht einfach wunderbar?" fragten sie. Ich hatte im Augenblick wenig Interesse an Glaubensdingen. Und wenn ich nur so tat als ob, dann fühlte ich mich noch schuldiger.

Das schlimmste daran war, daß ich dieses innere Ausgetrocknetsein nicht auf irgend etwas Greifbares zurückführen konnte. Es gab keine hartnäckigen Sünden in meinem Leben, keine Streitigkeiten mit meinem Mann, keine Wurzeln der Bitterkeit, keine großen Nachlässigkeiten beim Beten oder Bibellesen, keinen Mangel an christlicher Gemeinschaft.

Und doch fühlte sich mein Inneres so ausgedörrt, als läge Juliglut über einer Wüste. Es war eine dieser Zeiten, in der das Lächeln seinen Glanz verliert, die Seele trübe wird und die ganze äußere Haltung einem selbst und allen Menschen in der Umgebung mitteilt, daß irgend etwas nicht stimmt.

Und so seltsam es klingt, die beste biblische Parallele, die ich zu dieser Dürrezeit finden kann, spielt sich ausgerechnet mitten auf einem See ab. Die Geschichte steht im Lukasevangelium:

„Da stieg Jesus in eins der Boote, das Simon gehörte, und bat ihn, ein wenig vom Land wegzufahren. Und er setzte sich und lehrte die Menge vom Boot aus. Und als er aufgehört hatte zu reden, sprach er zu Simon: Fahre hinaus, wo es tief ist, und werft eure Netze zum Fang aus! Und Simon antwortete und sprach: Meister, wir haben die ganze Nacht gearbeitet und nichts gefangen; aber auf dein Wort will ich die Netze auswerfen. Und als sie das taten, fingen sie eine große Menge Fische, und ihre Netze begannen zu reißen. Und sie winkten ihren Gefährten, die im anderen Boot waren, sie sollten kommen und mit ihnen ziehen. Und sie kamen und füllten beide Boote voll, so daß sie fast sanken" (Lukas 5,3–7).

Das ist wirklich die richtige Geschichte für Trockenzeiten – wenn Sie die vielen Versuche ein bißchen leid geworden sind, wenn Sie ein bißchen müde werden, immer wieder Gebete zu sprechen, die anscheinend doch nicht erhört werden, wenn die Seiten Ihrer Bibel genausogut mit ägyptischen Hieroglyphen bedruckt sein könnten.

Auch Simon war müde und erschöpft. Er war müde von den vielen Versuchen, Fische zu fangen. Sein Rücken tat ihm weh, und die Augenlider wurden ihm schwer. Er hatte sich die ganze Nacht geplagt, und nicht einmal eine winzigkleine Sardine hatte sich gezeigt. Doch auf das Wort Jesu hin ließ er die Netze noch einmal ins Wasser – noch ein einziges Mal.

Vielleicht sind bei Ihnen heute auch alle Netze leer geblieben. Sie haben es wieder und wieder versucht, aber jetzt stehen Sie da und haben nichts in der Hand. Sie fühlen sich ausgetrocknet und erschöpft und fragen sich, ob Gott vielleicht Ihre persönliche Akte irgendwie verlegt hat und jetzt nicht mehr wiederfindet.

Aber das stimmt nicht! Gott hat auf alle Ihre Gebete gehört. Und tatsächlich gefallen ihm oft gerade die Bitten, die ihm in solchen Dürrezeiten vorgetragen werden, am allerbesten.

Ihr schweres Herz ist kein Geheimnis für Gott, der Sie liebhat. David hat dazu geschrieben: „Herr, du kennst all mein Begehren, und mein Seufzen ist dir nicht verborgen" (Psalm 38,10).

Er bittet Sie heute, Ihr Netz auszuwerfen. Noch einmal. Auch wenn Sie in den letzten Wochen keine erstaunlichen Ergebnisse zu verzeichnen hatten. Auch wenn alle Ihre Gefühle sagen: „Was soll das schon für einen Zweck haben?" Auch wenn es Ihnen anziehender erscheint, einen Marathonlauf bergauf zu starten, als den Herrn ausgerechnet jetzt zu suchen. Trotz allem – gehorchen Sie dem Wort Jesu und lassen Sie Ihr Netz ins Wasser! Bleiben Sie am Wort Gottes, kehren Sie zum Beten zurück, bekennen Sie

Ihre Sünde, reden Sie mit einem gläubigen Freund, beten Sie Gott in der Gemeinschaft seines Volkes an. Früher oder später wird er Sie überraschen, genauso wie er damals Simon Petrus überrascht hat. Er wird Sie aus dieser langen Nacht hinausführen, hinaus aus der Trockenheit. Und Sie werden wieder seine Freude erfahren – mehr Freude, als Sie überhaupt aufnehmen können.

Bleiben Sie treu, vertrauen Sie ihm, warten Sie. Jesus kann auch heute noch leere Netze füllen!

Ein Wort zum Festhalten

Haben Sie es schon einmal erlebt, wie eine ausgetrocknete, öde Wüstenlandschaft nach einem Regenschauer plötzlich zu blühendem Leben erwacht? Sie glauben gar nicht, wie dramatisch und wunderbar eine solche Veränderung sein kann! Und genauso kann der Geist Christi uns aus dem Bann der Dürre zu neuem Leben erwecken. Das geschieht plötzlich, unerwartet – und ist herrlich! In Jesaja 35,1–7 finden Sie beschrieben, was dann geschieht. In diesem Abschnitt wird zwar davon geredet, wie es ist, wenn der Herr Jesus wiederkommt, aber die Beschreibung kann sich auch auf Sie beziehen, und zwar heute. Unterstreichen Sie einmal die Verse 3 und 4, darin finden Sie eine besondere Ermutigung.

Es steht viel auf dem Spiel

Nennen wir ein paar Dinge, die im Leben vorkommen: da hat der Reifen einen Platten, der Computer fällt aus, das Kind bekommt einen Husten, und das Picknick ist total verregnet. Und als ob das noch nicht genug wäre, wird in der Firma jemand anders an Ihnen vorbei befördert, der Babysitter sagt ab, ein lang geplanter Urlaub wird in letzter Minute gestrichen, Ihre Schulmannschaft verliert im Fußball, oder das aufregende Mädchen – oder der tolle Junge – mit dem Sie schon so lange ausgehen möchten, hat an jedem der nächsten vier Wochenenden ganz wichtige Termine.

Manche Dinge kann man einfach nicht vermeiden.

Wir sind nicht immer verantwortlich für die Lebensumstände, in denen wir uns befinden. Wenn etwas passiert, dann passiert es eben, und oft können wir nur wenig dagegen tun.

Aber bevor wir nun meinen, wir wären in einer schwierigen Lage von jeder Verantwortung freigesprochen, wollen wir uns noch eine andere Wahrheit ansehen: Wir sind verantwortlich für die Art und Weise, wie wir auf solche alltäglichen Enttäuschungen und Rückschläge reagieren. Wir können uns entweder der Depression, der Verleumdung oder Verbitterung hingeben, oder wir können uns entschließen, zu unserem allmächtigen Gott aufzublicken, der alles in der Hand hat.

Wir haben also durchaus die Wahl!

Ich bin immer wieder davon beeindruckt, wie der Apostel Paulus die Verantwortung für seine Grundeinstellung zu Schwierigkeiten und Nöten übernimmt. Während einer unverdienten Gefängnisstrafe und angesichts einer ungewissen Zukunft schreibt er an eine Gruppe von Freunden: „Ich lasse euch aber wissen, liebe Brüder: Wie es um mich steht, das ist nur mehr zur Förderung des Evangeliums geraten“ (Philipper 1,12).

Paulus muß gewußt haben, daß er auf viele der verheerenden Umstände in seinem Leben nur sehr wenig Einfluß hatte. Er hatte die Schiffbrüche, die er erlebte, nicht verhindern können. Er hatte keine Kontrolle über verlogene „Apostel", die auf ihn eifersüchtig waren und mit allen Mitteln versuchten, seinen guten Ruf zu ruinieren. Er hatte auch nie darum gebeten, heimlich in einem Korb über die Stadtmauer hinuntergelassen zu werden. Und er hatte auch nicht die Dienste eines von Dämonen besessenen Mädchens angefordert, das ihm in Philippi überallhin folgte und laut schrie. Und wenn er die direkten Fragen der Leute beantwortete, konnte er dann etwas dafür, daß sie über die Wahrheit so wütend wurden?

Doch Paulus erkannte auch, daß viel davon abhing, wie er mit negativen Umständen umging. Die Art und Weise, wie er reagierte, konnte das Evangelium Jesu Christi entweder weiter voranbringen oder zurückdrängen. Mit anderen Worten: es stand viel mehr auf dem Spiel als einfach nur das Leben des Paulus. Andere Menschen wurden in ihrem Leben durch seine gottgefällige Reaktion auf Nöte und Versuchungen nachhaltig beeinflußt. Der gute Ruf des Evangeliums stand auf dem Spiel. Die Engel sahen ihm zu, Gott achtete auf ihn.

Nun sitze ich nicht im Gefängnis wie Paulus. Es steht kein Wächter draußen vor meiner Schlafzimmertür. Ich habe keine Handschellen an den Gelenken und keine Ketten an den Füßen. Aber ich muß im Rollstuhl sitzen und kann, genau wie Paulus, nicht sagen, daß ich für diesen besonderen Umstand direkt verantwortlich bin.

Und doch bin ich verantwortlich: ich werde zur Rechenschaft gezogen für meine Reaktionen. Wie Paulus lerne ich, mich mitten im Leiden zu freuen – einfach weil dieser Rollstuhl, so wie damals die Ketten des Paulus, dazu gebraucht wird, die Sache Gottes weiter voranzubringen.

Nein, Sie sind wahrscheinlich nicht verantwortlich für den ärgerlichen Anruf von Ihrer Nachbarin oder dafür, daß Ihr Mann spät von der Arbeit nach Hause kommt oder daß Ihre Frau wieder nicht richtig mit dem Haushaltsgeld umgegangen ist, aber Sie sind sehr wohl verantwortlich für Ihre Reaktion darauf. Und Sie werden von dem lebendigen Gott einmal zur Rechenschaft gezogen für die Entscheidungen, die Sie treffen.

Wenn Sie heute auch in kniffligen Augenblicken eine gute Grundeinstellung bewahren, dann wird sich das tatsächlich zum Vorteil für das Evangelium auswirken. Andere werden es wahrnehmen – Ihr Mann wird es bemerken, Ihre Kinder werden Sie beobachten, Ihre Nachbarn werden zusehen –, wenn Sie mit Kühnheit und zugleich mit Demut sprechen, und Sie werden dadurch Gottes Sache weiter voranbringen.

Es steht viel mehr auf dem Spiel als nur Ihr eigenes Leben. Andere Menschen können davon beeinflußt werden, so daß sie Entscheidungen treffen, die noch in der Ewigkeit gültig sind. Das Evangelium hat einen guten Ruf. Die Engel sehen Ihnen zu. Und Gott auch.

Ein Wort zum Festhalten

Manchmal zeigen wir mehr Verantwortung für unsere Grundeinstellung, wenn wir die Hilfe von anderen in Anspruch nehmen. Bitten Sie einen vertrauten Freund, daß er Sie zur Rechenschaft zieht und daß er Ihnen hilft, die richtigen Entscheidungen zu treffen. Bitten Sie ihn, Sie darauf hinzuweisen, wenn er beobachtet, daß Sie auf eine bestimmte Schwierigkeit oder Not mit Klagen und Schimpfen reagieren. Fühlen Sie sich nicht wohl bei diesem Gedanken? Dann denken Sie an folgendes: Jemand, der noch viel bedeutender ist als Ihr Freund, sieht Ihnen schon die ganze Zeit zu.

Wenn wir Gott in dieser Sache verherrlichen können …

Sie haben bestimmt auch schon gehört, wie Mütter so etwas erzählten: Ihre Kinder wollen morgens zu Hause bleiben, beklagen sich über Bauchschmerzen oder Kopfweh. Aber sobald der Schulbus um die Ecke gefahren ist, springen sie aus dem Bett, holen die Spiele aus dem Regal, stellen den Fernseher an oder laufen in die Küche, um den Kühlschrank zu plündern.

Und was sagen Mütter dann immer und überall? „Also, wenn du das tun kannst, dann bist du auch gesund genug, um in die Schule zu gehen!“

Neulich, als ich gerade eine Diät hielt, habe ich etwas Ähnliches gehört. Ich war bei einer Freundin zu Besuch und lehnte standhaft und dankend ab, als ich ein köstlich aussehendes Stück Walnußkuchen mit Zuckerguß, Sahne und Nußsplittern angeboten bekam.

Meine Freundin sah mich einen Moment an, und dann sagte sie: „Also, wenn du dazu nein sagen kannst, dann kannst du bei allem widerstehen!“

Vielleicht haben Sie in Ihrer Studienzeit ähnliches gesagt, als Sie sich viel zu viele Vorlesungen und Seminare aufgebürdet hatten und bis in die Nacht arbeiten mußten. Wenn dann der Druck immer weiter zunahm, das Licht noch um Mitternacht brannte und die Abschlußklausuren drohten, hörten Sie sich selbst sagen: „Also, wenn ich dieses Semester durchhalte, dann kann ich alles schaffen!“

Ja, und fast können Sie hören, wie Gott dasselbe zu uns sagt, wenn wir durch niederschmetternde Enttäuschungen hindurchwaten müssen, wenn wir mit einem Problem in unserer Familie kämpfen, das uns ganz durcheinanderbringt, wenn wir die Zähne zusammenbeißen und in einer schmerzhaften Krankheit Geduld lernen sollen oder wenn wir, voller Trauer und Tränen, den plötzlichen Verlust eines lieben Menschen verkraften müssen.

Zuerst finden wir es vielleicht eigenartig, daß Gott so oft das Leiden dazu benutzt, unser Leben „zum Lob seiner herrlichen Gnade“ (Epheser 1,6) einzusetzen. Gibt es nicht bessere Wege, wie wir Gott verherrlichen könnten – oder wenigstens leichtere?

Aber wissen Sie, was Gott zu uns sagt? „Mein Kind, wenn du mich in dieser Situation loben und verherrlichen kannst, dann kannst du es in jeder Lage.“

Mit anderen Worten: immer wenn ein Christ in Not und Leid treu erfunden wird, wenn er Böses mit Gutem vergilt, Mißhandlung mit Liebe erwidert, auch im Leiden standhaft bleibt und noch mitten in Verlassenheit und Kummer lieben kann, wird der Herr damit auf die treueste, leuchtendste, strahlendste Art und Weise verherrlicht, die überhaupt möglich ist.

Und wenn wir ihn auf diese Weise loben und preisen, wird Gott uns alle möglichen neuen Gelegenheiten eröffnen; er wird uns in neue Lebensumstände stellen, in denen wir ihn weiterhin verherrlichen können. Er tut das, weil er dann weiß, daß er uns etwas anvertrauen kann – daß wir mit seiner Hilfe und Gnade mit dieser Aufgabe fertig werden.

Vielleicht können Sie heute überhaupt nicht erkennen, wie Ihre Reaktion auf Nöte und Schwierigkeiten zur Verherrlichung Gottes dient. Das schmutzige Geschirr türmt sich auf, Ihre Freundin versteht Sie immer noch nicht richtig, Sie haben schon einen ganzen Monat lang kein erholsames Wochenende mehr gehabt, und Ihre schmerzhafte Arthritis will und will sich nicht bessern.

Lassen Sie mich dazu etwas sagen: wenn Sie Gott durch Ihre Geduld gerade jetzt, mitten in all diesen Schwierigkeiten, verherrlichen können, dann können Sie ihn überall und jederzeit verherrlichen.

Und dann bleiben Sie auf der Seite des Siegers!

Ein Wort zum Festhalten

Im Westminster-Katechismus steht: „Das oberste Ziel des Menschen ist es, Gott zu verherrlichen und sich in Ewigkeit an ihm zu erfreuen.“ Gott die Ehre zu geben, ganz gleich, wie unsere Lebensumstände gerade aussehen – ob normal oder völlig außergewöhnlich –, das muß unser wichtigster Tagesordnungspunkt sein. Manchmal brauchen wir, daß die Heilige Schrift uns deutlich daran erinnert, um uns zu helfen, es wirklich zu tun. Sehen Sie sich einmal 1. Korinther 10,31 an. Essen und Trinken – sehr normale, alltägliche Dinge unseres Lebens – erinnern uns daran, daß auch all das Übliche, das täglich wiederkehrt, eine Gelegenheit sein kann, Gott die Ehre zu geben. Denken Sie an fünf Aufgaben, die Sie jeden Tag zu erfüllen haben, und überlegen Sie sich, wie Sie gerade darin Gott die Ehre geben können.

Im Feuerofen

Das einzige, was in dem großen, glühenden Ofen von Babylon Feuer fing, waren die Seile, mit denen man Schadrach, Meschach und Abed-Nego an Händen und Füßen gefesselt hatte. Jetzt waren sie frei und gingen in dem großen Ofen umher. Aber sie waren nicht allein dort:

„Da entsetzte sich der König Nebukadnezar, fuhr auf und sprach zu seinen Räten: Haben wir nicht drei Männer gebunden in das Feuer werfen lassen? Sie antworteten und sprachen zum König: Ja, König. Er antwortete und sprach: Ich sehe aber vier Männer frei im Feuer umhergehen, und sie sind unversehrt; und der vierte sieht aus, als wäre er ein Sohn der Götter" (Daniel 3,24+25).

Der König hatte befohlen, daß man diese drei Diener Gottes ins Feuer werfen sollte, weil sie sich geweigert hatten, ein goldenes Götzenbild anzubeten. Doch jetzt stellte er sich so nahe wie möglich an die Öffnung des Ofens und rief ihnen zu:

„Schadrach, Meschach und Abed-Nego, ihr Knechte Gottes des Höchsten, tretet heraus und kommt her! Da traten Schadrach, Meschach und Abed-Nego heraus aus dem Feuer. Und die Fürsten, Würdenträger, Statthalter und Räte des Königs kamen zusammen und sahen, daß das Feuer den Leibern dieser Männer nichts hatte anhaben können und ihr Haupthaar nicht versengt und ihre Mäntel nicht versehrt waren; ja, man konnte keinen Brand an ihnen riechen" (Daniel 3,26+27).

Stellen Sie sich das vor: Die drei jungen Männer waren nicht nur frei von Brandwunden und Verletzungen, nein, sie rochen noch nicht einmal nach Rauch!

Hin und wieder haben wir alle schon einmal die Flammen eines läuternden Feuers gespürt. Das ist eine Erfahrung, die wir alle kennen. Ganz gleich, wie sehr wir uns gegen diese Tatsache stemmen, Gott hat angekündigt, daß er seine Kinder im Feuer prüfen will:

„Und ich will den dritten Teil durchs Feuer gehen lassen und läutern, wie man Silber läutert, und ihn prüfen, wie man Gold prüft. Die werden dann meinen Namen anrufen, und ich will sie erhören. Ich will sagen: Es ist mein Volk; und sie werden sagen: HERR, mein Gott!" (Sacharja 13,9).

Läutern bedeutet nach Auskunft eines Wörterbuchs „klären, reinigen, von Beimischungen, Verunreinigungen, Schlacken und Ablagerungen befreien, im übertragenen Sinne auch von Unvollkommenheiten, rauhen und groben Eigenschaften freimachen". Man erwartet von einem läuternden Feuer, daß es jeden Rohstoff verbessert. Sehen Sie sich dazu Ihren goldenen Ehering an oder vielleicht eine goldene Kette, die Sie um den Hals tragen. Nach vielen Jahren glänzt dieser Schmuck immer noch. Er trägt sich gut, er hat noch den Schimmer und das Strahlen, das er vor langer Zeit bekam, als er durch die läuternden Flammen hindurchgehen mußte.

Von dem Läuterungsprozeß erwartet man, daß die behandelten Dinge dadurch viel schöner und dauerhafter werden.

Aber wie viele von uns gehen durch ein läuterndes Feuer hindurch und kommen am Ende so heraus, daß sie eher wie Holzkohle aussehen – oder wie rostiges Eisen oder rauchende Asche! Vielleicht sind wir wie die Pharisäer in alten Zeiten, die lange Gesichter machten und zerknitterte Kleider trugen, wenn sie fasteten. Oft wollen wir, wenn wir gerade eine Zeit der Not hinter uns haben, daß jeder Mensch um uns herum alle schmutzigen und traurigen Einzelheiten unserer Leidensgeschichte kennt. Und das Schöne, das Gott eigentlich an uns schaffen wollte, als er uns in die läuternden Flammen schickte, wird ganz trübe und matt durch unser Klagen und Jammern.

Seien Sie ganz ehrlich: Wenn Sie einen Tag erlebt haben, an dem Sie sich so fühlten, als würden Sie durchs Feuer geschickt, wie sehen Sie danach aus? Wenn Sie jemand im Vorbeigehen begrüßt und obenhin fragt: „Na, wie geht's denn so?", nehmen Sie das dann als Anlaß, jeden größeren oder kleineren schlimmen Vorfall dieses Tages aufzuzählen? Nutzen Sie die Zeit, die Sie in der Gebetsgruppe haben, hauptsächlich dafür, sich zu beklagen oder den neuesten Klatsch weiterzuerzählen? Malen Sie gern ein Bild

Ihrer Ehe, in dem Ihr Partner als der Sündenbock dasteht, Sie aber als der absolute Held? Führen Sie ein Märtyrerleben und sorgen Sie gewissenhaft dafür, daß es auch jedermann erfährt?

Wenn das so ist, befürchte ich, daß die Leute Rauch an Ihnen riechen werden. Dann könnte Ihr christliches Zeugnis am Ende trübe werden oder sogar angebrannt wirken.

Es gibt einen besseren Weg. Wir wollen Gott aufrichtig und von ganzem Herzen loben, während wir durch das läuternde Feuer gehen. Vielleicht werden dann diejenigen, die stehenbleiben und in den Feuerofen hineinschauen, den Sohn Gottes sehen können, wie er an unserer Seite geht.

Ein Wort zum Festhalten

Sehen Sie sich 1. Petrus 1,6–9 an. Warum genau läßt Gott es zu, daß Versuchungen und Nöte unseren Weg kreuzen? Und wie kostbar ist Ihr Glaube? Es hilft Ihnen vielleicht zum Verständnis, wenn Sie wissen, daß Petrus an Christen schrieb, die tatsächlich durch das Feuer geprüft wurden. Sie lebten unter der Herrschaft des wahnsinnigen Kaisers Nero und weigerten sich standhaft, ihn als Gott anzubeten. Deshalb wurden die Gläubigen im Kolosseum den Löwen vorgeworfen, ganz abgesehen von den täglichen Mißhandlungen und Erniedrigungen. Sie hatten echte Glaubensprüfungen durchzustehen. Und doch berichtet uns die Geschichte, daß viele von diesen frühen Gläubigen in ihrem Zeugnis unerschrocken und fest blieben. Ihr Glaube wurde nicht versengt und auch nicht durch Klagen getrübt. Sie strahlten und glänzten für Gott. Wie kann dieses hell leuchtende Beispiel Ihnen heute Mut machen?

Vernimm mein Schreien!

Niemand ist so eng in Berührung mit uns, so gut eingestimmt auf die Wünsche unseres Herzens wie Gott.

In Psalm 5 eröffnet David sein Gebet mit den Worten: „HERR, höre meine Worte, merke auf mein Reden! Vernimm mein Schreien…" (Verse 2+3).

David steckt bis zum Hals in Schwierigkeiten, sein Herz pocht vor Angst, und er will, daß Gott jetzt sein Schreien hört.

Schrillt da bei Ihnen, wenn Sie eine Mutter sind, nicht irgendeine Alarmglocke? Ihr Baby liegt schön warm eingepackt in seinem Bettchen, und plötzlich hören Sie es schreien. Und wenn Sie einen Moment darauf gehört haben, wissen Sie, was Ihr Kind will – einfach, indem Sie den Klang des Schreiens deuten. Sie können sagen, ob das Kleine einfach nur müde und schlecht gelaunt ist oder ob es aufgewacht ist und Sie schnell bei sich haben will. Sie können hören, ob es Angst hat, sich einsam fühlt oder unter Schmerzen leidet. Mütter lernen es schnell, auf die Stimme ihres Kindes zu achten und sie richtig zu deuten. Sie wissen, was ihr Kind will – sie erkennen das einfach am Klang der Stimme.

Bei Gott ist es genauso. Wenn wir beten, weiß er genau, was wir brauchen, sogar wenn wir es nicht in Worte fassen können. Er weiß, ob es ein dringender Hilferuf ist, ein seufzendes Gebet der Mutlosigkeit oder vielleicht nur ein tiefes Aufstöhnen, das wir selbst kaum verstehen. Wie eine Mutter auf ihr Kind achtet, achtet Gott auf unser Schreien und hört uns aufmerksam zu.

Und er hört genauso zu, wenn wir ihn loben. Wie eine Mutter tief bewegt ist von dem Weinen ihres Kindes, ist sie voller Freude, wenn es lacht. Das Lächeln, Glucksen oder Quietschen eines Babys bereitet einer Mutter das höchste Vergnügen. Und wenn das Kind älter wird, ist es noch schöner, wenn man es sagen hört: „Du bist die beste Mama in der ganzen Welt!"

Diese Mutter mag von einem Frauenverein zur „Mutter des Jahres" gewählt oder von einem Pfadfinderstamm zur besten

Mutter des Zeltlagers ernannt werden – das alles verblaßt im Vergleich zu dem spontanen Lob ihres eigenen Sohnes.

Denken Sie da nicht auch, daß es Gott noch größeres Vergnügen macht, Ihr Lob zu hören? Wenn er auf den Klang unseres Schreiens achtet, dann ist es nur sinnvoll, daß er sich an dem Klang unseres Lobes freut.

Wie wäre es also – wollen Sie sich heute Zeit nehmen, um vor Ihrem Herrn zu stehen? Laden Sie ihn ein, in Ihrem Herzen zu lesen, die geheimen Seiten zu betrachten, die noch nie jemand umgeblättert hat. Lassen Sie ihn die Stimme Ihres Schreiens hören, alle tiefen, unaussprechlichen Ängste und Sehnsüchte. Das muß nicht mit vielen Worten oder sorgfältig formulierten Sätzen geschehen. Ihre Zeit mit dem Herrn kann einfach eine ruhige Pause im Tag sein, vielleicht sogar eine Zeit des Schweigens. Gott kennt ja Ihre Stimme. Wie eine Mutter weiß er ganz genau, was Sie brauchen, wenn Sie nach ihm rufen.

Ein Wort zum Festhalten

Machen Sie doch einmal einen Spaziergang auf der Straße Ihrer Erinnerung, und holen sie dazu ein altes Fotoalbum aus dem Schrank. Lassen Sie Ihren Blick auf jedem Schnappschuß verweilen, wie Mama, Papa, Kinder, Tanten und Cousinen sich umarmen, lächeln oder lachen. Besinnen Sie sich auf frühere Zeiten, und führen Sie sich noch einmal die bedeutungsvollsten Stunden vor Augen, die Sie mit Ihrer Familie erlebt haben – ein Picknick im Park beispielsweise, ein Fußballspiel mit der ganzen Familie, ein besonderer Jahrestag oder eine gelungene Geburtstagsfeier. Das ist ein rundherum schönes Gefühl, nicht wahr? Und jetzt übertragen Sie einmal ein paar von diesen liebevollen, herzlichen, familiären Gefühlen auf Ihre Beziehung zu Ihrem himmlischen Vater. Stellen Sie sich einen Moment lang seine Freude vor, wenn er Ihr Lob hört. Und denken Sie daran, wie umgehend er auf Ihr Schreien reagiert. Und während das Lachen und Lächeln noch in Ihren Erinnerungen zu hören ist, reden Sie mit ihm – dies Gebet wird direkt aus Ihrem Herzen kommen!

Das Seufzen des Heiligen Geistes

Gleich nach dem Gottesdienst kam eine junge Frau, die an zerebraler Lähmung leidet, mit ihrem Rollstuhl auf mich zu.

Diese Krankheit beruht auf einer Schädigung des Gehirns und äußert sich in Lähmung, Schwäche oder Verlust der Bewegungskoordination. Manchmal führt das zu unkontrollierten Bewegungen des Körpers und zu undeutlichem Sprechen. Diese Frau war nun ganz besonders schwierig zu verstehen. Sie stieß stöhnend immer wieder einen bestimmten Satz hervor, und obwohl ich sie geduldig bat, jedes Wort langsam zu wiederholen, konnte ich lange Zeit nicht herausfinden, was ihr Anliegen war. Der Ausdruck auf ihrem Gesicht gab mir keine zusätzlichen Hinweise. Ich hätte nicht sagen können, ob sie in schrecklicher Not war oder ob sie einfach nur versuchte, eine tiefgehende Erfahrung mit ihrer Mimik zu verstärken.

Doch schließlich, nach vielen vergeblichen Versuchen, konnte ich ihren Satz Stück für Stück zusammensetzen: ich sollte ihr helfen, jemanden zu finden, der mit ihr zur Toilette fahren konnte.

Es war wirklich eine einfache Bitte. Aber ich kam mir ganz hilflos vor – so unfähig, weil ich so lange brauchte, um sie zu verstehen. Als mir dann endlich dämmerte, was sie von mir wollte, bewegte ich mich, so schnell ich konnte, um ihr rasch Hilfe zu holen!

Können Sie sich vorstellen, wie schrecklich es ist, wenn man nicht einmal fähig ist, jemand anders seine einfachsten Bedürfnisse klarzumachen? Wäre es nicht sehr traurig, wenn es niemanden in der Nähe gäbe, der Ihre Worte verstehen könnte?

Und doch ist das genau die mißliche Lage, in der Sie und ich uns manchmal wiederfinden Hören Sie einmal auf die folgenden Worte des Paulus:

„Desgleichen hilft auch der Geist unsrer Schwachheit auf. Denn wir wissen nicht, was wir beten sollen, wie sich's gebührt;

sondern der Geist selbst vertritt uns mit unaussprechlichem Seufzen. Der aber die Herzen erforscht, der weiß, worauf der Sinn des Geistes gerichtet ist; denn er vertritt die Heiligen, wie es Gott gefällt" (Römer 8,26+27).

Es gibt Zeiten, da bringen wir es irgendwie nicht fertig, mit Gott zu reden, obwohl wir es gerne wollen. Unser Leiden geht zu tief. Die Angst blockiert alle unsere Gedanken. Die Verwirrung zerschlägt uns die Worte. Oder die Depression erdrückt unsere Gefühle.

Ich bin so froh, daß Gott in meinem Herzen lesen kann und versteht, was in mir vorgeht, auch wenn ich durch meine eigene Schwachheit gehindert bin und keine Worte mehr finde. Es heißt in Hebräer 4,13: „Und kein Geschöpf ist vor ihm verborgen, sondern es ist alles bloß und aufgedeckt vor den Augen Gottes, dem wir Rechenschaft geben müssen."

Worte sind nicht immer notwendig. Wenn wir so in Nöten stecken, daß wir keine Worte finden können, wenn wir nur noch zum Himmel aufsehen und im Innern tief aufstöhnen können – ist es dann nicht gut, sich zu erinnern, daß Gott genau weiß, was sich in uns abspielt? Das leiseste Flüstern unseres Herzens ist ihm bekannt. Selbst wenn ein Seufzer so schwach ist, daß wir ihn selbst nicht wahrnehmen können, hat Gott ihn doch gehört. Und er hört ihn nicht nur, sondern er versteht ihn auch – bis zu dem leisesten Zittern in unserem innersten Wesen.

Wir alle sind sicher behindert, wenn es darum geht, das Stöhnen und Seufzen unserer Mitmenschen zu verstehen. Und andere – selbst die Menschen, die uns am nächsten stehen – sind vielleicht niemals fähig, unsere tiefsten Sorgen und Sehnsüchte zu hören oder richtig zu deuten.

Aber Gott, der die Herzen erforscht, kennt und versteht uns. Der Geist Gottes wird niemals gehindert durch unsere Schwachheit und Unfähigkeit, uns in Worten zu äußern.

Unser Stöhnen, das zum Himmel gerichtet ist, redet deutlich zu Gott.

Ein Wort zum Festhalten

Sind Sie nicht auch froh, daß der Heilige Geist um Ihre unklaren Gefühle Worte wickeln kann – besonders dann, wenn Sie keine Worte mehr finden, um zu beten? Manchmal ist es eine Hilfe, die geistgewirkten Worte eines anderen Menschen aus der Heiligen Schrift nachzusprechen, wenn man betet. Ich bin sicher, daß Salomon – der nebenbei gesagt anscheinend nie um Worte verlegen war – nichts dagegen hätte, wenn er Ihnen einmal sein Gebet aus 1. Könige 8,56–61 überlassen sollte. Beziehen Sie es ganz persönlich auf sich, und machen Sie es zu Ihrem eigenen Gebet!

Wie wird der Himmel zum Zuhause?

„Und die Stadt ist viereckig angelegt, und ihre Länge ist so groß wie die Breite... Und ihr Mauerwerk war aus Jaspis und die Stadt aus reinem Gold, gleich reinem Glas. Und die Grundsteine der Mauer um die Stadt waren geschmückt mit allerlei Edelsteinen... Und die zwölf Tore waren zwölf Perlen, ein jedes Tor war aus einer einzigen Perle, und der Marktplatz der Stadt war aus reinem Gold wie durchscheinendes Glas... Und er zeigte mir einen Strom lebendigen Wassers, klar wie Kristall, der ausgeht von dem Thron Gottes und des Lammes" (Offenbarung 21,16.18.19+21; 22,1).

Wenn wir die Beschreibung des Himmels und des neuen Jerusalems in der Bibel lesen, wird uns ein unglaubliches Bild vor Augen gemalt. Vielseitig und anschaulich wird uns die Schönheit und Majestät dieses Ortes beschrieben: Straßen aus durchscheinendem Gold, Tore aus Perlen, ein Thron, von dem ein Fluß entspringt, Mauern, die aus strahlenden, farbigen, edlen Steinen gebaut sind.

Das klingt ziemlich phantastisch, nicht wahr? Die meisten von uns können sich so eine Umgebung nur sehr schwer vorstellen.

Nun, ich denke wirklich gerne an den Himmel, aber selten in solchen Bildern und mit solchen Vorstellungen. Sicher, ich weiß, daß Jesus in Johannes 14,2 gesagt hat, daß er uns vorausgeht, um uns eine Stätte zu bereiten, und jeder von uns soll dort in einer goldenen Prachtstraße eine Art Wohnung bekommen, zum Glück ohne jede Anzahlung oder Hypothek.

Wenn ich an den Himmel als mein Zuhause denke, stelle ich mir dabei kaum eine hübsche Wohnung oder glitzernde Straßen vor. Wenn der Himmel wirklich unser Wohnort ist, auf den wir uns schon lange freuen, was zieht uns dann eigentlich an diesen Ort, wenn es nicht die Tore und Kuppeln, die Türme oder glänzenden goldenen Mauern sind? Was macht überhaupt jedes Haus erst zu einem Zuhause? Doch nicht notwendigerweise seine

Form oder Größe oder Möblierung, nicht wahr? Wenn wir an unser irdisches Zuhause denken, fallen uns gewöhnlich nicht zuerst die vier Wände ein, zwischen denen wir leben. Was ein Zuhause ausmacht, ist ja nicht das Aussehen eines Hauses – es sind die Personen, die dort wohnen.

Für mich macht gerade das den Himmel so anziehend. Er ist dann nicht mehr ein Kaleidoskop von bunten Worten und Bildern, die einen Thron, umgeben von einem Regenbogen, und einen Straßenbelag von 24 Karat beschreiben. Sondern es ist ein Ort, an dem Menschen leben, und zwar wunderbare Menschen: Freunde von mir, die diese Erde verlassen haben, Verwandte, die schon lange fortgegangen sind und jetzt beim Herrn leben. Und dazu kommen noch zahllose Heilige vergangener Zeitalter wie Mose und David, Josua und Daniel, Noomi und Rut, Paulus und Petrus und auch Heilige aus unserer Zeit wie Amy Carmichael oder Corrie ten Boom – Menschen, die mein persönliches Leben mit dem Herrn bereichert haben.

Ich kann es gar nicht abwarten, ihnen allen zu begegnen. Doch ganz oben auf der langen Liste derer, denen ich begegnen werde, steht natürlich Jesus Christus selbst – und der Vater und der Heilige Geist.

Gewiß ist der Himmel ein Ort, der schon für uns vorbereitet worden ist. Aber was noch wichtiger ist: er ist ein Ort für vorbereitete Menschen, für Menschen, die nicht nur die Gemeinschaft miteinander genießen werden, sondern vor allem die Gemeinschaft mit unserem großen Schöpfer und Heiland.

Wenn Sie es ein bißchen schwierig finden, Sehnsucht nach diesen himmlischen Wohnungen und schimmernden Aussichten aufzubringen, dann richten Sie Ihren Blick darauf, daß der Himmel nicht nur ein Ort ist. Sehen Sie ihn vielmehr als ein Zuhause an – ein Zuhause für Menschen wie Sie, die den Herrn Jesus liebhaben.

Ein Wort zum Festhalten

Gehören Sie zu diesen „vorbereiteten Leuten“? Nöte und Kummer hier auf der Erde bereiten uns in ihrer Art auf die Begegnung mit Gott vor, die im Himmel auf uns wartet. Wenn wir dann Jesus von Angesicht zu Angesicht sehen werden, haben uns unsere Nöte wenigstens einen winzigen Geschmack von dem gegeben, was er durchgemacht hat, um unsere Erlösung zu erkaufen. Und das werden wir dann um so mehr zu schätzen wissen. Welchen Beweis Ihrer Liebe und Treue könnten Sie schließlich bringen, wenn Sie in diesem Leben keine einzige Wunde und Schramme hinnehmen müßten? Wie könnten Sie dann die durchbohrten Hände achten, mit denen Jesus Sie begrüßen wird? Bereiten Sie sich heute ein Stück weiter vor, indem Sie ein paar ruhige Augenblicke allein mit Kolosser 3,1–4 verbringen.

Beten im Namen Jesu

Behinderte Menschen sind in Glaubensdingen oft ratlos, und ich kann sie deswegen nicht tadeln.

Ein Pfarrer sagt ihnen beispielsweise, daß sie die Glaubensheilung „für sich in Anspruch nehmen“ sollen. Ein anderer ist überzeugt davon, daß eine göttliche Heilung nur dann geschehen wird, wenn Gott sie für angemessen hält. Dann gibt es noch Predigten auf Kassetten, die von der „Heilung der Gefühle“ sprechen, und Artikel in christlichen Zeitschriften, die eine „geistliche Heilung“ beschreiben. Da ist es wirklich kein Wunder, daß Behinderte oft nicht mehr wissen, woran sie sind.

Eine große Auswahl an theologischen „Lösungen“ für Otto Normalverbraucher zum Thema Heilung bieten bei uns Bücher, Seminare, Tonbänder und christliche Fernseh- und Radioprogramme. Deshalb ist die Post, die wir bei „Joni and Friends“ täglich bekommen, randvoll mit Fragen, Verwirrung oder echter Frustration.

Ich wollte einmal selbst hören, was da erzählt wird, und deshalb stellte ich letzte Woche am Sonntagabend den Fernseher an. Tatsächlich, der Geistliche, der am Mikrofon stand, erklärte eindringlich: Gott will, daß es uns gutgeht und daß wir gesund sind, und deswegen kann und muß es uns auch gutgehen.

Ich wünschte mir nur, dieser Fernsehprediger würde einmal einen Besuch in unserem Büro machen, ein paar Stunden ruhig sitzenbleiben und nur einige Briefe der behinderten Menschen lesen, die seine Sendungen gesehen haben. Nach jahrelangem treuen Beten erleidet bei diesen Leuten der Glaube beinahe völlig Schiffbruch, wenn sie angesichts ihrer Probleme das pausenlose Reden von Wohlstand und Gesundheit hören.

Sie können sich sicher vorstellen, wie brennend interessiert ich kurz nach meinem Unfall war, alles zu erfahren, was die Bibel über Heilung zu sagen hatte. Ich wollte doch unbedingt wieder aus meinem Rollstuhl heraus!

Als ich mich in die Heilige Schrift vertiefte, war ich sehr beeindruckt von der Art und Weise, wie Jesus seine Heilungen vollbrachte. Offenbar ging er nie an jemandem vorbei. Er zeigte seine Sorge und sein Mitgefühl für die Leidenden, indem er den Blinden die Augen und den Tauben die Ohren öffnete – und indem er sogar die Gelähmten wieder aufrichtete.

Ich war auch verblüfft, wie viele Bibelstellen es gibt, die darauf hinweisen, daß ich Gott um alles bitten durfte. Wenn es nur im Bereich von seinem Willen lag, dann würde Jesus es auch erfüllen. So zog ich also daraus den Schluß: wenn Jesus damals Kranke geheilt hat, dann will er auch mich gesund machen und aufrichten. Warum sollte er es auch nicht wollen? Warum sollte die Heilung eines leidenden jungen Mädchens nicht vollkommen mit dem Willen Gottes übereinstimmen?

Ich klammerte mich mit aller Macht an Johannes 16,23+24:

„Wahrlich, wahrlich, ich sage euch: Wenn ihr den Vater um etwas bitten werdet in meinem Namen, wird er's euch geben. Bisher habt ihr um nichts gebeten in meinem Namen. Bittet, so werdet ihr nehmen, daß eure Freude vollkommen sei."

Nun gut, also bat ich. Um die lange Geschichte kurz zu machen: ich wurde nicht geheilt. Jedenfalls nicht so, wie ich es mir gewünscht hatte. Erst Jahre später fing ich an, mehr davon zu erkennen, was ein Vers wie Johannes 16,23 alles bedeuten könnte.

Was heißt es eigentlich, im Namen Jesu zu beten? Ich habe mittlerweile verstanden, daß es bedeutet, auf eine Art und Weise zu beten, die unter anderem mit dem Charakter Jesu und seinem Leben übereinstimmt.

Wenn Sie darüber nachdenken, werden Sie feststellen, daß das Leben Jesu ein gutes Beispiel für die Gebetsanliegen ist, die wir bei unserem Beten vorbringen sollen.

Jesus Christus war nicht besonders gut angesehen, er wurde sogar verspottet und verleumdet. Aber wir möchten lieber davon ausgehen, daß ein tadelloser und gepflegter Ruf offenbar Gottes Wille für uns ist.

Jesus hatte nie ein wirkliches Zuhause, keinen Ort, wo er sein Haupt hinlegen konnte. Aber wir sind überzeugt, daß es Gottes

Wille ist, daß wir das schöne neue Haus unten in der Straße bekommen.

Jesus war ein Mann der Schmerzen, vertraut mit Kummer. Aber es gab eine Zeit in meinem Leben, in der ich dachte, daß Worte wie „Leiden“ und „Enttäuschung“ absolut nicht zum christlichen Wortschatz gehören dürften.

Verstehen Sie, was ich sagen will? Wenn wir im Namen Jesu beten, dann sollten wir ebenso erwarten, Eigenschaften zu bekommen, die mit diesem Namen, mit diesem Charakter übereinstimmen. Zum Beispiel Geduld und Selbstbeherrschung und Gewißheit. Wir beten vielleicht um finanziellen Wohlstand, eine neue berufliche Karriere, Erfolg beim anderen Geschlecht oder um körperliche Heilung, aber Gott hat für uns noch etwas Kostbares ausgesucht, etwas, das auf seinen Namen und seinen Charakter direkter hinweist.

Zum Beispiel seine Gegenwart, seine Perspektive der Dinge, sein Durchhaltevermögen, seinen tiefen und dauerhaften Frieden auch mitten in Aufruhr und Schmerzen und Einsamkeit und Enttäuschung.

Ob Gott uns Gesundheit und einen guten Ruf schenkt, Freunde, die sich nicht hinter unserem Rücken gegen uns wenden, eine neue Arbeitsstelle, einen Ehepartner? Vielleicht. Aber auch dann wird er uns genau das schenken, was Johannes 16,24 uns verspricht: Freude. Die Freude darüber, daß wir vollkommen genug haben – ganz gleich, wie unsere Lebensumstände aussehen!

Ein Wort zum Festhalten

Kennen wir wirklich die Macht, die hinter den kostbaren Worten „im Namen Jesu“ steht? Verstehen wir, daß wir ungehinderten Zugang zum Vater haben? Als der Herr seine Jünger eingeladen hat, in seinem Namen vor den Vater zu treten, sprach er von einer ganz neuen Beziehung zwischen dem Gläubigen und Gott. Vorher mußten Männer und Frauen sich Gott durch die Vermittlung der Priester nähern – mit Vorsicht und großer Furcht.

Aber seit der Auferstehung Jesu können alle Gläubigen persönlich mit Gott reden, ganz direkt und wann immer sie wollen!

Damit Sie sich deutlicher vorstellen können, was es bedeutet, „im Namen Jesu“ zu Gott zu kommen, sehen Sie sich doch einmal Hebräer 10,19–23 an. Und wenn Sie heute abend nach Ihrem Nachtgebet den Kopf aufs Kissen legen, nehmen Sie sich noch einen Augenblick Zeit, um über den herrlichen Zugang nachzudenken, den Sie zum himmlischen Vater haben.

Gedanken an einer Quelle

Als ich noch klein war und auf unserer Farm lebte, war einer meiner Lieblingsplätze der Teich unten bei der Viehweide und der großen Scheune. Der war voll von Kaulquappen und Flußkrebsen und allem möglichen, was für ein abenteuerlustiges kleines Mädchen an einem heißen Sommernachmittag anziehend ist.

Als Kind fragte ich mich, woher eigentlich das Wasser kam. Ich ging rund um das Ufer, aber ich konnte nirgendwo einen Bach entdecken, der hineinplätscherte, auch kein Rohr und erst recht keinen Wasserfall. Wie nur gelangte das kühle und klare Wasser in den Teich?

Mein Vater versuchte geduldig, mir zu erklären, daß der Teich durch eine Quelle gespeist wurde – durch Wasser, das tief unten aus der Erde kam. Diese Quelle, so sagte er, sprudelte von unten hinein und füllte den kleinen Teich.

Für mich war das alles ein großes Geheimnis. Aber ich war mit der Antwort zufrieden und spielte weiter mit Fröschen und Krebsen.

Ich kann gar nicht sagen, wie oft ich mich im Laufe der Jahre an diese kleine Quelle erinnert habe, besonders, wenn ich über den Heiligen Geist nachdachte.

Lassen Sie mich das ein wenig näher erklären: Wir alle haben schon gehört, daß man uns sagte, wir sollten uns „mit dem Heiligen Geist erfüllen lassen". Das ist eine biblisch begründete Aufforderung. In Epheser 5,18 heißt es: „Und sauft euch nicht voll Wein, woraus ein unordentliches Wesen folgt, sondern laßt euch vom Geist erfüllen."

Was für ein Bild ruft das in Ihrer Phantasie hervor? Viele von uns stellen sich vor, daß der Geist von außen in unser Leben hineingegossen wird – so, als ob wir hohle Schaufensterpuppen wären, bei denen das Motto gilt: Herr, schraub den Deckel auf unserem Kopf ab und fülle uns von den Zehen bis zum Scheitel mit deinem Geist!

Denken wir uns, daß der Geist Gottes in einer riesigen Kanne herumgetragen wird und daß der Herr ihn bereitwillig ausschenkt, wenn wir darum bitten?

Diese Gedanken erinnern mich daran, wie ratlos ich damals den Teich auf unserer Farm betrachtete. Ich suchte überall nach einem Bach, der hineinfloß – nach einer Quelle von außen. Doch wenn die Bibel davon spricht, daß wir mit dem Geist Gottes erfüllt werden sollen, ist so eine Vorstellung nicht angebracht. Es ist treffender, dabei an eine verborgene Quelle zu denken. Wenn wir Gott gehorchen und unser Leben ihm überlassen, wenn wir alle eigensüchtigen Wünsche ausräumen, ist der Geist Gottes wie eine Quelle, die in uns hervorsprudelt – tief aus unserer Seele heraus. Die Quelle des Geistes füllt uns, und dann sind wir erfüllt und zufrieden. Im Johannesevangelium heißt es:

„Wer an mich glaubt, wie die Schrift sagt, von dessen Leib werden Ströme lebendigen Wassers fließen. Das sagte er [Jesus] aber von dem Geist, den die empfangen sollten, die an ihn glaubten" (Johannes 7,38+39).

Wenn mein Vater damals eine größere Vertiefung für den Teich ausgehoben hätte, hätte die kleine Quelle auch die gefüllt. Das kann Ihnen und mir einen guten Rat erteilen. Denn wenn wir von unserem Eigenen noch leerer würden, wenn wir noch mehr von dem losließen, was vermeintlich unser gutes Recht ist, den Unrat von eingefahrenen Sünden ausräumten und uns noch mehr vor dem Herrn demütigten, dann wäre auch unser Fassungsvermögen für den Geist Gottes größer. Dann könnte er uns noch mehr erfüllen.

Und wenn unser Leben überschwappt von diesem kühlen, immer frischen Springbrunnen in uns, dann wird es viel Erfrischung für die durstigen Seelen der Menschen geben, die um uns herum leben.

Ein Wort zum Festhalten

Die Worte, die Jesus in Johannes 7,38+39 gebraucht, sind fast erschreckend. Was liegt alles in dem Ausdruck „Ströme lebendigen Wassers“? Was bedeutet das für das geistliche Leben, das aus uns hervorströmen soll? Wie würden Sie beschreiben, was aus Ihnen herausfließt? Ist es ein Strom oder ein Rinnsal? Verbringen Sie heute Zeit mit Ihrem Herrn, um alle Hindernisse und allen Müll auszuräumen, die die Quelle möglicherweise daran hindern, frei in Ihnen hochzusprudeln.

Das Loch im Eimer

Als wir noch Kinder waren, haben meine Schwestern und ich in der Landwirtschaft kräftig mitgeholfen. Dazu gehörte auch, sich mit um die Aufzucht von Kälbern zu kümmern. Ach, waren die süß! Ich streichelte so gerne das seidige, lockige Fell zwischen ihren Ohren. Es fühlte sich lustig an, wenn mich ein Kalb mit seiner weichen Schnauze anstupste. Und seine Zunge war wie warmes, feuchtes Sandpapier.

Es war Arbeit, sie zu füttern, aber wir lachten auch viel dabei. Meine Schwester hatte ein Rezept für eine Milchfuttermischung, die sie anrühren und dann in einen Eimer gießen mußte. Der hatte am Boden einen großen Sauger, an dem das Kalb dann trank.

Ich weiß noch, wie ich einmal keinen Eimer finden konnte außer einem alten, der ein kleines Loch am Boden hatte. Das Kalb schrie nach seinem Abendessen, und es war einfach kein anderer Eimer aufzutreiben. Es war auch niemand in der Nähe, der schnell in den Wagen springen und zum nächsten Futtermittelladen fahren konnte, um einen neuen zu kaufen. Ich sah dem Kälbchen ins kummervolle Gesicht und entschloß mich, dann eben doch den Eimer mit dem Leck zu nehmen.

Zuerst einmal rührte ich eine ganze Menge mehr Futtermischung an als sonst. Dann goß ich die übliche Menge in den löchrigen Eimer. Das kleine Kalb machte sich gierig ans Trinken, und während es nuckelte, goß ich immer so viel nach, wenn nicht noch mehr, wie ich unten aus dem Boden herauströpfeln sah. So kam das Kalb doch zu seiner Mahlzeit, jedenfalls so lange, wie ich die Mischung schneller hineingoß als sie unten herauslief.

Das alles fiel mir neulich wieder ein, als ich einen Pfarrer über die Erfüllung mit dem Heiligen Geist reden hörte. Er sprach von der Mutlosigkeit vieler Christen, die in seine Seelsorge kommen. Es sind Gläubige, die merken, wie sie an einem Tag mit dem Heiligen Geist erfüllt sind und sich doch am nächsten innerlich schon wieder ganz leer fühlen. Dann sind sie enttäuscht und werden es irgendwann einmal leid, immer von neuem erfüllt und wieder ausgelaugt zu werden.

Diese Christen, so dachte ich, sind genau wie löchrige Eimer. Willkommen in diesem Verein! Denn wir alle sind wie Eimer mit Löchern – einfach, weil wir Menschen sind. Und dieser Kreislauf, ausgeleert und wieder gefüllt zu werden, kann sehr ermüdend sein, wenn wir versuchen, allein damit fertig zu werden.

Und was ist die Lösung? Ganz einfach: Sorgen Sie dafür, daß Sie einen Menschen (oder vielleicht besser viele Menschen) haben, der seine Liebe und seinen Rat und seine Gebete in Sie hineingibt – und zwar schneller, als diese geistliche Nahrung wieder aus Ihnen hinausläuft.

Gemeinschaft, das ist die Lösung. Wir brauchen Brüder und Schwestern, die sich nach uns erkundigen, die mit uns im Wort lesen und mit uns lernen, an denen wir uns schleifen und wetzen und die uns auf dem rechten Weg halten – unvollkommene, „lecke" Christen, die für uns beten. So, wie wir für sie beten.

Ganz gewiß, Sie werden weiter auslaufen, Sie werden viel von dem Eifer und der Glut und der Begeisterung verlieren, während Sie Ihren Weg durchs Leben gehen. Es tut mir leid, aber auf dieser irdischen Welt wird das unvermeidlich so bleiben. Sorgen Sie nur dafür, daß Sie Teil einer Gemeinschaft sind, in der Sie schneller aufgefüllt werden, als Sie leerlaufen. Dabei könnten Sie sogar feststellen, daß Ihr löchriger Eimer überfließt – in die leeren Eimer um Sie herum.

Ein Wort zum Festhalten

Jemand hat einmal gesagt: „Kein Mensch ist eine Insel, die in sich selbst vollständig ist; jeder Mensch ist ein Stück des Kontinents, ein Teil des Ganzen." Es tut gut, mit anderen Gläubigen verbunden zu sein, nicht wahr? Denken Sie an die viele Hilfe, die Sie in der Gemeinschaft mit anderen Christen schon empfangen haben. Aber vergessen Sie dabei nicht: Sie sollen auch anderen zur Hilfe sein. Nehmen Sie die Anweisung von Römer 15,1–7 in sich auf. Und fassen Sie neu den Entschluß, Ihre Liebe, Ihren Rat und Ihre Gebete in das Leben eines Mitchristen zu gießen, der in diesem Kreislauf des Aufgefülltwerdens und Leerlaufens gefangen ist.

Die bessere Freude

„Danach setzte der Herr weitere zweiundsiebzig Jünger ein und sandte sie je zwei und zwei vor sich her in alle Städte und Orte, wohin er gehen wollte... Die Zweiundsiebzig aber kamen zurück voll Freude und sprachen: Herr, auch die bösen Geister sind uns untertan in deinem Namen" (Lukas 10,1+17).

Wenn das kein Auftrieb im Glauben war! Es waren die aufregendsten Tage, die diese Jünger je erlebt hatten. Vor ein paar Monaten noch waren sie ganz normale Arbeiter gewesen, hatten ihre Karte in die Stechuhr geschoben, hatten Butterbrote für die Mittagspause dabeigehabt und waren mit der Monatskarte zur Schicht gefahren. Aber jetzt waren sie jemand ganz anderes, jetzt waren sie Gesandte des Königreiches Gottes! Glaubensautorität kam ihnen aus allen Poren. Es war eine berauschende Erfahrung, um es noch gelinde auszudrücken.

„Herr, du wirst es nicht glauben!" jubelten sie. „Sogar die bösen Geister sind gewichen, wenn wir in deinem Namen gesprochen haben! Es war einfach toll!"

Jesu Jünger zu sein war höchst interessant! Sie erlebten Gebetserhörungen. Sie sahen, wie Menschen in das Reich Gottes hineinströmten. Sie predigten ohne Furcht, beteten mit Hingabe und freuten sich an einer Kameradschaft, die sie vorher nie gekannt hatten. Es war, als ob man auf einer phantastisch schönen Wochenendfreizeit ist. Alles, aber auch wirklich alles gelang, sogar über das Wirken der Dämonen hatten sie Macht.

Verständlicherweise freute sich Jesus mit ihnen, auch über ihr neugefundenes Hochgefühl. Er reagierte mit echter Begeisterung auf ihre Erfolge im Dienst. In Lukas 10,21 heißt es, daß er sich „im heiligen Geist freute". Er sprach ein spontanes Gebet, dankte seinem Vater und lobte ihn dafür, daß diese Männer das Leben, so wie es eigentlich sein sollte, so deutlich geschmeckt hatten.

Doch gleichzeitig – und ohne ihre Hochstimmung zu dämpfen – verschob der Herr sanft den Mittelpunkt ihres Denkens und Fühlens.

„Er sprach aber zu ihnen: Ich sah den Satan vom Himmel fallen wie einen Blitz. Seht, ich habe euch Macht gegeben zu treten auf Schlangen und Skorpione, und Macht über alle Gewalt des Feindes; und nichts wird euch schaden. Doch darüber freut euch nicht, daß euch die Geister untertan sind. Freut euch aber, daß eure Namen im Himmel geschrieben sind" (Lukas 10,18–20).

Können Sie mit diesen zweiundsiebzig begeisterten Missionaren mitfühlen? Vielleicht sind Sie selbst schon in einer ähnlichen Situation gewesen.

„Das war vielleicht eine tolle Freizeit!" sagen Sie zu Ihren Freunden. Sie sind vielleicht eine Woche lang mit einer Gruppe von ganz außergewöhnlichen Christen zusammengewesen und haben eine großartige Gemeinschaft erlebt. Sie haben die Unterweisung eines erstklassigen christlichen Lehrers gehört und sind als ein völlig veränderter Mensch nach Hause gekommen. Jetzt stecken Sie wirklich bis oben hin voller Freude! Und diese Freude hält tagelang, möglicherweise sogar wochenlang an. Ihre Gebete haben mehr Kraft, Sie beten für konkretere Anliegen und mit mehr Zutrauen und Glauben. Ja, Sie erzählen sogar anderen Menschen mutig und ohne Furcht von Jesus Christus. Mit einem Wort, Sie sind einfach begeistert!

Haben Sie das schon einmal erlebt? Können Sie sich noch an dieses Gefühl der geistlichen Hochstimmung erinnern? Dann haben Sie bestimmt auch gedacht: „Ach, wenn es doch immer so sein könnte! Wenn wir diesen Prediger auch einmal in unserer Gemeinde hätten! Wenn wir diese Art von Gemeinschaft und Gebet und Begeisterung auch an ganz normalen Tagen erleben könnten! Warum muß das alles aufhören?"

Mir scheint, der Herr würde unsere Gedanken dann auch gerne auf einen anderen Punkt lenken, so wie er es damals bei seinen Jüngern an dem freudevollen Tag ihrer Rückkehr getan hat. Machen Sie Ihre Freude nicht abhängig von einer Menge geistlicher Aktivitäten, von Höhepunkten und Stimmungen! Lassen Sie nicht zu, daß bei Ihnen nur dann Freude und Zufriedenheit aufkommen, wenn sie gerade durch einen himmlischen

Blitzschlag erleuchtet worden sind oder einen sonnendurchfluteten Augenblick der Nähe zum Herrn erlebt haben.

Gott möchte, daß unsere Freude auf der einfachen Tatsache beruht, daß unsere Namen im Himmel aufgeschrieben sind. Es gibt keine Freude, die mit der über unsere Erlösung vergleichbar wäre! „Gib mir wieder die Freude an deinem Heil" (Psalm 51,14; Schlachter-Übersetzung) bittet David, nachdem er Gott um Vergebung gebeten hat und wieder mit ihm im reinen ist.

Wenn Jesus Christus Ihr Heiland und Herr ist, dann gibt es im Buch des Lebens tatsächlich einen Eintrag mit Ihrem Namen!

Und wenn das nicht ausreicht, daß Sie einen lauten Freudenschrei ausstoßen, dann sollten Sie besser einmal die Tür Ihres Gebetskämmerleins hinter sich zuziehen und herausfinden, woran das liegt.

Ein Wort zum Festhalten

Werfen Sie einen Blick in Ihr Adreßbuch. Da stehen vielleicht groß eingekreiste Namen von Menschen, die in Ihrem Leben eine besondere Rolle spielen. Und dann sehen Sie sich einmal die Namen an, die Sie durchgestrichen haben. Haben Sie eine Ahnung, wo diese Leute jetzt sind oder wie es ihnen geht?

Sind Sie nicht auch froh darüber, daß das Buch des Lebens Ihrem Adreßbuch eben nicht ähnlich sieht und es darin keine durchgestrichenen und verschmierten Namen gibt? Wollen Sie mehr über dieses Buch wissen, in dem – wenn Sie an Jesus Christus glauben – auch Ihr Name steht? Schlagen Sie Offenbarung 20,11–15 auf, und dann loben Sie Gott in Ihrem Herzen dafür, daß er unauslöschliche Tinte verwendet! Haben Sie daran Zweifel? Dann lesen Sie Offenbarung 3,5, um wieder ganz gewiß zu werden.

Alle gute Gabe

Haben Sie sich schon einmal mit einem Bleistift und einem Schreibblock hingesetzt und all die guten Gaben aufgelistet, mit denen Gott Sie beschenkt und gesegnet hat? Vielleicht sind Sie bis zu Punkt 20 gekommen und haben gedacht, jetzt wären Sie fertig. Schließlich mußten Sie Ihr Gedächtnis schon ganz schön anstrengen, um so viele konkrete Punkte zu finden.

Aber es gibt noch mehr. Soviel mehr, daß wir es uns gar nicht vorstellen können! Wenn wir die volle Aussage eines Bibelverses wie Jakobus 1,17 auf uns wirken lassen, werden unsere alten Vorstellungen von Gottes Segen total über den Haufen geworfen. Dann können wir erleben, daß sich die Liste unserer Segensgeschenke bis weit über den Horizont erstreckt. Denn:

„Alle gute Gabe und alle vollkommene Gabe kommt von oben herab, von dem Vater des Lichts, bei dem keine Veränderung ist noch Wechsel des Lichts und der Finsternis."

Denken Sie nur einmal darüber nach! Jakobus sagt, daß alles Schöne, was Sie jemals in dieser Welt erlebt haben, ein Geschenk von Gott ist. Damit wir uns richtig verstehen: Ich meine damit wahrhaft Schönes und Gutes, nichts Sündhaftes.

Können Sie sich an Abende erinnern, wo Sie mit Ihren Freunden zusammengesessen haben und viel Spaß miteinander hatten? Wissen Sie noch, worüber Sie so lachen mußten?

Und können Sie sich erinnern, wie es war, als Sie das erste Mal mit einem Jungen beziehungsweise einem Mädchen ausgegangen sind? Das heißt, vielleicht möchten Sie diese allererste Verabredung lieber vergessen. Dann denken Sie vielleicht an das fünfte Treffen, bei dem Sie sich schon ein bißchen zwangloser unterhalten konnten.

Wissen Sie noch, wie Sie zum ersten Mal beim Monopoly-Spiel gewonnen haben?

Oder vielleicht denken Sie gerne an einen Spaziergang mit einem kleinen Kind zurück, das Sie sehr gern hat. Oder an einen gemütlichen Abend mit Ihrer ganzen Familie am Lagerfeuer.

Können Sie sich vielleicht auch an ein besonderes Musikstück erinnern, das Sie geradewegs ins Herz traf, so daß Ihnen ein Schauer über den Rücken lief und Ihnen die Tränen in die Augen traten?

Mit diesen Worten im Jakobusbrief sagt die Bibel aus, daß Ihr himmlischer Vater der eigentliche Ursprung jedes freudigen Lächelns ist, das jemals über Ihr Gesicht gehuscht ist.

Und wie ist es mit dem guten, köstlichen Essen, mit dem Gott uns versorgt? Mögen Sie gerne frische Pellkartoffeln mit Butter und Salz? Oder vielleicht ein gutes Stück Braten mit einer kräftigen Soße und verschiedenen Gemüsen? Gott hätte uns die notwendige Ernährung auch in Form von langweiligen Tabletten geben können. Aber nein, er hat es so eingerichtet, daß unser Essen einen leckeren Geruch und Geschmack hat.

Und dann die Farben! Der Schöpfer hätte die Welt nicht unbedingt in vielen bunten Farben schaffen müssen. Er hätte alles in Mausgrau kleiden können. Denken Sie nur an die wunderschönen Sonnenuntergänge. Es gibt jede Minute einen, über die ganze Welt verteilt. Stellen Sie sich das herrlich junge Grün des Grases im Frühling vor oder das leuchtende Rosa einer Hyazinthe oder das Violett eines Krokus. In der Zeitung habe ich einen Artikel über einen Mann in den mittleren Jahren gelesen, der nach einem Leben in völliger Blindheit sein Augenlicht geschenkt bekam. Er war von Staunen und Ehrfurcht gepackt und soll gesagt haben: „Ich habe mir nie vorstellen können, daß das Gelb wirklich so gelb sein könnte."

Unser Gott ist der Gott der Sonnenuntergänge, der heißen Pellkartoffeln, der zarten Rosenknospen, des sanften Frühlingsregens, der Weihnachtsgans, der herzlichen Umarmungen, der frisch gewaschenen Handtücher, des Eiskaffees an einem heißen Sommertag und des fröhlichen Kinderlachens.

Alles, was gut ist, kommt von unserem himmlischen Vater – jedes dieser guten Dinge. Und mehr noch: Dies alles sind Geschenke aus seiner Hand, Geschenke, die wir aus dankbarem Herzen annehmen sollen. David hat geschrieben: „Aber wie schwer sind für mich, Gott, deine Gedanken! Wie ist ihre Summe so groß! Wollte ich sie zählen, so wären sie mehr als der Sand" (Psalm 139,17+18).

Doch allzuoft reservieren Sie und ich unsere Strichliste für die schlechten und entmutigenden Dinge. Wir legen in unseren Gedanken eine penibel geführte Akte an, auf der wir verzeichnen, wann wir enttäuscht, in Verlegenheit gebracht, ausgenutzt, erniedrigt oder beleidigt worden sind. Und bald merken wir, daß wir gereizt sind und uns ständig beklagen – an der Gurgel gepackt von einer undankbaren Grundhaltung.

Selbst wenn unser eigener Schmerz nach unserer ungeteilten Aufmerksamkeit schreit, will Gott, daß wir mit einem Herzen voll Dankbarkeit zu ihm kommen – dankbar für all die guten Dinge in diesem Leben, von der Freude einer guten Freundschaft, in der Jesus im Mittelpunkt steht, bis hin zu dem ersten Lecken an einem köstlichen Pistazieneishörnchen.

Alle gute Gabe kommt von demselben Geber.

Ein Wort zum Festhalten

„Alle gute Gabe kommt her von Gott dem Herrn,
drum dankt ihm, dankt, drum dankt ihm,
dankt, und hofft auf ihn!"

Den Kehrreim dieses Erntedankliedes haben Sie sicher schon öfter gesungen oder gehört, vielleicht bei festlichen Gottesdiensten in einer Landgemeinde. Wissen Sie noch, wie die Melodie geht? Vielleicht haben Sie schon eine ganze Weile nicht mehr an dieses Lied gedacht, aber jetzt ist der Moment, wo Sie es wieder einmal singen sollten. Singen Sie es mit Hingabe und Freude! Schließlich haben wir so viele gute Gaben, für die wir Gott danken können!

„Wir pflügen und wir streuen den Samen auf das Land,
doch Wachstum und Gedeihen steht in des Himmels Hand:
der tut mit leisem Wehen sich mild und heimlich auf

und träuft, wenn wir heimgehen, Wuchs und Gedeihen drauf.
Alle gute Gabe kommt her von Gott dem Herrn,
drum dankt ihm, dankt, drum dankt ihm,
dankt und hofft auf ihn.

Was nah ist und was ferne, von Gott kommt alles her,
der Strohhalm und die Sterne, das Sandkorn und das Meer.
Von ihm sind Büsch und Blätter und Korn
und Obst, von ihm
das schöne Frühlingswetter und Schnee und Ungestüm.
Alle gute Gabe kommt her von Gott dem Herrn,
drum dankt ihm, dankt, drum dankt ihm,
dankt und hofft auf ihn.

Er läßt die Sonn aufgehen, er stellt des Mondes Lauf;
er läßt die Winde wehen und tut die Wolken auf.
Er schenkt uns so viel Freude, er macht uns frisch und rot;
er gibt den Kühen Weide und seinen Kindern Brot.
Alle gute Gabe kommt her von Gott dem Herrn,
drum dankt ihm, dankt, drum dankt ihm,
dankt und hofft auf ihn.“

Verteidigung in vorderster Front

Nach menschlichen Aussichten hätte das Volk Gottes diese Schlacht niemals gewonnen.

Alles stand nämlich gegen den König Joschafat und seine spärlichen Truppen: mehrere feindliche militärische Mächte aus den Nachbarländern hatten sich verbündet und waren fest entschlossen, die kleine Nation Juda aus der Landkarte auszuradieren.

Und als Joschafat die schlimme Nachricht bekam, daß von jenseits des Salzmeers eine riesige Armee gegen ihn aufmarschierte, konnte er nicht viel dagegen unternehmen. Die furchterregende Streitmacht war nur noch knapp 50 Kilometer von den Toren Jerusalems entfernt.

Der erschrockene König besah sich, was ihm jetzt noch zur Verfügung stand. Es war recht dürftig: er hatte keine Strategie, keine Streitwagen, keine Verteidigung, keine Verbündeten, keine Zeit und keine Armee, die es wert gewesen wäre, daß man stolz davon nach Hause schreibt.

Aber ob er es nun wußte oder nicht – er hatte eine Geheimwaffe:

„Joschafat aber fürchtete sich und richtete sein Angesicht darauf, den HERRN zu suchen; und er ließ in ganz Juda ein Fasten ausrufen. Und Juda kam zusammen, den HERRN zu suchen; auch aus allen Städten Judas kamen sie, den HERRN zu suchen... Und ganz Juda stand vor dem HERRN mit seinen Alten, Frauen und Kindern" (2. Chronik 20,3+4+13).

Der König schüttete vor Gott und vor dem ganzen Volk sein Herz aus. Er machte ihnen nichts vor, er tat nicht etwa so, als hätte er alles im Griff. Er rasselte auch nicht mit dem Säbel und hielt keine zündende patriotische Rede. Er betete nur; so, als ob sein Leben davon abhinge – und das tat es ja wirklich.

„HERR, du Gott unserer Väter, bist du nicht Gott im Himmel und Herrscher über alle Königreiche der Heiden? Und in deiner Hand ist Kraft und Macht, und es ist niemand, der dir zu widerstehen vermag... Unser Gott, willst du sie nicht richten? Denn in uns ist keine Kraft gegen dies große Heer, das gegen uns kommt. Wir wissen nicht, was wir tun sollen, sondern unsere Augen sehen nach dir" (2. Chronik 20, 6+12).

Der Feind war in der Überzahl und marschierte entschlossen voran, aber Joschafats einzige Waffe war sein Glaube an die Botschaft eines Propheten:

„Ihr sollt euch nicht fürchten und nicht verzagen vor diesem großen Heer; denn nicht ihr kämpft, sondern Gott... nicht ihr werdet dabei kämpfen; tretet nur hin und steht und seht die Hilfe des HERRN, der mit euch ist, Juda und Jerusalem" (2. Chronik 20,15+17).

Es sollte ganz und gar keine gewöhnliche Schlacht werden. Und deswegen tat der König noch nicht einmal so, als ob er dem üblichen militärischen Vorgehen folgen wollte.

„Und er beriet sich mit dem Volk und bestellte Sänger für den HERRN, daß sie in heiligem Schmuck Loblieder sängen und vor den Kriegsleuten herzögen und sprächen: Danket dem HERRN; denn seine Barmherzigkeit währet ewiglich" (2. Chronik 20,21).

Wenn das keine außergewöhnliche Kriegswaffe war! Wer hat sich wohl jemals dazu entschlossen, einen Chor ganz vorne vor eine Armee zu stellen? Harfen und Zimbeln statt Panzer und Artillerie führen die Infanterie an! Wie sollte so etwas bloß gutgehen? Aber es funktionierte:

„Und als sie anfingen mit Danken und Loben, ließ der HERR einen Hinterhalt kommen über die Ammoniter und Moabiter und die vom Gebirge Seïr, die gegen Juda ausgezogen waren, und sie wurden geschlagen... Als aber Juda an den Ort kam, wo man in die Wüste sehen kann, und sie sich gegen das Heer wenden wollten, siehe, da lagen nur Leichname auf der Erde; keiner war entronnen" (2. Chronik 20,22+24).

Nun ist diese wunderbare Geschichte mehr als nur ein historisches Ereignis. Sie hat eine Bedeutung für Sie und für mich, auch heute noch. Wir sind wie Joschafat von einer Menge von Feinden umgeben. Es sind die Heere Satans, und sie sind gut ausgebildet, hervorragend ausgerüstet und wahre Experten, wenn es darum geht, Gläubige anzugreifen. Und wer von uns kann schon aus eigener Kraft und mit eigenen mageren Reserven diesen feurigen Pfeilen widerstehen? Wie sollen wir einer so überwältigenden feindlichen Übermacht begegnen?

Fragen Sie Joschafat. Er würde Ihnen sagen, daß die Antwort heißt „Loben und Preisen". Das hassen die Dämonen, und Christen, die sich nur dem Namen nach so nennen, werden ärgerlich darüber. Aber Sie und ich, wir müssen lernen, Gott so zu loben, daß unser Feind völlig in die Flucht geschlagen wird. Wenn wir uns dem geistlichen Kampf stellen (was nebenbei gesagt jeden Tag passiert), dann haben wir in Jesus Christus die Kraftquellen dafür, daß wir unseren Feind gänzlich durcheinanderbringen können: durch unser Lob.

Das ist für mich eine sehr schwierige Lektion, die ich immer wieder neu lernen muß. Denn wenn die Dinge in meinem Leben durcheinandergeraten, ist es meine zweite Natur, irgend etwas zu tun, um dem abzuhelfen – die Dinge in Ordnung zu bringen oder das Problem zu lösen. Ich möchte Listen aufstellen, mir Ziele setzen, mich beraten lassen, einkaufen gehen, den Kühlschrank plündern, ein Buch zu diesem Thema lesen oder mit anderen ausführlich darüber reden. Voll beschäftigt zu sein erscheint mir als angemessene Verteidigung, wenn man in vorderster Front gegen die Angriffe des Teufels steht.

Aber Gott loben? Was können Worte schon bewirken? Wie sollen sie genug Macht haben, die Pläne eines grimmig entschlossenen Feindes zu vereiteln? Werden meine Feinde – beispielsweise Mutlosigkeit und Verzweiflung – nicht eher dadurch besiegt, daß ich die Ärmel aufkrempele, die Hände zu Fäusten balle und mich direkt auf sie stürze?

Doch wir können von Joschafat lernen, daß das Lob die vorderste Front unserer Verteidigung bilden muß. Paulus hat das im 2. Korintherbrief in aller Kürze ausgedrückt:

„Denn obwohl wir im Fleisch leben, kämpfen wir doch nicht auf fleischliche Weise. Denn die Waffen unsres Kampfes sind nicht fleischlich, sondern mächtig im Dienste Gottes, Festungen zu zerstören" (2. Korinther 10,3+4).

Alle diese Legionen, die gegen uns aufmarschiert sind, werden sich – wie damals bei Joschafat – gegeneinander wenden, wenn sie hören, wie wir den Namen unseres mächtigen Herrn Jesus loben und preisen.

Wir haben Macht über den Feind – sofort, gleich jetzt. Es ist das Lob.

Ein Wort zum Festhalten

Wünschen Sie sich, daß das Loben und Preisen einen größeren Teil Ihres Alltags einnimmt? Bei mir ist das so. Ich will Ihnen erzählen, was mir geholfen hat, Gott zu loben – und zwar aus ganzem Herzen: Lernen Sie, wenn Sie es nicht schon längst getan haben, den Vers eines alten Kirchenliedes auswendig:

> „Lob, Ehr und Preis sei Gott, dem Vater und dem Sohne
> und dem, der beiden gleich im höchsten Himmelsthrone,
> dem dreimal einen Gott, wie es ursprünglich war
> und ist und bleiben wird jetztund und immerdar."

Sprechen Sie jetzt diese Worte noch einmal! Singen Sie den Vers unter der Dusche, wenn Sie Ihren Tag beginnen. Denken Sie darüber nach, wenn Sie in der Schlange warten müssen, zum Beispiel an der Imbißbude oder am Bankschalter oder an der Kasse im Supermarkt. Sagen Sie die Worte, wenn Sie am Eßtisch sitzen. Und flüstern Sie sie spätabends noch ein letztes Mal, wenn Sie langsam in den Schlaf hinübergleiten.

Gedanken an einem hellen Tag

Der Morgen erwachte frisch und klar und versprach nur Gutes. Es waren nun schon mehrere solcher Tage vergangen, die mir kaum Probleme brachten: keine unangenehmen Zwischenfälle, keinen Streß oder großen Zeitdruck, keine Meinungsverschiedenheiten mit meinem Mann – nur freie, ungehinderte Fahrt.

Ich war auf dem Weg zur Arbeit und freute mich richtig darauf, die Aufgaben dieses Tages in Angriff zu nehmen. Meine Malerei ging voran, ich war in guter Verfassung und hatte auch keine unbeantworteten Briefe mehr herumliegen. Ich fühlte mich rundherum wohl.

Und deshalb rief ich in meinem Auto laut aus: „Ach, Herr, du bist so gut zu mir! Du bist wahrhaftig ein wunderbarer Gott!" Ich meinte das ehrlich, es kam mir von Herzen. Gott ist gut und wunderbar – mehr, als man es je beschreiben kann.

Aber wie kommt es eigentlich, daß ich mir seiner Güte dann am sichersten bin, wenn in meinem Leben alles reibungslos läuft?

Wir können uns mächtig für Gott begeistern, wenn unsere Lebensumstände vielversprechend sind, wenn das gute Wetter uns Schwung gibt, wenn alle Rechnungen bezahlt sind, wenn die letzte medizinische Untersuchung gute Ergebnisse hatte, wenn uns keine Probleme plagen und wir mit niemandem Ärger haben. Zu solchen Zeiten fällt uns das Lob Gottes leicht.

Aber was ist, wenn das Wetter erbärmlich schlecht ist und es beim ersten Anruf am frühen Morgen um eine Forderung des Finanzamts geht? Was ist, wenn bei der medizinischen Untersuchung eben nichts Gutes herausgekommen ist?

Würde Ihnen dann das Lob genauso aus dem Herzen quellen und leicht über die Lippen gehen? Wahrscheinlich nicht. Aber Sie sind da in guter Gesellschaft.

Wir alle neigen dazu, uns von unseren augenblicklichen Lebensumständen – ob sie nun gut oder schlecht sind – ein Bild von

Gott diktieren zu lassen. Wenn alles wunderbar läuft, dann ist Gott gut. Doch wenn wir uns bedroht fühlen und besorgt und ängstlich sind, dann muß Gott wohl gerade weit fort und sehr beschäftigt sein; vielleicht behütet er gerade die Frommen in Australien, oder er muß das Gebet irgendeiner Großmutter in Island erhören.

Es ist wohl überflüssig zu sagen, daß es so nicht sein sollte – das wissen wir genau. Immer wieder sagt uns die Bibel, daß Gott treu ist. Er ist derselbe gute und verläßliche Vater, gestern, heute und in alle Ewigkeit.

Mose wollte, daß daran kein Zweifel mehr bestand. Deswegen sagte er: „So sollst du nun wissen, daß der HERR, dein Gott, allein Gott ist, der treue Gott, der den Bund und die Barmherzigkeit bis ins tausendste Glied hält denen, die ihn lieben und seine Gebote halten" (5. Mose 7,9).

Und der Apostel Johannes hat es noch einmal so betont, daß wir es gar nicht vergessen können: „Wenn wir aber unsre Sünden bekennen, so ist er treu und gerecht, daß er uns die Sünden vergibt und reinigt uns von aller Ungerechtigkeit" (1. Johannes 1,9).

Im Hebräerbrief heißt es dazu: „Laßt uns festhalten an dem Bekenntnis der Hoffnung und nicht wanken; denn er ist treu, der sie verheißen hat" (Hebräer 10,23).

Auch Psalm 146,6 versichert uns, daß Gott „Treue hält ewiglich".

Und Paulus schreibt am Schluß des Thessalonicherbriefes: „Treu ist er, der euch ruft; er wird's auch tun" (1. Thessalonicher 5,24).

Sie sehen schon: Von der Heiligen Schrift – und von ihr allein – sollten wir uns sagen lassen, wer Gott wirklich ist. Wenn wir es zulassen, daß unsere jeweiligen Lebensumstände unsere Gedanken und Einstellungen lenken, dann geht unser Glaube alle möglichen Wege – nur nicht den richtigen. Denn wenn wir unsere Theologie aus einer oberflächlichen Betrachtung der Ereignisse in dieser Welt ableiten wollten – mit ihren Kriegen, Krankheiten, Erdbeben, Hungersnöten und Katastrophen –, würde Gott uns wie ein Ungeheuer erscheinen. Lebensumstände liefern eben keine gute Theologie.

Daran wollen wir denken, wenn wir das nächste Mal Gott so hervorsprudelnd sagen, wie großartig er ist – vielleicht an einem goldenen, frohen Morgen oder an einem urgemütlichen Abend am flackernden Kaminfeuer. Wir wollen daran denken, ihm dasselbe auch dann zu sagen, wenn der Tag düster und die Nacht schwer wird vor Angst oder Enttäuschung.

Die Bibel sagt uns, daß jeder Tag eine Gelegenheit ist, Gott zu loben und zu preisen.

Ein Wort zum Festhalten

Empfinden Sie Ihre augenblickliche Lebenssituation als schlimm? Sehen Sie sich 2. Könige 25,1–12 an. Dort können wir lesen, was Gottes Volk alles erdulden mußte, als die Babylonier in Jerusalem einfielen. Und dann, wenn Sie sich all diese Schrekken und Wirren bildlich vorgestellt haben, lesen Sie einmal Jeremias Beurteilung dieser Lage in Klagelieder 3,21–25. Beruhte Jeremias Glauben nun auf dem, was ihm als Wahrheit über Gott bekannt war, oder auf seiner eigenen Einschätzung der grausamen und entsetzlichen Lebenssituation? Wenn Sie heute Ihre eigenen Lebensumstände bedenken – ganz gleich, ob sie gut oder schlecht sind –, können Sie dann dieses Gebet Jeremias, das in Klagelieder 3 aufgeschrieben ist, mitbeten?

Ein unerschütterliches Königreich

Es war mitten in der Nacht, als ich das Klirren der Fensterscheiben hörte. Und dann fing alles im Zimmer an zu wackeln und zu schwanken.

Sogar Ken, der einen tiefen Schlaf hat, wurde wach.

„Ken“, rief ich erschrocken, „das war doch ein Erdbeben, oder?“

„Ja“, meinte er, „ein ziemlich starkes sogar.“ Und dann drehte er sich auf die andere Seite und schlief weiter! So etwas war wohl für jemanden, der in Kalifornien geboren ist, weiter nichts Besonderes.

Aber bei mir war das ganz anders. Ich komme aus Maryland, und ich lag stundenlang wach und machte mir Sorgen. Was hätte es wohl gegeben, wenn das jetzt „das große“ Erdbeben gewesen wäre? Ob unser Dach einstürzen würde? Wo konnten wir das Gas abstellen? Hatten wir für solche Fälle genug Lebensmittel- und Wasservorräte? Sollten wir nicht besser das Kopfende unseres Bettes an der Wand festdübeln?

Ach, die vielen Fragen und Vorstellungen, die mir mitten in der Nacht durch den Kopf gehen können – besonders wenn ich die einzige bin, die wach liegt!

Es dauerte jedoch nicht lange, bis diese angstvollen Gedanken einer leisen, hartnäckigen Stimme wichen, die aus irgendeiner Ecke meines Herzens kam. Wie lange hatte diese Stimme eigentlich schon geredet – vielleicht, seit das Erdbeben begonnen hatte? Der Herr wollte mir Beruhigung geben, und zwar mit einem Vers, den wir in unserer Frauenbibelgruppe vor ein paar Wochen gelesen hatten:

„Darum, weil wir ein unerschütterliches Reich empfangen, laßt uns dankbar sein und so Gott dienen mit Scheu und Furcht, wie es ihm gefällt“ (Hebräer 12,28).

Das war nun wirklich ein Vers, der genau paßte! Als ich spürte, wie der verläßliche, feste Grund unter mir auf einmal zu zittern anfing wie Glas, das jeden Moment zerspringen kann, hat mich die Erinnerung daran sehr beruhigt – die Erinnerung, daß wir Gläubigen ein Königreich empfangen, das nicht erschüttert werden kann, nicht einmal vom „großen" Erdbeben.

Mit diesem Erlebnis hat Gott mir hörbar und sichtbar gezeigt, daß die felsenfesten Dinge, auf die wir uns so gerne verlassen – wie beispielsweise die Erde unter uns – heute noch vorhanden und morgen schon verschwunden sein können.

Der Vers im Hebräerbrief sagt uns, daß wir dieses stabile, unerschütterliche Reich ganz gewiß empfangen und daß deswegen unsere Herzen vor Anbetung, Ehrfurcht und Dank überfließen sollen. Welch mächtigem Gott dienen wir doch! Was für eine verläßliche Zuflucht bietet er seinen schwachen, verwundbaren Kindern!

Ich kann gar nicht das Erstaunen und die Verwunderung beschreiben, die ich empfand, als damals in der Nacht der letzte Erdstoß abgeklungen war. Ich war bis oben hin angefüllt mit dem Lob Gottes. Denn ich wußte wieder: er selbst und die Dinge, die er für uns schafft, werden niemals erschüttert oder zerstört werden.

Und wie ist es mit Ihnen? Was in Ihrem Leben verschiebt und verändert sich dauernd?

Haben Sie sich bisher wohl gefühlt – in einer stabilen gesundheitlichen Lage, gut aufgehoben in einer liebevollen Beziehung, erfüllt in einem gesicherten Beruf –, aber auf einmal ist es, als würde Ihnen jemand den Boden unter den Füßen wegziehen? Wir brauchen kein Erdbeben, um daran erinnert zu werden, daß sich unser Vertrauen und unsere Hoffnung immer auf Gott richten soll – auf den, der sich niemals ändert. In den Psalmen heißt es dazu:

„Gott ist unsre Zuversicht und Stärke, eine Hilfe in den großen Nöten, die uns getroffen haben. Darum fürchten wir uns nicht, wenngleich die Welt unterginge und die Berge mitten ins Meer sänken, wenngleich das Meer wütete und wallte und von seinem Ungestüm die Berge einfielen... Der HERR Zebaoth ist mit uns, der Gott Jakobs ist unser Schutz" (Psalm 46,2–4+8).

Wir leben in einer Welt, in der man ständig Angst hat vor fallenden Aktienwerten und einer höheren Zahl auf der Richterskala, vor herabstürzenden Bomben oder einer steigenden Zahl von Krebserkrankungen.

Wir wollen Gott loben und preisen für eine Zukunft, die niemals erschüttert werden kann, ganz gleich, was geschieht.

Ein Wort zum Festhalten

Bei uns in Südkalifornien werden Sie kaum ein neugebautes Haus finden, das aus Backsteinen errichtet ist. Wissen Sie, warum? Weil solche Steine bei Erdbeben zerfallen. Und Sie werden auch nicht allzu viele Häuser finden, die einen Keller haben. Die meisten Häuser sind auf einer Betonplatte errichtet, damit sie leichter mitschwingen, wenn der Erdboden zittert.

Was für ein Haus bauen Sie? Lesen Sie Matthäus 7,24–29; dort ist ein guter Plan für Baumeister verzeichnet!

Erinnerungen

„Erinnerungen – wie Blüten im Album können sie sein,
Erinnerungen – süß und gehaltvoll wie alter Wein…“[5]

Dieses Lied mag ich sehr gern. Es ist erst in unserer Zeit entstanden, ähnliche Worte könnten aber auch schon von dem einsamen Apostel Paulus niedergeschrieben worden sein, als er in einem dunklen römischen Gefängnis lange Stunden verbringen mußte.

Er hat in seinem Brief an die Philipper einiges über Erinnerungen gesagt. Da saß er und kratzte mit der Feder Worte auf fleckiges Pergament und mußte seine Augen im Zwielicht der feuchten Zelle sehr anstrengen.

„Ich danke meinem Gott, sooft ich euer gedenke“ (Philipper 1,3).

Paulus war abgeschnitten von der frischen Luft, vom Sonnenschein und vor allem von der Gemeinschaft mit seinen Glaubensgeschwistern, aber ihm wurde innerlich warm, wenn er an seine Freunde in Philippi dachte. Wenn er die Augen schloß, konnte er wieder ihre Gesichter vor sich sehen, ihre Stimmen hören und ihre herzlichen Umarmungen spüren.

So ist es in den längsten und dunkelsten Stunden unseres Lebens: in einsamen Zeiten, in denen wir weit weg von unserer Familie sind, während eines langen Krankenhausaufenthaltes, bei einer beruflichen Auslandsreise, die sich endlos hinzuziehen scheint, oder in einem leeren Zimmer, das früher einmal mit der Gegenwart eines lieben Menschen durchdrungen war. An solchen Orten und in solchen Momenten können uns helle, lichterfüllte Erinnerungen helfen, die Leere auszufüllen und den Schmerz der Einsamkeit zu lindern. Wie Paulus können wir dann spüren, daß unser Geist gestärkt und unser Herz neu belebt wird, um in langen, öden Tagen voller Schwierigkeiten durchzuhalten.

Heute, wo ich diese Zeilen niederschreibe, jährt sich zum 17.

Mal der Sommertag, an dem ich mir das Genick brach – der Tag, von dem an der ganze Verlauf meines Lebens anders wurde. Ich war siebzehn, als ich mit einem Sprung in das seichte Wasser des Chesapeake eintauchte. Also habe ich, seitdem ich im Rollstuhl sitze, schon genauso viele Jahre verbracht wie vorher, als ich noch laufen konnte. Es war ein langer Weg – ja, und auch ein sehr schwerer.

Doch die siebzehn Jahre haben mir auch reichlich Zeit gegeben, mich auf mein reduziertes Leben einzustellen und damit fertig zu werden. Ich bin sogar bis zu dem Punkt gekommen, an dem ich Gott danken kann. Ich lasse es nicht mehr zu, daß ich nur in der Vergangenheit lebe und davon träume, wie schön alles hätte sein können, wenn das damals nicht passiert wäre. Aber das heißt nicht, daß ich mich nicht ab und zu an guten Erinnerungen aus dieser Zeit freuen kann. Schöne Erinnerungen wirken erhebend auf mich – besonders, wenn ich frustriert bin durch meine Einschränkungen im allgemeinen und durch meinen Rollstuhl im besonderen.

Manche dieser Erinnerungen hege ich wie einen Schatz: etwa das Gefühl, wenn ich mit nackten Füßen auf dem warmen Betonrand eines Schwimmbeckens entlanglief oder wie sich feuchte Lederzügel in meinen Händen anfühlten, der Griff nach einer eisgekühlten Flasche Limonade an einem heißen Tag oder die herrliche, wohlige Erschöpfung der Muskeln nach einem langen Jogginglauf mit meinen Freunden; das Gefühl, mit den Fingern Blumen vom Stengel abzuknicken, ein Waschbecken mit Schwamm und Scheuerpulver zu putzen oder sich die Hände einzucremen; wie angenehm es war, meine Fußgelenke zu massieren; oder wie sich die kühlen Elfenbeintasten eines Klaviers unter meinen Fingern anfühlten; wie schön es war, ein Pferd zu striegeln oder mit Nadel und Faden zu nähen oder auch einfach mit den Fingern auf der Tischplatte zu trommeln – ein komisches Gefühl, besonders, wenn meine Fingernägel lang waren.

Das alles mag für Sie nach nichts Besonderem klingen, aber für mich sind es wundervolle und sonnenbeschienene Augenblicke meiner Vergangenheit; ein winziger Teil meines Lebens – schön und herrlich und wert, sich daran zu erinnern.

Deshalb sage ich heute, am siebzehnten Jahrestag meines Unfalls: „Danke, Gott, für die wunderbaren Dinge, an die ich mich noch erinnern kann. Danke, daß mir diese Erinnerungen zu der Erkenntnis verhelfen, wie kostbar unsere Gesundheit ist. Hilf mir, Herr, die Dinge, die ich noch spüren und tun und erfahren kann – es ist ja so vieles – nicht für selbstverständlich zu halten. Und Vater, ich bitte dich, daß die nächsten siebzehn Jahre so lohnend und bereichernd werden wie die, die ich bisher durchlebt habe. Laß mich auch weiterhin Erinnerungen bewahren, kostbare Erinnerungen, von denen ich in den zukünftigen Jahren noch zehren kann.“

Ein Wort zum Festhalten

„Ich danke meinem Gott, sooft ich euer gedenke“, heißt es im Philipperbrief. Welche Erinnerungen hatte Paulus an Philippi? Lesen Sie dazu Apostelgeschichte 16,11–15, wo die schöne Geschichte von Lydia steht. Stellen Sie sich beim Lesen das Geschehen vor und malen Sie sich aus, was Paulus vor seinem inneren Auge sah. Und wenn Sie noch eine andere Erinnerung von ihm kennenlernen wollen, dann lesen Sie weiter in Apostelgeschichte 16,25–40, und staunen Sie über die wunderbare mitternächtliche Bekehrung einer ganzen Familie. Meinen Sie nicht, daß diese schönen Erinnerungen – diese aufregenden Mahnungen an Gottes wundervolle Werke – Paulus in seiner Einsamkeit geholfen haben? Ganz gewiß!

Ihre Einstellung zur Arbeit

Eine grundsätzliche Einstellung ist etwas, das Sie tragen wie Ihre Haut. Ob Sie das nun gerne hören oder nicht, Sie haben auch jetzt eine ganz bestimmte innere Haltung. Und das sieht man! Wenn Sie lebendig sind, stecken Sie bis zum Hals in einer bestimmten Einstellung, da haben Sie gar keine andere Wahl.

Aber Sie können es sich aussuchen, können sich jeden Tag neu entscheiden, in was für eine Grundeinstellung Sie sich kleiden wollen.

Ich habe mich neulich mit einer Freundin darüber unterhalten, welche Einstellung Christen zu ihrer Arbeit haben, sei es zu Hause oder im Beruf.

„In Epheser 6,6 steht die zentrale Aussage dazu, Joni“, sagte meine Freundin. „Paulus sagt da, daß wir unsere Aufgaben nicht erfüllen sollen, um Menschen damit zu gefallen, ‚sondern als Knechte Christi, die den Willen Gottes tun von Herzen‘“.

Da mußte ich an Josef denken. Wenn je einer sein Bestes in seinem Beruf gab, um aus ganzem Herzen Gottes Willen zu tun, dann war es dieser junge Mann, von dem im 1. Buch Mose die Rede ist.

Sein Vater liebte ihn und vertraute ihm, und Josef war wahrscheinlich der gewissenhafteste Hirte in der ganzen Familie. Er nahm seine Aufgabe beim Schafehüten sehr ernst. Aber seine Brüder waren auf ihn eifersüchtig und verkauften ihn als Sklaven.

Und was tat Josef dann? Er wurde der beste Sklave, den man sich nur vorstellen kann. Er war so aufrichtig und anständig, daß er lieber seinem Meister treu blieb als mit dessen Frau zweifelhafte Dinge zu treiben. Und was war seine Belohnung? Man warf ihn ins Gefängnis.

Was geschah dort? Er bemühte sich, ein vorbildlicher Gefangener zu werden – der beste, den es in ganz Ägypten gab. Und raten Sie mal, womit er belohnt wurde? Nein, nicht etwa mit

Ausgang auf Bewährung, nicht einmal mit einer positiven Erwähnung für gutes Benehmen im Buch des Gefängniswärters. Er wurde vielmehr gerade von denen vergessen, die sich an seinen treuen Dienst hätten erinnern müssen, und so blieb er zwei lange Jahre weiter im Gefängnis sitzen. Die ganze Geschichte können Sie übrigens in 1. Mose 39 und 40 nachlesen.

Josefs Weg vom Hirten zum Sklaven und schließlich zum Gefangenen ist geradezu grotesk. Er war so ehrlich, so aufrichtig gewillt, von ganzem Herzen zu gehorchen! Da hätte man doch erwartet, daß sein Schicksal im Laufe der Zeit leichter würde! Wir denken so – aber sollte ein Diener das überhaupt erwarten? Ist es nicht die Pflicht eines Dieners, den Befehl seines Meisters auszuführen, ganz gleich, welche Aufgabe man ihm aufträgt? Im großen und ganzen schien sich Gott weniger darum zu kümmern, daß Josef freigelassen würde und daß es ihm besserging, als vielmehr darum, daß sein Charakter immer weiter entwickelt und verbessert würde.

Doch dann kam endlich der Tag, an dem Gott meinte, jetzt sei sein Mann fertig vorbereitet. In einer einzigen Stunde kam Josef aus der dunklen Ecke des Kerkers heraus und wurde zur rechten Hand des Pharao – ein Lebenslänglicher wurde übergangslos Minister und Verwalter der königlichen Schatzkammer.

Bemerkenswert ist, daß keins von diesen trüben Jahren, die Josef als Sklave oder Gefangener verbrachte, verschwendete Zeit war. Gott hatte ihn weder vergessen noch die Spur seines Lebens verloren. Hier lernte Josef Disziplin und Durchhaltevermögen, Geduld und Gehorsam, und all das wurde gebraucht, um ihn für eine Schlüsselrolle in seiner Generation vorzubereiten.

Fühlen Sie sich vielleicht heute wie ein Sklave Ihres Computers? Kommt es Ihnen vor, als wären Sie mit Handschellen an Ihren Schreibtisch gefesselt, gerade mit so viel Spielraum, daß Sie noch den Aktenschrank und die Kaffeetasse erreichen können und ab und zu zur Toilette dürfen?

Vielleicht ist Ihre Gefängniskette an der Küchenspüle und am Staubsauger festgemacht oder am Steuerrad Ihres Lieferwagens oder an einem kleinen Sitzplatz in einer einsamen, dunklen Ecke der Universitätsbibliothek.

Wo wir uns heute auch befinden, wir wollen uns von Josef ermutigen lassen. Wahrscheinlich werden wir eines Tages nicht zum Finanzminister berufen werden, aber auch wir sind Diener des Königs. Und ganz gleich, wie erhaben oder alltäglich die Rolle ist, die er uns gegeben hat und die wir in dieser Welt spielen sollen – Gott bittet uns schlicht und einfach, seinen Willen zu tun.

Dann wollen wir ihn auch mit Freuden tun, aus tiefstem, aufrichtigem Herzen heraus. Wir haben die Wahl.

Ein Wort zum Festhalten

Weil es hier um Einstellungen und Grundhaltungen geht, sehen Sie sich einmal das 2. Kapitel des Philipperbriefes an. Es liest sich wie eine Liste, an der wir unsere Einstellungen überprüfen können. In Vers 5 heißt es sogar: „Ein jeder sei gesinnt, wie Jesus Christus auch war." Lesen Sie die Verse 5–11, und lassen Sie sich diese Worte unter die Haut gehen!

Eine Rose

Heute morgen sind Ken und ich hinausgegangen, um an den Rosen zu riechen, und wir haben auch ein Bandmaß mitgenommen.

Durch den nassen kalifornischen Winter und Frühling haben die Blüten an unseren Rosenbüschen neuen Mut bekommen, und jetzt gehen sie wunderschön auf. Eine Rosenblüte hatte sogar einen Durchmesser von 20 Zentimetern! Damit könnte man fast ins „Guinness-Buch der Rekorde" eingehen.

Als ich vor einigen Jahren in dieses kleine Haus eingezogen bin, konnte ich sehen, daß die Rosen im Garten liebevoll gepflegt worden waren. Alle hatten kräftige Wurzeln und dicke, dornenbesetzte Stengel. Mit den Jahren sind sie größer und üppiger geworden, und wir haben staunend zugesehen. Ken hat heute morgen eine Blüte abgepflückt und sie auf unseren Küchentisch gestellt. Wenn eine Blume so wunderschön ist, dann möchte man sie gerne ganz nahe bei sich haben, so nahe, daß man den Duft einziehen und die Augen lange Zeit auf ihr ruhen lassen kann.

Nichts ist schöner als das allmähliche Entfalten einer Rosenknospe zu ihrer vollen Pracht. Jedes Blütenblatt rollt sich auf, eine Schicht nach der anderen, und offenbart eine Lieblichkeit, die sich immer noch steigert. Und in jedem Stadium sagt man sich: „Hübscher kann es gar nicht mehr werden. Jetzt, in diesem Augenblick, ist es am allerschönsten. Ich muß sofort die Kamera holen und es fotografieren!"

Wenn ich darüber nachdenke, wie Gott uns seine Herrlichkeit offenbart, dann stelle ich mir dabei eine Rose vor. Im 1. Buch Mose öffnete sich die Knospe von Gottes Plan gerade weit genug, um die Hoffnung auf eine lebensvolle, überwältigende Schönheit zu wecken. Und in den folgenden Kapiteln der Geschichte blühte die Rose vor den staunenden Augen des Gottesvolkes immer mehr auf.

Eine Pracht folgte auf die andere: da war Gottes Herrlichkeit als Kriegsherr, der Ägypten mit vielen Plagen schlug und sein Volk sicher durch die Tiefen des Roten Meeres brachte, während das nachfolgende ägyptische Heer sich vergeblich abmühte und schließlich ertrank. Da war Gottes Herrlichkeit in der Wüste, als er am Tag in einer Wolkensäule vor seinem Volk herzog und nachts in einer Feuersäule – beides Zeichen seiner beständigen Gegenwart. Da war seine Herrlichkeit am Berg Sinai, als die Posaune erklang, die Erde bebte, der Himmel sich verdüsterte und der Berg rauchte, als die Finger Gottes selbst die Gesetze des Lebens aufschrieben. Da war Gottes Herrlichkeit, die im Heiligtum in der Wüste zwischen den Cherubim aufleuchtete; Gottes Herrlichkeit, die den mächtigen Tempel Salomos in Jerusalem erfüllte, und zwar in solchem Maße, daß die Priester nicht mehr in das Gebäude treten konnten.

Und in jedem Stadium, während die Rose Blatt für Blatt ihre Schönheit entfaltete, gab es wohl Menschen, die meinten: „Das ist das Höchste und Endgültige! Schöner und besser kann es nicht mehr werden!“

Doch die Propheten sagten etwas noch Erstaunlicheres voraus. Die Rose sollte noch eine Schicht entfalten. Dann erst würde die Herrlichkeit Gottes in ihrer Fülle offenbart sein, und alles Fleisch sollte sie sehen.

Diese Herrlichkeit kam – und sie hieß Jesus.

Niemand konnte auf das vorbereitet sein, was durch das Leben dieses einen offenbart werden sollte, der „Immanuel“ hieß – „Gott mit uns“.

„Und das Wort ward Fleisch und wohnte unter uns, und wir sahen seine Herrlichkeit, eine Herrlichkeit als des eingeborenen Sohnes vom Vater, voller Gnade und Wahrheit“ (Johannes 1,14).

Jesus wird auch „Rose von Scharon“ genannt, und das ist sicher nicht falsch. Die Menschen staunten bei jedem neuen Anblick, der sich ihnen zeigte, bei jeder neuen Facette, die aufstrahlte, jeder neuen Entfaltung seines Wesens. Seine Herrlichkeit zu betrachten muß etwas gewesen sein, was man gar nicht beschreiben kann. Kein Wunder, daß die Menschen ihm nahe sein wollten!

Gott will seine Herrlichkeit auch Ihnen offenbaren. Haben Sie das schon gewußt? Wenn Sie sich heute Zeit nehmen, Jesus ein Stück näherzukommen, wird er sich auch für Sie entfalten wie eine Rose und Ihnen eine Herrlichkeit zeigen, die Ihr Leben verändern wird.

Zeitweise werden Sie denken, daß es einfach nicht mehr schöner und besser werden kann. Aber es wird doch immer noch schöner.

Jesus, die Rose von Scharon, will sich Ihnen heute in seiner Schönheit zeigen. Nehmen Sie sich Zeit, um den Duft seiner Nähe einzuatmen, und lassen Sie Ihren Blick lange auf ihm ruhen.

Ein Wort zum Festhalten

Wenn es jetzt Blütezeit ist und Sie einen Garten haben, dann schneiden Sie einmal eine Rosenknospe von den Büschen ab. Sonst werfen Sie ruhig einmal Geld zum Fenster hinaus, und kaufen Sie sich eine herrliche Knospe im Blumengeschäft. Stellen Sie sie in die Nähe Ihres Schreibtischs oder neben Ihre Küchenspüle und beobachten Sie, wie sich die Blüte von Tag zu Tag weiter öffnet. Und während sich diese Herrlichkeit entfaltet, nehmen Sie sich einen Augenblick Zeit, um eine von den erstaunlichen und herrlichen Eigenschaften Jesu Christi zu loben und zu preisen.

Zugabe!

Sind Sie von der Musik in einem Konzert schon einmal so hingerissen gewesen, daß Sie sich heimlich gewünscht haben, es würde niemals ein Ende nehmen?

Als dann doch das letzte Stück verklungen war, was haben Sie da getan? Wahrscheinlich sind Sie aufgesprungen, haben heftig applaudiert und nach einer Zugabe gerufen. Und es ist schon ein herrliches Gefühl, wenn der Sänger wieder auf die Bühne kommt, das Mikrofon zur Hand nimmt und noch ein letztes Lied singt.

Da capo, Zugabe! Das gibt einem die Illusion, daß man doch noch eine Portion Licht und Freude und einen angenehmen Schauer aus einer glücklichen Situation herausquetschen kann. Irgendwie läßt eine Zugabe die Zeit stillstehen und uns diese goldenen Augenblicke ein kleines bißchen länger genießen.

Erinnern Sie sich an eine ganz besondere Wochenendfreizeit mit einer Gruppe von Christen? Die enge Gemeinschaft und Freundlichkeit untereinander war, wie Sie es noch nie vorher erlebt hatten. Der Redner traf mit seinen Worten voll ins Schwarze, die geistliche Atmosphäre war dicht und voller Spannung. Freunde, die von Jesus Christus noch nicht viel wußten, kamen hier zum Glauben, und altgediente Christen lenkten ihr Leben wieder auf die richtige Spur.

Hätten Sie Gott damals am liebsten um eine Zugabe gebeten? Als diese Erinnerungen noch ganz frisch waren, wollten Sie da nicht gerne Gott anflehen, daß er Ihnen noch mehr davon geben sollte, daß er genau diese Umgebung und diese Gefühle noch „ein einziges Mal" für Sie wiederbringen sollte?

Aber wissen Sie was? Gott wird das nicht tun. Er gibt nämlich keine Zugaben. Im Buch Jesaja drückt es der Herr deutlich aus:

„Gedenkt nicht an das Frühere und achtet nicht auf das Vorige! Denn siehe, ich will ein Neues schaffen, jetzt wächst es auf, erkennt ihr's denn nicht?" (Jesaja 43,18+19).

Gott wird niemals dasselbe auf genau die gleiche Art ein zweites Mal tun. Aber statt dessen wird er etwas Besseres tun. Er will etwas Neues, etwas ganz anderes schaffen, das genauso schön und bedeutend ist wie all die denkwürdigen Augenblicke, die Sie bisher mit ihm erlebt haben.

Wie ist es bei Ihnen? Freuen Sie sich auf ein Zusammentreffen mit ein paar anderen Christen, das demnächst sein soll? Vielleicht auf eine Freizeit oder eine Bibelstunde? Stehen Sie mitten in der Planung für ein Ereignis, das einmal im Jahr stattfindet – und ringen Sie jetzt die Hände, hoffen und beten Sie darum, daß alles genauso gut wird wie letztes Jahr?

Beten Sie nicht so mittelmäßig! Bitten Sie Gott nicht um etwas, was er letztes Jahr schon getan hat. Erwarten Sie nicht nur von ihm, daß er eine Zugabe gibt, daß er dasselbe auf dieselbe Weise noch einmal schenkt. Denken Sie nicht „an das Frühere".

Aber erwarten Sie von ihm, daß er wirkt – daß er etwas Neues, Frisches schafft, das jetzt gebraucht wird und genau für diesen Augenblick geeignet ist.

Denken Sie daran, es ist der Gott, „der überschwenglich tun kann über alles hinaus, was wir bitten oder verstehen, nach der Kraft, die in uns wirkt" (Epheser 3,20). Also dehnen Sie Ihren Glauben aus und erwarten Sie etwas viel Größeres als nur ein einfaches Da capo.

Gott ist bereit, etwas Neues in Ihrem Leben zu tun – heute noch.

Ein Wort zum Festhalten

Es ist großartig, wenn man bedenkt, daß Gott etwas Neues in unserem Leben schaffen will. Aber manchmal sind wir müde, ständig voranzugehen. Lesen Sie dazu einmal Philipper 3,13+14, und lassen Sie sich anstecken von dem Apostel, der wußte, daß noch ein herrliches Ziel vor ihm lag. Fangen Sie an, an den Gott zu glauben, der uns immer wieder neue Dinge zeigt!

Hoffnung auf Zehenspitzen

Hinaus in die Natur zu fahren ist für meinen Mann und mich eine ganz wichtige Sache. Ich komme aus dem ländlichen Maryland und fange an zu welken, wenn ich nicht ab und zu die Grenzen von Los Angeles hinter mir lassen und kurze Streifzüge durch die Schöpfung Gottes machen kann.

Sicher, mein Rollstuhl begrenzt unsere Ausflüge, aber wir lassen uns nicht davon abhalten! Ken und ich fahren trotzdem gern zum Zelten und Rudern und Angeln, oder wir erforschen verschiedene Gegenden.

Das könnte die Wüste sein – wir leben ja nicht allzu weit von der Mojave-Wüste und freuen uns immer darauf, im zeitigen Frühjahr dort zu zelten. Sie sollten dann nur einmal die herrlichen Blüten an den Akteen und Yuccapflanzen sehen!

Oder die Berge. Wenn wir frische Luft schöpfen wollen, fahren wir eine kurze Strecke über die Autobahn. Dann können wir die San-Gabriel-Berge sehen und wundervolle Aussichten über zerklüftete Abhänge und große Tannenwälder genießen.

Und dann natürlich das Meer! Es liegt nur 20 Minuten von unserem Haus entfernt. Oft packen wir am Samstagnachmittag etwas zum Essen ein, parken auf einer Klippe und sehen den Möwen zu, wie sie durch die Luft segeln und sich auf die Schaumkronen der großen Wellen hinabstürzen. Und wenn wir wieder nach Hause kommen, fühlen wir uns erfrischt und neu belebt.

Ja, die Natur ist etwas, was ich sehr liebe. Und – haben Sie es schon gewußt? – die Natur hat ihren eigenen Vers in der Bibel. In Römer 8,19 steht: „Denn das ängstliche Harren der Kreatur wartet darauf, daß die Kinder Gottes offenbar werden."

In einer modernen englischen Übertragung heißt dieser Vers: „Die ganze Schöpfung steht auf Zehenspitzen, um den wunderbaren Anblick der Kinder Gottes zu sehen, wenn sie in ihr Eigentum kommen."

Auf Zehenspitzen! Auf geheimnisvolle Art warten also die

Blumen und Pflanzen und Tiere und das Meer und die verschiedenen Landschaften mit gespannter Erwartung auf eine Herrlichkeit, die sich noch offenbaren soll.

Paulus sagt auch noch etwas mehr über diese Erwartung:

„Die Schöpfung ist ja unterworfen der Vergänglichkeit – ohne ihren Willen, sondern durch den, der sie unterworfen hat –, doch auf Hoffnung, denn auch die Schöpfung wird frei werden von der Knechtschaft der Vergänglichkeit zu der herrlichen Freiheit der Kinder Gottes“ (Römer 8,20+21).

Die Schöpfung stöhnt also und sehnt sich nach dem Tag, an dem Gott sie von ihrer Knechtschaft befreien und in ein neues Zeitalter geleiten wird, in dem Jesus Christus König ist. Können Sie dieses Seufzen im Wind hören? Können Sie das lastende Schweigen in den Bergen spüren? Können Sie die ruhelose Sehnsucht im Meer fühlen? Es kommt etwas auf uns zu – etwas, was besser ist als alles Bisherige.

Aber bedenken Sie auch: Wenn schon die Schöpfung diese ernsthafte Erwartung hat, dann sollten wir Gläubigen – wir Söhne und Töchter Gottes – nicht weniger davon haben! Wenn die ganze unbelebte Schöpfung und die Tierwelt eifrig warten und sich sehnsüchtig auf das Erscheinen Jesu und auf alles, was damit zusammenhängt, freuen, dann sollte dieselbe Hoffnung in Ihnen und mir noch viel deutlicher zu erkennen sein.

Wie steht es heute mit Ihrer Hoffnung? Sehnen Sie sich wirklich nach dem herrlichen Erscheinen des Herrn Jesus Christus, und freuen Sie sich darauf? Wir dürfen nicht nur teilnahmslos dasitzen und meinen: „Na ja, irgendwann wird's schon soweit sein.“ Nein, wir sollen uns an dieser Hoffnung freuen. Und diese Freude läßt uns eifrig und gespannt warten – wie ein großer Bernhardinerhund, der ungeduldig an seiner Leine zerrt. Vorfreude bedeutet, daß wir den Hals recken, daß wir voll Sehnsucht und glühender Hoffnung sind.

Auf diese Weise wartet die Natur auf das Kommen jenes großen Tages, und Sie und ich, wir können einiges von der Schöpfung um uns herum lernen. Wenn Sie das nächste Mal sehen, wie ein Sonnenstrahl plötzlich durch den schwer verhangenen Nachmittagshimmel bricht, dann denken Sie an Römer 8,19.

Wenn sich schon die Natur auf Zehenspitzen reckt, während sie auf das Kommen Jesu Christi wartet, dann dürfen wir doch nicht plattfüßig herumstehen!

Ein Wort zum Festhalten

Charles Swindoll empfiehlt Gläubigen dringend, über Bibelabschnitte wie 1. Thessalonicher 4,13–18 gründlich nachzudenken – über Worte, die den Tag beschreiben, an dem Jesus Christus uns zu sich holt.

„Hier werden Sie Hochdramatisches erleben!" schreibt er. „Wenn das Wetter es erlaubt, gehen Sie einmal mit dem Neuen Testament in der Hand spazieren. Lesen Sie dann noch einmal diesen aufregenden Blick in die Zukunft – in Ihre Zukunft. Lassen Sie Ihren Blick über den Himmel schweifen. Erleben Sie im voraus den rollenden Donner, die große Freude und die Ehrfurcht, von denen hier die Rede ist. Und denken Sie daran, daß dies jeden Augenblick passieren kann, selbst bevor Sie von Ihrem Spaziergang zurückgekehrt sind oder das nächste Mal Luft holen."[6]

Ein ganz gewöhnlicher Spatz

Ich war noch ein kleines Mädchen, als meine Eltern mich mit in den Zoo von Baltimore nahmen. Aber eine Kleinigkeit bei diesem Besuch werde ich nie vergessen.

Aus irgendeinem Grund interessierte mich das Vogelhaus mehr als alle Elefanten, Affen und Giraffen zusammen. Dort gab es faszinierende gefiederte Geschöpfe zu sehen: lebhaft bunte Papageien, lustig aussehende Tukane, riesige, ernste Adler und weise dreinblickende Eulen. Aber außen um diese Käfige herum schwirrten ganz gewöhnliche Spatzen und bauten ihre Nester zwischen den Dachsparren des Vogelhauses.

Sie waren nicht wichtig genug, um in einen Käfig gesteckt zu werden, damit jeder sie bewundern und betrachten könnte. Sie verdienten keine Anschlagtafel mit Erklärungen. Ihr Bild erschien auch nicht im zoologischen Führer. Meist bemerkte man sie nicht einmal.

Und doch hat Gott von all den Vögeln, die er geschaffen hat, ausgerechnet den Spatz ausgesucht, um uns zum Thema Angst etwas Entscheidendes klarzumachen.

Jesus hat gewußt, wie leicht wir Ängste und Befürchtungen hegen. Er wußte, wie verletzlich wir zeitweise sind, wie schwach und innerlich angeschlagen wir uns fühlen können. Worte wie „neurotisch" und „depressiv" sind nicht für die reserviert, die eindeutig krank sind. Erstaunlich viele von uns lassen sich von Angst und Furcht ab und zu bis an die Grenze ihrer seelischen Belastbarkeit drängen. Wie unsicher sind wir doch oft!

Erst vor kurzem war ich selbst in solch einer Situation. Ich stand allein an der fast unmerklichen Grenze zwischen Angst und Panik. Furcht und Schrecken hatten mich so in ihrer Gewalt, daß ich kaum noch denken konnte. Ich hatte jedoch noch genug Geistesgegenwart, um nach meinem eigenen Rezept zu handeln – dem Rezept, das ich auch anderen immer empfehle: ich kam auf meine Bibel zurück.

Und da stieß ich zufällig auf den kleinen Vortrag unseres Herrn über die Spatzen.

Jesus hatte gerade zu seinen Jüngern über zukünftige Ereignisse gesprochen. Doch als er sah, wie die Angst in ihren Herzen aufstieg, hielt er inne, um sie erst einmal zu beruhigen.

„Kauft man nicht zwei Sperlinge für einen Groschen? Dennoch fällt keiner von ihnen auf die Erde ohne euren Vater. Nun aber sind auch eure Haare auf dem Haupt alle gezählt. Darum fürchtet euch nicht, ihr seid besser als viele Sperlinge" (Matthäus 10,29–31).

Wie weise war es von unserem Herrn, gerade das Beispiel der Spatzen zu gebrauchen! Er hätte ja auch von Adlern, Habichten oder Falken oder von den Störchen mit ihren weiten Schwingen sprechen können. Doch aus den 9 000 Arten, die es auf der Welt gibt, suchte sich Jesus gerade die unbedeutendsten Vögel aus – die, die am wenigsten beachtet werden. Ausgerechnet die kleinen, struppigen Spatzen!

Jesus wollte offenbar ganz deutlich verstanden werden. Die Menschen, die an Gott glauben und ihm nachfolgen, bedeuten dem Vater im Himmel mehr als alles andere. Und wenn Gott noch jeden bescheidenen kleinen Spatz beachtet und weiß, wo er ist und was er gerade tut, dann können Sie sicher sein, daß er auch Sie nicht aus den Augen läßt!

Sogar die Haare auf unserem Kopf sind gezählt! Das scheint beinahe unglaublich – besonders wenn Sie sich Ihre Bürste anschauen, nachdem Sie sie nur ein paarmal benutzt haben. Gott hat solch ein Interesse an unserem Leben, daß er sogar über unsere ausgefallenen Haare Bescheid weiß! Jesus sagt zu uns:

„Fürchte dich nicht, du kleine Herde! Denn es hat eurem Vater wohlgefallen, euch das Reich zu geben" (Lukas 12,32).

Warum sollten wir also Angst haben? Warum sollten wir uns von Furcht überrollen und von Sorgen und Zweifeln erdrücken lassen? Warum sollten wir kopflos werden? Wenn der große Gott des Himmels sich mit dem kleinen Spatzen befaßt, der draußen vor Ihrem Fenster auf einem Zweig auf und nieder schaukelt, dann kümmert er sich ganz bestimmt auch um das, was Sie angeht.

Ein Wort zum Festhalten

Lesen Sie Psalm 55,23 und dann 1. Petrus 5,7. Schütten Sie heute alle Ihre Ängste vor Gott aus. Er lädt Sie ausdrücklich ein, das zu tun! Und dabei haben Sie nichts zu verlieren – höchstens Ihre Angst.

Der Rahmen, der alles umschließt

Es gibt keine festen Regeln dafür, wie man ein Puzzle zusammensetzt. Jeder hat da wohl sein eigenes System. Aber wenn Ken und ich an einem faulen Sonntagnachmittag den Küchentisch abräumen und mit 600 Einzelteilen ans Werk gehen, dann – so hat uns die Erfahrung inzwischen gelehrt – fangen wir am besten mit dem Rand des Bildes an.

Denn so ist es sinnvoll. Man beginnt mit den Puzzleteilen, die eine gerade Kante haben. Wenn man sie richtig zusammensetzt, hat man schon den Rahmen des Bildes. Und danach fügt sich das Ganze normalerweise zusammen, ohne daß man sich allzusehr die Haare raufen oder furchtbar viel raten muß.

Sobald wir den Rahmen schön ordentlich zusammengesetzt haben, fängt der schwierigere Teil an. Dann geht es nämlich darum, die Mitte auszufüllen. Aber wie schon gesagt, wenn der Rahmen stimmt, hat man genug Mut, auch diese Sache in Angriff zu nehmen. Bevor der Rand ausgelegt ist, sieht man nur ein verwirrendes Durcheinander von Farben, Formen und unvereinbaren Bruchstücken vor sich. Kein Teilchen scheint einen besonderen Sinn zu haben. Aber wenn man die Begrenzungslinie abgesteckt hat, zeigt sich schon ein größerer Zusammenhang. Dann ist man sicher, daß schließlich doch noch alles zusammenpassen wird.

„Na prima, jetzt sind es ja nur noch 549 kleine Puzzleteilchen!"

Die Arbeit ist schwer und geht langsam voran, aber wenn man die Fläche nach und nach ausfüllt, merkt man doch, wie das Motiv langsam Gestalt annimmt: eine Weide mit Kühen oder ein See, eine Katze, eine Pizza mit Peperoni oder eine Straßenszene in Paris. Entscheidend ist, daß man immer wieder vom Rand des Bildes ausgeht. Dort haben wir den festen Bezugsrahmen, von dem aus jedes Teil seinen Platz findet. Manchmal, wenn ich gar nicht weiß, wo ich ein völlig unbestimmbares Puzzleteil einordnen soll, vergleiche ich es mit den Stücken, die den Rand bilden.

Und dann dauert es gar nicht mehr lange, bis das Puzzle fertig ist!

Neulich ist mir aufgefallen, daß die Arbeit an einem Puzzle gar nicht so viel anders ist als das, was wir als Christen auf unserem Lebensweg immer wieder tun müssen. Ich stelle mir die Wahrheiten, die Gott uns in der Heiligen Schrift zeigt, gerne wie die einzelnen Stücke eines großartigen Puzzles vor. Und der Rahmen, der wichtigste Teil, ist Jesus. Bei ihm müssen Sie anfangen. Beginnen Sie mit den Evangelien: lesen Sie, was Jesus von Ihrer Sünde hält, beobachten Sie seine Liebe, hören Sie seinen Gesprächen zu, lernen Sie seine Worte auswendig, erfahren Sie, wie er ans Kreuz ging und für Sie starb, freuen Sie sich an der Auferstehung! All dies ist wie ein riesiger Rahmen. Der Herr Jesus ist wie der lückenlose Rand um das Bild Ihres Lebens.

Und mit diesem Rahmen haben Sie einen Bezugspunkt, – auch wenn es nicht leicht sein wird, das Bild ganz auszufüllen!

Es gibt viele Teile in der Heiligen Schrift, die schwer zu verstehen sind und scheinbar keinen Sinn ergeben wollen. Und – es gibt auch viele Ereignisse in unserem Leben, die schwer zu verstehen sind und scheinbar keinen Sinn ergeben wollen.

Manchmal kommt uns unsere Welt vor wie eine große Schachtel voller Puzzleteile, die auf den Kopf gestellt und tüchtig durchgeschüttelt wurde. Nichts scheint mehr zusammenzupassen. Nichts nimmt irgendeine erkennbare Form an. Die Verwirrung herrscht überall, und die auseinandergebrochenen Teile wollen sich nicht neu ordnen lassen.

In solchen Momenten brauchen Sie einen Rahmen. Dann müssen Sie wieder vom Herrn Jesus Christus ausgehen. Hören Sie, was Paulus uns dazu im Kolosserbrief sagt:

„Denn in ihm ist alles geschaffen, was im Himmel und auf Erden ist, das Sichtbare und das Unsichtbare, es seien Throne oder Herrschaften oder Mächte oder Gewalten; es ist alles durch ihn und zu ihm geschaffen. Und er ist vor allem, und es besteht alles in ihm“ (Kolosser 1,16+17).

In Jesus besteht die ganze Welt. Wieviel mehr also die Einzelheiten unseres Lebens! Er hält die Sterne und Planeten in ihren Bahnen und bindet die winzig kleinen Atome und Moleküle zusammen. Dann doch auch ganz bestimmt die Teilstücke meines Lebens!

Er ist auch der Zusammenhalt für die ganze Heilige Schrift. Auf der Straße nach Emmaus ging der auferstandene Jesus Christus mit zweien seiner trauernden Jünger zusammen und sprach mit ihnen. Zu dem Zeitpunkt erkannten sie ihren Herrn noch nicht. Und so redeten sie sich ihre ganze bittere Enttäuschung und ihre Sorgen vom Herzen, und der Fremde, der zwischen ihnen ging, hörte zu. Nun war Jesus von Nazareth also gekreuzigt worden. Was würde jetzt aus den Verheißungen der Schrift, daß der Messias sein Volk erlösen sollte? Es war ihnen ein Rätsel, ein hoffnungsloses Durcheinander. Die Teile paßten nicht mehr zusammen.

Doch der Herr entgegnete ihnen:

„O ihr Toren, zu trägen Herzens, all dem zu glauben, was die Propheten geredet haben! Mußte nicht Christus dies erleiden und in seine Herrlichkeit eingehen? Und er fing an bei Mose und allen Propheten und legte ihnen aus, was in der ganzen Schrift von ihm gesagt war" (Lukas 24,25–27).

Was hat Jesus da getan? Er hat diesen Jüngern den Bezugsrahmen gezeigt. Er legte seine Finger auf die geraden Ränder des Puzzles – nämlich auf das, was die Schrift über ihn sagte – und wies die beiden Männer auf den Zusammenhang hin. Und schließlich, als er das Brot brach, „wurden ihre Augen geöffnet, und sie erkannten ihn" (Lukas 24,31).

Blättern Sie weiter zur Apostelgeschichte, da werden Sie eine ähnliche Situation finden. Ein hoher Beamter aus Äthiopien fuhr in seiner Kutsche zurück in sein Land und saß rätselnd über einer Schriftrolle aus dem Propheten Jesaja. Von wem redete der Prophet da bloß? Wer war denn dieses „Lamm", das zur Schlachtbank geführt wurde, dieses „Schaf", das vor seinem Scherer ganz still war? Der Mann war verwirrt. Er wollte es gerne verstehen, aber er konnte die einzelnen Teile nicht zusammensetzen.

In diesem Augenblick brachte der Heilige Geist Philippus zur Kutsche des Beamten:

„Da lief Philippus hin und hörte, daß er den Propheten Jesaja las, und fragte: Verstehst du auch, was du liest? Er aber sprach:

Wie kann ich, wenn mich nicht jemand anleitet? Und er bat Philippus, aufzusteigen und sich zu ihm zu setzen... und sprach: Ich bitte dich, von wem redet der Prophet das, von sich selber oder von jemand anderem? Philippus aber tat seinen Mund auf und fing mit diesem Wort der Schrift an und predigte ihm das Evangelium von Jesus" (Apostelgeschichte 8,30.31.34+35).

Wieder ist es so: Jesus ist der Bezugsrahmen, der alles in der Heiligen Schrift in den rechten Zusammenhang bringt, so daß ein vollständiges Bild – ein großartiger Entwurf – sichtbar wird. Alles, was wir in der Heiligen Schrift lernen, bezieht sich auf ihn.

Schauen Sie heute verwirrt auf die eigenartig geformten, verschiedenfarbigen Bruchstücke Ihres Lebens? Brauchen Sie dringend einen Bezugsrahmen?

Werfen Sie einen Blick auf den Deckel der Puzzleschachtel. Da ist nämlich ein Porträt von Jesus abgebildet!

Ein Wort zum Festhalten

Jedes Puzzleteil der Heiligen Schrift hat einen bestimmten Zweck. Manche Stücke sollen uns „unterweisen... zur Seligkeit durch den Glauben an Christus Jesus". Andere sind „nütze zur Lehre, zur Zurechtweisung, zur Besserung, zur Erziehung in der Gerechtigkeit" (2. Timotheus 3,15+16). In Johannes 5,16–47 hat Jesus ein langes Gespräch mit religiösen Führern seiner Zeit, die sich nur an einzelne Teile der Heiligen Schrift hielten. Sie beachteten den Rahmen nicht. Nehmen Sie sich Zeit, diesen Abschnitt zu lesen, und bedenken Sie besonders die Verse 39 und 40. Was hatte Jesus über das vollendete Bild, das diese Puzzleteilchen ergeben, zu sagen?

Hiobs Frau

Wer von uns hat nicht schon einmal die Geschichte von Hiob gelesen oder wenigstens davon gehört? Zahllose Bücher und Bibelkommentare sind über diesen Mann und die Unglücksserie, die ihn erfaßte, schon niedergeschrieben worden. Sein Leben hat zu ungezählten Predigten angeregt. Und im Laufe der Jahrhunderte sind riesige Tintenvorräte verbraucht worden, als die verschiedensten Schreiber Hiob gelobt und über sein Leben nachgedacht haben.

Sicher, auch er hat Klagen geäußert, und er hatte mit manchen Zweifeln zu kämpfen. Aber nicht ein einziges Mal lästerte er Gott. Ja, kurz nachdem er von den schrecklichen Zerstörungen erfahren hatte, die ihm seine Familie, seinen Besitz und seine Diener geraubt hatte, sagte dieser leidgeprüfte Mann:

„Ich bin nackt von meiner Mutter Leib gekommen, nackt werde ich wieder dahinfahren. Der HERR hat's gegeben, der HERR hat's genommen; der Name des HERRN sei gelobt!" (Hiob 1,21).

Und es heißt in der Bibel, daß Hiob sich bei alledem nie versündigte; er beschuldigte Gott kein einziges Mal, daß er unrecht täte.

Ja, Hiob mußte viel durchmachen, aber haben Sie auch schon einmal über Hiobs Frau nachgedacht? Wenn man es recht überlegt, mußte sie ja genausoviel leiden wie er. Sie fühlte wie er den erdrückenden Verlust der Söhne und Töchter. Sie verlor genau wie er den Besitz und die geschätzten Diener und Dienerinnen. Und was noch schlimmer ist, sie mußte danebenstehen und zusehen, wie ihr Mann – der einzige, der von der Familie noch übriggeblieben war –, unter unbeschreiblichen Schmerzen und Sorgen litt. Nur jemand, der schon einmal eine Nacht im Wartezimmer einer Intensivstation zugebracht oder die hilflose Angst erlebt hat, lange Stunden am Krankenbett eines geliebten Menschen zu sitzen, kann dieses Leid nachfühlen. Ich weiß genau, daß es in meiner eigenen Lebensgeschichte Zeiten gab, in denen meine Mutter oder mein Vater alles mögliche gegeben hätten, wenn sie nur mit mir hätten tauschen können.

Wir hören oft von der Versuchung Hiobs, aber wer erwähnt je die Versuchung seiner Frau?

Es gibt wohl ein paar gute Gründe dafür, warum diese Frau keinen ehrenvollen Platz bekommen hat. Schon ein Blick in die Bibel zeigt uns, daß sie bei weitem nicht die Geduld ihres Mannes hatte. Sie sieht, wie ihr Leben in Scherben zerbricht, wie ihr all die sicheren Stützen, auf die sie sich bisher verlassen konnte, weggeschlagen werden. Sie sieht, wie ihr Mann schier zur Verzweiflung getrieben wird. Und was tut sie da? Der erste Ratschlag, den sie für ihn hat, steht in Hiob 2,9:

„Hältst du noch fest an deiner Frömmigkeit? Sage Gott ab und stirb!"

Aus ihren Worten kann man den Eindruck gewinnen, daß sie auf ihren Mann genauso zornig ist wie auf Gott. Wie auch immer ihr Heiratsversprechen einmal gelautet haben mag, sie hatte offenbar die Teile vergessen, in denen es heißt: „... in guten wie in schlechten, in gesunden wie in kranken Tagen." Sie war durch ihr eigenes Unglück und ihre Verzweiflung blind geworden, und so konnte sie nur voller Zorn und Bitterkeit nach allen Seiten Hiebe verteilen.

Mein Herz fühlt mit ihr. Nur wenige von uns werden wohl je von einem so großen Kummer und Verlust getroffen. Und wer von uns kann schon wirklich sicher sein, wie er dann reagieren würde?

Es wäre eine gute Idee, über unsere Reaktion nachzudenken, bevor eine große Not oder Prüfung auf uns zukommt. Wie würden wir mit Gottes Hilfe reagieren, wie würden wir in einer solchen Situation mit ihm und mit unseren Lieben reden?

Und wie ist es mit diesen ärgerlichen kleinen Schwierigkeiten, die sich in jeden Tag hineindrängen? Diese Dinge ähneln ja weniger einem riesigen Felsbrocken, der einen Berg hinabstürzt, als vielmehr einem scharfkantigen kleinen Stein, der uns im Schuh drückt. Bringen uns solche Widrigkeiten dazu, dauernd zu nörgeln und uns bei unserem Ehepartner oder den Menschen, die uns nahestehen, zu beklagen, ja, sogar vor Wut um uns zu schlagen?

Geduld, so sagt uns der Apostel Paulus, ist ein Geschenk Gottes; ein Geschenk, das der Heilige Geist auf übernatürliche Weise bereitstellt, wenn wir täglich unser Leben – auch in den kleinen Einzelheiten, seiner Kontrolle ausliefern.

Wer weiß? Wenn unsere Reaktion die Geduld Hiobs widerspiegeln kann, können wir in Gottes Geschichte eingehen als einer von denen, die sagen: „Ich will Gott gehorchen – ganz gleich, was geschieht. Der Herr gibt, und der Herr nimmt auch wieder. Der Name des Herrn sei gelobt.“

Ein Wort zum Festhalten

Vielleicht hat Hiobs Frau deswegen nicht gewußt, wie sie mit schweren Zeiten fertig werden sollte, weil sie nie gelernt hatte, richtig mit guten Zeiten umzugehen. Wir halten so vieles für selbstverständlich – unsere Gesundheit, einen gefüllten Magen, die Geborgenheit in der Familie, die Sicherheit unseres Arbeitsplatzes, das verläßliche Dach über unserem Kopf.

Und wie können wir lernen, richtig zu reagieren, wenn das Leben angenehm verläuft? Es würde uns schon helfen, wenn wir immer daran denken, daß wir unbedingt Gottes Angesicht suchen müssen – sowohl in den glücklichen Zeiten unseres Lebens als auch in den schweren. Lesen Sie einmal Habakuk 3,17+18. Freuen Sie sich im Augenblick an einer Zeit voller Sicherheit, Gesundheit und Glück? Es geht bei Ihnen vielleicht nicht um Schafe in den Hürden und Vieh in den Ställen, aber schreiben Sie einmal auf, welche Menschen und Besitztümer Ihnen am liebsten sind, und geben Sie sie jetzt gleich in die Hände des Herrn.

Ein Wort zum Schluß

Wem offenbart sich das geheimnisvolle Wirken Gottes?

Vielleicht haben Sie schon einmal gespürt, wie der Geist Christi Ihnen gewinkt und den richtigen Weg gezeigt hat, wenn Sie etwas gelesen, Bibelstellen aufgeschlagen oder über einen neuen Gedanken nachgedacht haben. Manchmal haben Sie wahrgenommen, wie Gottes Geist vor Ihnen herging und Sie führte. Zu anderen Zeiten war er neben oder sogar hinter Ihnen. Gelegentlich haben Sie gefühlt, daß er Sie in die Rippen gestubst hat. Sie haben gehört, wie er Sie in eine engere Vertrautheit mit Gott gerufen hat, haben gemerkt, daß er Ihre Schritte zu den höheren, verborgenen Wegen gelenkt hat.

Sie kommen sich vor wie einer der Menschen, die zu den Füßen Jesu saßen, jedes Wort von seinen Lippen aufnahmen und hofften, noch mehr von dem, was er sagte, zu verstehen. Sehen Sie sich selbst in der „großen Menge bei ihm", wie es in Markus 4,1 heißt? Stellen Sie sich das jetzt einmal vor. Können Sie sich ausmalen, wie Sie sich im Gedränge mühsam den Weg weiter nach vorne bahnen? Dort finden Sie eine winzige Lücke und sehen sich um. Die Menge ist so groß, daß Jesus in ein Boot einsteigt und ein kurzes Stück auf den See hinausrudert. Die Menschen stehen dichtgedrängt bis ans Wasser. Und er fängt an, über viele Dinge zu lehren. Die Männer und Frauen strengen sich an, so gut wie möglich diesen wunderbaren Mann zu sehen und zu hören, der in solch geheimnisvollen Gleichnissen spricht.

Und Sie hören zu, zusammen mit allen anderen.

Aber die Geschichte, die Jesus da erzählt, enthält Gedanken und Bilder, die keinen rechten Sinn ergeben wollen. Es geht um einen Bauern, der seine Saat ausstreut – auf felsige Stellen und unter Dornen, auf eine dünne Erdkrume und auf guten Ackerboden. Dann ist die Geschichte zu Ende. Der Lehrer sieht auf die Menge der Zuhörer und sagt: „Wer Ohren hat zu hören, der höre" (Markus 4,9).

Sie spüren, wie sich die Menschen hinter Ihnen langsam verlaufen. Sie hören die halblaut gemurmelten Kommentare. Einige von den Leuten sind verwirrt. Viele sind enttäuscht, weil sie manches nicht zu begreifen scheinen.

Auch Sie hätten noch einige Fragen. Und irgend etwas von dem, was Jesus gesagt oder auch nicht gesagt hat, hält Sie hier fest. Als die Menge sich auflöst, gehen Sie noch weiter vor. Wieder sehen Sie sich um. Wie Sie sind auch einige andere näher zu Jesus getreten, um noch mehr zu hören. Sie warten schweigend und horchen auf das Plätschern des Wassers am Sandstrand.

Als Jesus aus dem Boot steigt, sammeln sich die zwölf Jünger und ein paar andere, die wie Sie dageblieben sind, um ihn und fragen nach der Bedeutung dieser Gleichnisse. Und der Lehrer antwortet: „Euch ist das Geheimnis des Reiches Gottes gegeben" (Markus 4,11).

Und jetzt, wo die große Menge sich zerstreut hat, wo nur ein paar suchende Menschen zurückgeblieben sind, zieht der Herr Sie ins Vertrauen. Er offenbart Ihnen Geheimnisse – er enthüllt vor Ihnen seine innersten Gedanken, seine Träume und die Hoffnungen seines Herzens, er äußert seine Wünsche vor Ihnen und vor den anderen, die sich genauso ernsthaft wie Sie danach sehnen, ihn besser kennenzulernen.

Sie sitzen zu seinen Füßen und sind voller Ehrfurcht und Staunen. Daß dieser Jesus so herzlich, so vertraut mit Ihnen redet, ist schon verwunderlich! Seine Worte bringen Ihnen die Zukunft, das weit Entfernte, das fast Unerreichbare so nahe, als ob es um das Gegenwärtige, das Vertraute und Vorhandene ginge. Sie kommen sich vor, als wären Sie schon „eingesetzt im Himmel in Christus Jesus" (Epheser 2,6).

Das, genau das ist Ihre Stärke – eine Stärke, die die irdischen Dinge weit hinter sich läßt, eine Stärke, die Sie in Kontakt bringt mit der unsichtbaren Welt; eine Stärke, die Sie befähigt zu erkennen, daß Sie als Pilger durch diese Welt gehen und dabei in Gottes Hand geborgen sind.

„... es sei Welt oder Leben oder Tod, es sei Gegenwärtiges oder Zukünftiges, alles ist euer, ihr aber seid Christi, Christus aber ist Gottes" (1. Korinther 3,22+23).

Mit einem Seufzer der Befriedigung, vielleicht auch mit Entzücken erkennen Sie, was diese besondere Kraft und Stärke ist – daß Ihr Leben mit Christus in Gott verborgen ist (Kolosser 3,3)!

Und er wird niemals zulassen, daß Sie von Grund auf erschüttert oder von diesem Platz an seinem Herzen fortgezogen werden.

Anmerkungen

[1] Elisabeth Elliott, *A Slow and Certain Light* (etwa: Ein schwaches, aber verläßliches Licht), Abingdon Press, Nashville, 1982.

[2] Samuel Rutherford (1600–1661), *The Letters of Samuel Rutherford* (Die Briefe Samuel Rutherfords), Banner of Truth, Nachdruck 1985.

[3] Joni Eareckson Tada, Der nächste Schritt, Schulte & Gerth, 8. Taschenbuchauflage 1990, S. 63.

[4] Margaret Donaldson, *His Hands* (Seine Hände), Copyright 1972, mit Erlaubnis abgedruckt.

[5] *Memories* (Erinnerungen), Copyright by Hal Leonard Publishers, alle Rechte vorbehalten.

[6] Charles R. Swindoll, *Growing Deep in the Christian Life* (etwa: Wurzeln schlagen im christlichen Leben), Multnomah Press, Portland, Oregon, 1986, S. 280.

Weitere Bücher von Joni:

Joni
Der erschütternde Bericht über Kampf und Sieg einer durch Unfall gelähmten jungen Frau. Mit Bildteil.
Taschenbuch, 240 Seiten
Bestell-Nr. 15598

Der nächste Schritt
Die Fortsetzung von „Joni“. Wie es weitergeht im Leben der gelähmten Joni, wie sie zu einer geistlich reifen Persönlichkeit wird, beschreibt sie hier.
Taschenbuch, 224 Seiten
Bestell-Nr. 15511

Auf neuen Wegen
Ein Buch über Jonis Film, ihren Dienst und ihre Ehe!
Gebunden, mit Schutzumschlag,
320 Seiten + 16 Seiten Bildteil
Bestell-Nr. 15080

Freundschaft ohne Hindernisse
Tips für den Umgang mit Behinderten.
Wie man auf behinderte Mitmenschen eingehen und ihnen zeigen kann, daß man sie versteht, erzählt in diesem humorvollen, lebendig geschriebenen Buch eine Autorin, die es wissen muß!
Paperback, 160 Seiten
Bestell-Nr. 15098

Weil er dich liebt
Gottes Gegenwart in Licht und Schatten unseres Lebens.
Gott kümmert sich um uns! In vielfältigen kurzen Betrachtungen beschreibt die Autorin, wie machtvoll – und oft ganz unvermutet – Gott in unsere Lebensumstände hineinwirkt.
Gebunden, mit Schutzumschlag, 279 Seiten
Bestell-Nr. 15128